(Causeur la Causerie)

1653

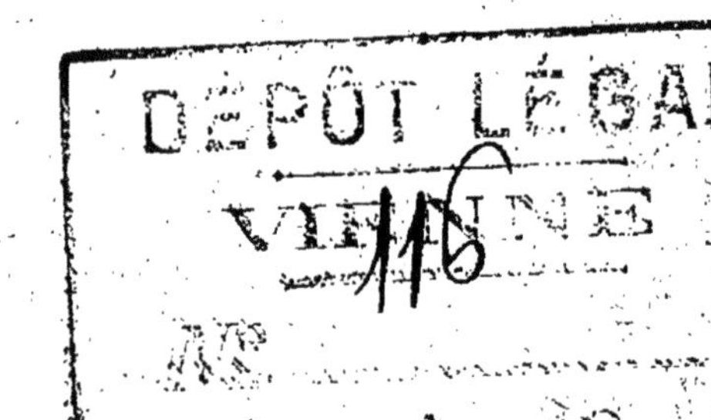

Octave DOIN et Fils, éditeurs, 8, place de l'Odéon, Paris.

ENCYCLOPÉDIE SCIENTIFIQUE

Publiée sous la direction du Dr TOULOUSE

BIBLIOTHÈQUE

DE PSYCHOLOGIE APPLIQUÉE

Directeur : Dr TOULOUSE

Médecin en chef de l'Asile de Villejuif,
Directeur du Laboratoire de Psychologie expérimentale
à l'École des Hautes-Études.

Bien que jeune encore, la Psychologie a établi un assez grand nombre de données positives pour que, sans attendre les progrès nouveaux de cette science, on ne tarde plus, en procédant avec prudence, à appliquer les résultats acquis à toutes les activités de la vie pratique, éducative et professionnelle. A toujours attendre, en effet, un perfectionnement probable, mais qui peut être lent, on renonce à des avantages immédiats. Il est préférable de faire un peu mieux tout de suite que de continuer à faire moins bien avec l'espoir de faire beaucoup mieux plus tard.

Et c'est surtout notre système pédagogique, traditionnel et empirique, qui a besoin de se renouveler aux sources psychologiques.

Il faut substituer, par exemple, aux tâtonnements de nos systèmes d'éducation, quelques règles vérifiées et dont le succès peut être assuré. Ces règles ne sont pas encore très nombreuses, bien que le domaine de la mémoire, par exemple, ait été déjà considérablement exploré ; si les tâtonnements ne peuvent encore être tous évités, du moins convient-il d'abandonner ou d'éviter ceux qui sont condamnés par l'expérimentation psychologique ; et la nécessité de l'application obligera les chercheurs à exposer de nouveaux problèmes, à engager des recherches nouvelles.

Les applications bénéficient des recherches désintéressées ; mais ces recherches elles-mêmes peuvent recevoir une impulsion féconde des essais pratiques ; une découverte générale peut parfois résulter de préoccupations très particulières, tout comme cette découverte pourra ensuite engendrer les conséquences pratiques inattendues.

Ainsi l'art technique et la science pure s'influencent pour le plus grand bien de l'un et de l'autre.

Il ne faudra donc pas s'étonner si, à côté des ouvrages faits par des psychologues et destinés surtout à répandre des données positives, pour que ces données puissent être appliquées dans l'éducation normale, générale et particulière, ou dans l'éducation des anormaux — qui prend aujourd'hui l'importance qu'elle mérite — prennent place des volumes où des praticiens, au sujet d'un ordre d'enseignement, d'une préparation professionnelle, développent des questions utiles aux psychologues.

Ce qui se pose là, en réalité, c'est le problème de la supériorité sociale, sous une forme quelconque, — commerciale, industrielle, artistique, scientifique, — des moyens de la déceler de bonne heure, et de la développer avec fruit par le minimum d'effort ; c'est aussi le problème des corrélations entre les diverses fonctions mentales, les diverses aptitudes intellectuelles, et de leur hiérarchie, de leur influence réciproque.

Peut-être les éducateurs trouveront-ils parfois que les psychologues restent trop théoriciens et que leurs études ne sont pas directement applicables ; peut-être les psychologues trouveront-ils que les préoccupations des professionnels sont bien éloignées des leurs, et que les points de vue ne s'unifient guère, que les esprits sont différents ; mais la constatation réciproque de cette diversité peut provoquer justement des réflexions fécondes, manifestant même l'utilité de cette Bibliothèque de Psychologie appliquée.

Les volumes sont publiés dans le format in-18 jésus ; ils forment chacun 300 à 400 pages avec ou sans figures dans le texte. Le prix marqué de chacun d'eux est fixé, quel que soit le nombre de pages, à 5 francs relié Chaque volume se vend séparément.

Voir, à la fin du volume, la notice sur l'ENCYCLOPÉDIE SCIENTIFIQUE, pour les conditions générales de publication.

TABLE DES VOLUMES
ET LISTE DES COLLABORATEURS

Les volumes publiés sont indiqués par un *

* 1. **La Pédagogie expérimentale**, par Gaston Richard, professeur à l'Université de Bordeaux.

2. **L'Éducation physique** (Sensations et mouvements), par le docteur Decroly, directeur de l'École d'enseignement spécial de Bruxelles.

* 3 **L'Éducation des sentiments**, par le docteur V. Bridou.

4. **L'Éducation de l'attention et de la mémoire**, par le docteur Joteyko, chef des travaux à l'Université de Bruxelles.

5. **L'Éducation de la volonté et des facultés logiques.**

6. **L'Éducation des arriérés et des anormaux.**

7. **L'Enseignement.**

8. **L'Enseignement des sciences mathématiques et mécaniques.**

9. **L'Enseignement des sciences physico-chimiques.**

10. **L'Enseignement des sciences naturelles et biologiques**, par Brucker, professeur agrégé de sciences naturelles au lycée de Versailles.

11. **L'Enseignement des sciences géographiques**, par M. Demangeon, professeur de géographie à l'Université de Lille.

12. **L'Enseignement des sciences historiques.**

13. **L'Enseignement des sciences juridiques et économiques.**

14. **L'Enseignement des sciences philosophiques.**

15. **L'Enseignement des langues.**

16. **L'Enseignement et la formation littéraires.**

*a**

ENCYCLOPÉDIE SCIENTIFIQUE

PUBLIÉE SOUS LA DIRECTION
du Dr TOULOUSE, Directeur de Laboratoire à l'École des Hautes-Études
Secrétaire général : H. PIÉRON, Agrégé de l'Université.

BIBLIOTHÈQUE DE PSYCHOLOGIE APPLIQUÉE

Directeur : Dr TOULOUSE

PÉDAGOGIE EXPÉRIMENTALE

Autres ouvrages de M. Gaston RICHARD

L'origine de l'idée de droit. Fontemoing, Paris, 1892.

Le socialisme et la science sociale, 1 volume in-12, 3e édition. Paris, Alcan, 1909.

L'idée d'évolution dans la nature et l'histoire (Couronné par l'Institut, prix Crouzet). 1 volume in-8o. Alcan, Paris, 1902.

Notions élémentaires de Sociologie. 1 volume in-12, 4e édition. Charles Delagrave, Paris, 1910.

Manuel de Morale sociale. Ch. Delagrave, 1903.

La femme dans l'histoire (Bibliothèque biologique et sociologique de la Femme), 1 volume in-18 jésus. Octave Doin et fils, éditeurs, 1909.

Les crises sociales et la criminalité (Mémoire publié par l'*Année sociologique*, IIIe année). Alcan, 1899.

La morale et la question sociale (dans les *Questions du temps présent*, conférences 1909-1910). Librairie générale, 48, rue de Lille, Paris.

L'éducation de la volonté (brochure de 40 pages), 2e édition. Librairie Mollat, Galerie bordelaise, Bordeaux.

PÉDAGOGIE EXPÉRIMENTALE

PAR

GASTON RICHARD
Professeur à la Faculté des Lettres de l'Université de Bordeaux

PARIS
OCTAVE DOIN ET FILS, ÉDITEURS
8, PLACE DE L'ODÉON, 8

1911

PRÉFACE

Le terme même de pédagogie expérimentale, adopté comme titre de ce livre, risque de présenter une équivoque que nous avons hâte de dissiper. La notion de la pédagogie expérimentale comprend, en effet, tout à la fois celle d'une *science de l'éducation* que l'on tente de créer dans les laboratoires de psychologie et de pédologie et celle d'un *art de l'éducation*, tirant toute son autorité d'expériences scolaires définies, bien instituées et indéfiniment renouvelées [1]. Or, selon que l'on est plus soucieux de certitude scientifique ou d'application immédiate, on accorde plus d'importance aux expériences psychologiques sur les conditions organiques et mentales de l'éducation ou aux expériences scolaires destinées à mettre en lumière la valeur de telle ou telle méthode.

Cette équivoque s'explique par l'histoire même de la

1. Certains auteurs donnent aussi le nom de *pédagogie expérimentale* à l'exposition d'une méthode qui tente de faire concourir en tout et toujours l'expérience de l'enfant à son éducation, et surtout à son instruction. Ce troisième point de vue ne se distingue pas radicalement du second.

pédagogie. Depuis la fin du XVIIIe siècle, l'esprit des sciences inductives a donné pour point d'appui à la critique (ou à la justification) de l'éducation traditionnelle l'étude expérimentale ou tout moins l'observation de l'enfant et de l'école ; il a fait instituer des expériences en vue de préconiser des méthodes nouvelles et présumées meilleures. Mais l'art a précédé la science. Bien avant que la psychologie fût méthodiquement instituée, le souci de rendre moins imparfaite la formation de la personne humaine avait fait concevoir des méthodes d'enseignement et de discipline moins archaïques et moins pénibles et avait porté quelques philanthropes à les appliquer à leurs risques et périls. L'Allemagne, la Suisse et l'Alsace ont été à la fin du XVIIIe siècle les théâtres de plusieurs tentatives fécondes en ce sens. Celle de Comenius était même d'un grand siècle plus ancienne. A proprement parler, ces tentatives ne procédaient pas de l'esprit scientifique, mais plutôt d'une foi sincère et ardente en la valeur absolue de la personne humaine. L'expérience scolaire était considérée comme un moyen de convaincre d'erreur les partisans des traditions surannées, de faire naître des initiatives fécondes et de susciter l'émulation des gouvernements.

L'éducation intéresse si directement la vie pratique, elle est liée à tant d'intérêts sociaux prédominants que l'on ne doit pas s'étonner si les expériences scolaires ont attiré l'attention des hommes d'État, des moralistes et des philanthropes plus tôt que celle des hommes de science. Le crédit qu'elles obtenaient était, en général, indépendant de leur valeur scientifique réelle. De là une première tendance à concevoir la pédagogie expérimentale comme une étude et une appréciation de toutes les tentatives faites en divers pays en vue de perfectionner l'enseignement populaire ou secondaire ou de réformer soit l'éducation de la volonté, soit l'hygiène infantile et scolaire.

Peu à peu ce point de vue a été jugé étroit, dangereux, et on le voit abandonné de plus en plus depuis que l'acquis psychologique et sociologique est assez riche pour éclairer les éducateurs sur les conditions du développement de la personnalité. *Une expérience éducative ne doit aucunement être confondue avec une étude expérimentale de l'enfant ou avec une étude comparative des institutions et des milieux scolaires. Encore moins peut-on étudier expérimentalement les résultats d'une initiative pédagogique.* On ne peut expérimenter sur des enfants comme sur des pigeons ou des cobayes. Aucun gouvernement, aucune Église, aucune association n'aura l'idée de soumettre deux groupes d'enfants à des méthodes de culture opposées en vue de démontrer l'excellence de l'une et l'action corruptrice de l'autre.

Ajoutons qu'une expérience scolaire est tellement liée aux autres manifestations du caractère national qu'il est très hasardeux d'en apprécier le résultat propre.

Avant d'être appliquée, la découverte pédagogique doit avoir été découverte inductivement. Avant d'en tenter l'expérience, on doit déjà être convaincu de sa valeur, et c'est l'expérimentation scientifique ou quelqu'un de ses équivalents qui doit créer cette conviction. L'expérience scolaire qui survient ensuite n'est pas destinée à contrôler la vérité scientifique ; c'est un *essai* tenté dans l'intention de convaincre d'erreur les traditions opposées aux conclusions de la science. Mais jamais l'expérience scolaire pratique ne sera bilatérale (comme l'exigerait l'esprit scientifique strict). La médecine expérimentale qui peut mettre les animaux à son service institue sans difficulté des traitements contradictoires et laisse l'opinion juge des résultats. Il n'est permis à l'éducateur d'essayer que les méthodes dont il peut garantir l'excellence ou tout au moins l'innocuité.

La décomposition de la pédagogie en deux branches, l'une proprement scientifique, l'autre purement pratique, devenait donc une nécessité. Aussi a-t-on vu s'ouvrir des laboratoires de pédologie expérimentale à peine distincts des laboratoires de psychologie objective. Ce n'était pas sans danger. La psychométrie s'est installée en maîtresse dans l'étude de l'enfant et de son activité mentale. L'expérimentation par voie de suggestion l'avait déjà précédée. Cette nouvelle forme de la science de l'éducation a des partisans enthousiastes qui discréditent toute méthode d'enseignement, toute règle de discipline non déduite de la psychophysique aidée par la psychiatrie. Il en résulte une dépréciation sans doute injuste de tout ce qui semblait acquis à la théorie moderne de l'éducation depuis Montaigne. Aussi n'est-ce pas sans raison que le grand psychologue que l'Amérique vient de perdre, feu William James, a opposé à la confiance superbe que certains psychologues objectifs placent dans la psychométrie et les autres travaux des laboratoires les services de ce qu'ils appellent dédaigneusement la *vieille psychologie*. « A mon humble avis, écrit-il en tête de ses *Causeries pédagogiques*, il n'y a pas de psychologie digne de s'appeler *nouvelle*. Il n'existe que la vieille psychologie apparue avec Locke et à laquelle se sont ajoutés un peu de physiologie du cerveau et des sens, la théorie de l'évolution et quelques subtilités sur l'examen introspectif. Tout cela est en grande partie sans adaptation possible aux besoins de l'éducateur. Seules, les conceptions fondamentales peuvent lui être de quelque utilité et ces conceptions — à part la théorie de l'évolution, — sont loin d'être nouvelles [1]. »

William James ajoute que si « la psychologie est une science, l'éducation est un art, et que les sciences ne font jamais naître les arts directement d'elles-mêmes [2]. »

1. William James, *Causeries pédagogiques*, traduction française, ch. I, p. 2.
2. *Ibid.*, p. 3.

Cet avis sera le nôtre.

Il nous paraît donc indispensable de faire deux parts de la pédagogie expérimentale. L'une est la *science expérimentale de l'éducation*, l'autre est l'*art pédagogique expérimental.* L'une étudie la contribution des sciences psychologiques et sociales à une théorie du développement mental normal et de l'adaptation de l'enfant aux exigences de la civilisation ; l'autre recherche les conséquences pratiques de ces connaissances et vise à constituer des méthodes éducatives. La première considère l'éducation comme un fait dont elle dégage les conditions et les lois ; la seconde se propose de découvrir les moyens d'améliorer l'éducation de fait. Elle en respecte les conditions séculaires, mais travaille à la préserver, à la dégager de toutes les erreurs perturbatrices. Subordonner l'art pédagogique expérimental à la théorie expérimentale de l'éducation et rattacher celle-ci à la sociologie autant qu'à la psychologie, tel est l'objet de ce petit volume.

LA PÉDAGOGIE EXPÉRIMENTALE

PREMIÈRE PARTIE

Science expérimentale de l'Education. Les conditions psychologiques et sociales de la récapitulation abrégée.

CHAPITRE PREMIER

LES LIMITES DE L'HYGIÈNE INFANTILE ET DE LA PÉDAGOGIE EXPÉRIMENTALE.

§ 1er. — Notre première tâche sera de tracer les frontières de l'hygiène infantile et de la science de l'éducation. La confusion de ces deux domaines est, en effet, l'un des risques que fait courir à la pédagogie scientifique un esprit expérimental trop étroit ou trop affranchi de la critique philosophique. Les laboratoires de pédagogie expérimentale, institués en différents pays et dont la multiplication est en elle-même un heureux symptôme, ont mis à l'ordre du jour des problèmes dont la solution, en harmonie avec les méthodes employées, intéresse la théorie de l'éducation sans la constituer aucunement. Malheureusement, il s'est produit dans l'esprit de cette classe d'expérimentateurs une illusion fréquente chez les spécialistes. Les problèmes qui faisaient l'objet de leurs recherches ordinaires ont pris à leurs yeux une importance si grande que les autres questions pédagogiques ont comme disparu et ont cessé de mériter l'attention. Il y a là une situation critique qui pourrait conduire soit au discrédit pur et simple des tentatives encore récentes de la pédagogie expérimentale, soit plutôt à un abaissement redoutable de la notion même de l'éducation. Le remède consiste évidemment à définir la compétence propre de l'hygiéniste et celle du pédagogiste avec assez de précision pour que le premier cesse d'empiéter sur le domaine réservé au second.

Cette opinion ne nous est pas exclusivement personnelle. Nous avons la bonne fortune de la voir partagée par l'un des maîtres de la psychiatrie, par l'un des hommes qui ont mis, à l'époque contemporaine, le plus de persévérance à appliquer les méthodes et les résultats de la psychologie objective à la direction de la pratique, Morselli. Appréciant, dans un rapport adressé au ministre de l'instruction publique en Italie, l'Institut de pédagogie expérimentale fondé à Milan par le Dr Pizzoli et encouragé par la municipalité de cette ville, Morselli écrivait que « les enseignements donnés jusqu'ici à l'Institut Pizzoli ne correspondent qu'à une partie des études susceptibles de le conduire à sa fin (le perfectionnement professionnel des maîtres) ».

« Je ne parlerai, ajoute-t-il, que du cours d'été préparatoire et complémentaire, aux examens duquel j'ai assisté. *J'y constate que le programme de psycho-*

logie technique n'a pu comprendre les facultés supérieures de l'esprit, vu l'exiguïté du temps disponible, et que le programme de pédagogie expérimentale s'est arrêté à l'éducation des sens. L'idéal serait cependant que les élèves pussent recevoir un enseignement étendu portant sur tout le domaine de la pédagogie et de la psychologie, et qu'au cas où une recherche approfondie serait impossible, l'on pût tout au moins exposer tous les chapitres relatifs à la doctrine et à la technique élémentaires [1]. »

Ailleurs, le même auteur constate la prépondérance accordée à l'éducation des sens qui, pour Pizzoli comme pour beaucoup d'autres, finit par absorber l'éducation mentale elle-même [2], au risque d'effacer toute différence entre la formation d'une personne et celle d'un animal, entre le dressage d'un chasseur sauvage et l'instruction d'un enfant civilisé.

Trois problèmes principaux ont été étudiés dans les laboratoires de pédagogie expérimentale et dans les cliniques de psychiatrie qui en sont souvent comme le prolongement : ce sont les problèmes des caractères de l'enfant anormal, de la crise de puberté et de sa prophylaxie, et enfin de la fatigue intellectuelle. Il est aisé d'en voir l'intérêt et la portée, aisé aussi de comprendre pourquoi, en concentrant presque exclusivement son attention sur ces points, le pédagogiste serait amené à se transformer en hygiéniste et à oublier l'objet propre de sa science.

§ 2. — Trouver les critères qui permettent de dis-

1. Morselli, pp. 17 et suivantes.
2. *Id.*, p. 11. Cf. Schuytten, Ire partie, chap. v.

tinguer les enfants anormaux, excités ou arriérés, de ceux auxquels convient une culture et une discipline intellectuelles en rapport avec les exigences de la haute civilisation, répondait à un besoin urgent. On peut même dire que sans la solution de cette difficulté la constitution d'un véritable enseignement populaire serait impossible. La présence d'un seul dégénéré excité dans une classe y fait échec à la discipline ; sinon, elle contraint l'instituteur à soumettre tous les enfants sans exception à une discipline coercitive de nature à briser leur volonté, à arrêter le développement de leur vie affective au plus grand détriment de leur culture morale. De même la présence d'un petit nombre de dégénérés arriérés, d'idiots, d'imbéciles ou même de faibles d'esprit serait un obstacle invincible à l'application de méthodes actives qui mettent l'esprit du maître en relation directe avec l'activité mentale des enfants et convertissent les matières enseignées en véritables éléments de leur vie intellectuelle. Or, quelque opinion que l'on professe sur la question controversée de la dégénérescence, il est certain que l'alcoolisme, l'absinthisme, la syphilis, la tuberculose, la promiscuité dans les logements insalubres, etc., tendent à multiplier dans les écoles des grandes villes les enfants anormaux excités ou même arriérés. Réclamées de bonne heure par les criminalistes, notamment par l'éminent Ferriani[1], les classes d'anormaux se sont donc ouvertes depuis la fin du dernier siècle dans la plupart des pays occidentaux[2] pro-

1. Ferriani, p. 442 et suivantes.

2. Régis, dans un substantiel rapport adressé au maire de Bordeaux en 1907, nous apprend que les classes d'anormaux existent dans *vingt-quatre villes de la Suisse*. (La première a été fondée à Bâle en 1888), dans trois

portionnellement à leur souci du progrès scolaire. Elles tendent à diminuer la tâche des écoles de réforme et des colonies pénitentiaires en la rendant en partie inutile. Elles peuvent prévenir la genèse du crime et constituent ainsi un des moyens de défense sociale les plus efficaces. Mais leur institution doit triompher des préjugés des familles qui ne reconnaissent pas volontiers qu'un des leurs puisse être anormal. Il faut que les caractères distinctifs des enfants anormaux soient établis avec une précision suffisante pour que l'administration scolaire puisse toujours imposer aux parents la solution qu'appelle l'intérêt social et que recommande la science. Les travaux accomplis en ce sens par les laboratoires de psychiatrie et de pédagogie expérimentale sont donc de la plus grande utilité ; mais s'ils préparent l'œuvre de la pédagogie, ils restent encore de la compétence exclusive du médecin et de l'hygiéniste.

Il est à remarquer, en effet, que toutes les études entreprises jusqu'ici dans ces laboratoires visent uniquement, au témoignage de Morselli comme au témoignage de Régis, d'Abadie, de Schuytten et d'autres, à

villes de Hollande (Amsterdam, la Haye, Rotterdam), dans deux villes de Belgique (Bruxelles depuis 1897, Gand depuis 1904), en Italie, à Rome, dans trente et une villes d'Angleterre et du pays de Galles (Barry, Birkenhead, Birmingham, Bradford, Bolton, Brighton, Bristol, Burnley, Cardiff, Darlington, Derby, Devonport, Halifax, Leeds, Leicester, Liverpool, London, Manchester, Newcastle, Nottingham, Oldham, Oxford, Plymouth, Reading, Salford, Sheffield, Walthamstown, West-Ham, West-Hartlepool, Willesden, Wolverhampton). Beaucoup de ces villes affectent plus d'une école aux anormaux. Londres en entretient 89 pour 4.423 élèves. Dans l'empire allemand, 143 villes ont créé cet enseignement. En France, le mouvement a été beaucoup plus tardif. Les classes d'anormaux n'existent qu'à Paris, Lyon et Bordeaux. (Régis, *Les anormaux psychiques des écoles*, pp. 8-18.)

porter à la connaissance des maîtres les signes qui leur permettent de reconnaître sans difficulté la présence des enfants anormaux. De là l'examen minutieux des anomalies des sens, celui des tics, celui des fugues, des défaillances de l'attention et de la mémoire[1]. Mais une fois bien connu le signalement extérieur et psychologique de l'enfant anormal, quelle méthode d'enseignement et de discipline va convenir à la direction de son activité mentale et de sa vie affective ? Il ne semble pas que les laboratoires de pédologie expérimentale se soient encore préoccupés de la question. C'est ici cependant que finit l'hygiène et que commence la science de l'éducation.

La pédagogie expérimentale stricte, celle que l'on prétend constituer tout entière dans les laboratoires et les cliniques, a-t-elle au moins tenté de formuler, d'après les données des sciences inductives, les méthodes applicables à l'éducation des enfants normaux ? Nous ne le pensons pas. Elle a appelé l'attention de pédagogues trop imbus des doctrines de la philosophie idéaliste sur les deux questions de la puberté et de la fatigue intellectuelle, mais là encore tend à prévaloir la confusion de l'hygiène scolaire et infantile avec la pédagogie proprement dite.

§ 3. — La pédagogie moderne n'a jamais ignoré l'importance de la crise qui accompagne la puberté chez les enfants des deux sexes. Il suffit pour le prouver de rappeler la quatrième partie de l'*Émile*, de l'œuvre pédagogique réputée, assez injustement, la plus étrangère à l'esprit scientifique. Rousseau y montre le rap-

1. Régis (2). Cf. Schuytten, chap. IV et V (Ire partie).

port entre cette phase du développement organique et l'essor de l'imagination, ainsi que l'éveil des sentiments qui rattachent l'individu à la vie de l'espèce et à la société [1]. C'est jusqu'à ce moment critique qu'il ajourne l'enseignement moral et religieux et la surveillance de l'élève par l'éducateur [2]. Toutefois l'esprit scientifique réclamait une étude à la fois plus expérimentale et plus synthétique. C'est à cette étude que Marro, l'illustre aliéniste de Turin, a consacré en partie sa vie. Strictement expérimentale, la théorie à laquelle il a été conduit conclut à faire de l'éducation entière une prophylaxie de la crise. Marro enseigne et démontre à l'éducateur qu'il rencontre à ce moment son cap des tempêtes. Selon que l'intensité de la crise est modérée ou aggravée par les circonstances au milieu desquelles vit l'enfant, l'essor rapide de l'imagination et l'éveil du sentiment sexuel concourent à la formation d'un caractère altruiste ou stimulent la disposition égoïste à la révolte contre toute discipline sociale [3]. Mais cette prophylaxie de la crise dépend du régime alimentaire, de l'exercice musculaire, du sommeil, bref de l'ensemble des conditions physiologiques autant et plus que de l'éducation proprement dite. L'objet immédiat de Marro est d'ailleurs d'étudier les différences que présente la crise chez les normaux et chez les dégénérés, notamment chez les dégénérés alcooliques. C'est ainsi qu'il combat, victorieusement selon nous, l'hypothèse allemande de l'*hébéprénie* ou d'un type de folie propre aux adoles-

1. Rousseau, *Émile*, livre IV.
2. *Ibid.*
3. Marro, notamment chap. IX, pp. 200 et suivantes.

cents[1]. Les psychoses de la puberté ne peuvent être exprimées par une formule unique ; elles comportent de nombreuses variétés que l'on peut ramener à trois. A côté des maladies mentales qui rencontrent dans l'état pubère une simple « condition prédisposante », sont des psychoses étroitement liées à l'évolution pubère, et l'on y distingue deux classes selon que l'évolution pubère est *complète* ou *incomplète*. Or l'hérédité morbide est le facteur qui influe le plus puissamment sur l'éclosion de ces psychoses[2]. La conséquence est que les familles et les maisons d'éducation doivent instituer une hygiène sexuelle et s'y astreindre étroitement. La nécessité de cette prophylaxie s'impose plus particulièrement dans l'éducation des enfants anormaux[3].

A cette hygiène sexuelle Marro associe, à vrai dire, une double hygiène intellectuelle et morale, et il franchit ainsi les limites naturelles de l'hygiène et de la pédagogie[4]. Sans doute les conseils qu'il prodigue au nom de la psychologie et de la psychiatrie ne sauraient être trop recommandés et suivis. Préserver les enfants de la lecture des œuvres romanesques, et même des œuvres religieuses empreintes d'un mysticisme exagéré, associer toujours le travail musculaire aux exercices de l'intelligence, cultiver les sentiments sociaux et exercer l'activité qui y correspond, c'est le programme de l'éducation rationnelle elle-même. Cependant un doute surgit dans l'esprit du lecteur de Marro : Est-ce bien de l'étude des psychoses de la puberté qu'il déduit ces

1. Marro, chap. IX, p. 200.
2. *Ibid.*, chap. VII à XI.
3. *Ibid.*, chap. XIII.
4. *Ibid.*, chap. XIV et XV.

règles ? N'enrichit-il pas l'hygiène de vérités pédagogiques découvertes à l'aide d'autres méthodes ou du moins appuyées sur d'autres expériences [1] ?

Qu'importe, dira-t-on, si l'hygiéniste se fait éducateur, puisque le pédagogue doit être hygiéniste ? Nous répondrons que si la pratique réclame le concours de sciences différentes, la constitution de chacune d'elles a cependant ses conditions propres.

L'hygiéniste est le conseiller naturel du pédagogiste, mais s'il tranche pour son compte les problèmes spéciaux de la pédagogie, il risque de le faire sans une compétence éprouvée, et son autorité peut en être affaiblie.

§ 4. — Toutefois la confusion de la pédagogie et de l'hygiène infantile n'est pas irrémédiable aussi longtemps que l'hygiéniste se confine dans l'étude des deux questions de l'enfant anormal et de la crise de puberté. Il n'en est plus de même quand il pose et tranche le problème plus délicat de la fatigue intellectuelle chez les enfants normaux. La confusion des deux sciences est alors portée au maximum, et c'est la possibilité meme de l'enseignement, de la vie scolaire qui est contestée. Le livre récent de Schuytten sur l'*Éducation de la femme* a été le manifeste de la nouvelle école dans les pays de langue française, et nous devons examiner de près la thèse qui y est professée [2].

Selon Schuytten, c'est l'étude de la fatigue intellectuelle qui doit « fixer avant tout l'attention de l'expérimentateur » [3]. C'est la pédagogie nouvelle qui a su la proposer et en voir l'importance.

1. Voir sur ce point notamment le chap. XIV, p. 337-340.
2. Schuytten, IIe partie, chap. II et III.
3. *Ibid.*, chap. II, p. 187-8.

« Avant la naissance de celle-ci, on n'en tenait aucun compte. On élaborait (et on élabore toujours) des programmes aussi idéalement chargés que possible, des programmes qui devaient être *vus* dans des laps de temps fixes ; on disait donc d'avance comment l'esprit des enfants se comporterait, quelle était sa capacité aux âges successifs, sans que pour cela on ait besoin de données exactes.

« Cependant la science commence à s'en occuper ; nous pouvons être certains qu'elle modifiera de fond en comble ces procédés des pédagogues routiniers... Les laboratoires pédologiques sont en train de naître un peu partout ; c'est dire qu'entre autres la psychologie de l'enfant va entrer résolument dans sa phase expérimentale, et que ce sera la science, comme toujours d'ailleurs, qui mettra les jalons d'un traitement pédagogique basé sur des données positives, capables elles-mêmes d'évoluer à mesure que les découvertes s'accumulent et que la lumière se propage, etc. [1]. » Nous avons cru devoir citer ces lignes où la confusion de l'hygiène et de la pédagogie est érigée systématiquement en doctrine. Certes, nous confessons que le problème de la fatigue intellectuelle n'est pas vain, et nous serions reconnaissant aux hygiénistes s'ils acquéraient assez d'autorité pour mettre fin aux crimes que sous la pression d'une opinion publique aveugle la manie encyclopédique commet impunément et sans relâche contre la santé cérébrale des enfants. La notion et le fait de la fatigue intellectuelle sont d'ailleurs habilement choisis pour faire prévaloir la thèse qui absorbe

1. Schuytten, chap. III, p. 189.

la pédagogie dans l'hygiène. La fatigue de l'attention est le grand obstacle que la nature oppose au succès de la culture, telle que la tradition scolaire l'a constituée. L'indifférence ou l'aversion des hommes faits pour les études sérieuses, ou même pour les lectures ou les auditions instructives, est bien souvent le fruit des journées fatigantes dont ils ont emporté le souvenir en quittant l'école.

Professeur d'une université, et par suite examinateur de profession, l'auteur de ces lignes sait combien la plupart des notions confiées à l'intelligence des adolescents ont été mal assimilées, en raison souvent d'une attention rendue insuffisante par la fatigue. Des programmes plus courts et beaucoup plus simples donneraient de bien meilleurs résultats. Mais mettre l'éducateur en garde contre la disposition à fatiguer l'élève, ce n'est encore lui donner qu'une règle négative. Dénoncer, comme le fait Schuytten [1], *l'action dépressive de l'école*, c'est signaler l'une des difficultés de la civilisation, mais ce n'est pas proposer une indication utile aux éducateurs. La nécessité d'enseigner, de communiquer le savoir acquis, reste impérieuse. Quelle méthode suivre pour la concilier autant que possible avec la santé cérébrale des enfants ? Voilà le point sur lequel il faudrait projeter la lumière. Les recherches auxquelles se sont livrés Schuytten et l'école dont il s'est vaillamment fait l'interprète nous l'apportent-elles ?

La fatigue occasionnée par les exercices scolaires doit être mesurée. Peut-elle l'être exactement ? Schuytten

1. Schuytten, IIe partie, chap. II.

reconnaît comme avéré « qu'en biologie, en général, il ne faut pas compter sur une constance bien grande quand il s'agit de mesurer exactement un phénomène vital [1] ». Nous sommes déjà avertis que les mensurations sur lesquelles la pédagogie scientifique devrait asseoir ses inductions sont grossières, tout approximatives et au fond inexactes. Nous opposerons donc aux conclusions trop dogmatiques que l'on cherchera à en tirer ce prudent scepticisme que Claude Bernard nous a appris à considérer comme un des éléments de l'esprit expérimental.

Trois méthodes paraissent applicables à la mesure de la fatigue intellectuelle : la première est la méthode proprement psychologique ou méthode des *tests* ; la seconde est la méthode *dynamométrique* ; la troisième, la méthode *esthésiométrique*. La première tente de saisir l'épuisement progressif de l'attention des écoliers à l'aide d'une statistique des erreurs ; la seconde cherche à découvrir le rapport entre l'effort prolongé de l'attention et l'affaiblissement de l'énergie musculaire ; la troisième présuppose une correspondance entre la fatigue intellectuelle et l'état de la sensibilité cutanée, et elle recourt à l'esthésiomètre pour en établir la réalité.

La méthode psychologique peut être, sans trop de sérénité, caractérisée en deux mots : les procédés en sont vagues, dénués de valeur statistique ou mathématique ; les résultats en sont insignifiants.

Le problème est de savoir si le nombre des erreurs commises dans les calculs, la lecture, les autres exercices scolaires, croît proportionnellement à la fatigue de l'at-

1. Schuytten, p. 208.

tention, c'est-à-dire à la durée des exercices. On fait faire par écrit des additions de couples de chiffres qui se succèdent en colonnes verticales dans un cahier. On fait copier un texte en une langue étrangère inconnue de l'élève et l'on note le nombre de lettres qu'il a réussi à transcrire en un temps déterminé ; l'on peut faire encore souligner dans un texte une certaine lettre et compter le nombre de lettres omises ou faire indiquer sur une feuille quadrillée les carrés marqués d'un certain signe. L'on peut aussi faire appel à la mémoire, faire prononcer huit nombres de deux chiffres et faire écrire par les enfants ceux qu'ils ont retenus. Teljatnik à Saint-Pétersbourg, Ebbinghaus à Breslau, Schuytten à Anvers, ont fait ces sortes d'expériences. La statistique des erreurs commises permet à Teljatnik d'affirmer que du commencement à la fin des classes la capacité de travailler et l'attention varient comme il suit :

Commencement de la classe .	Capacité de travailler.	81,3	Attention	73
Fin de la classe.	Id.	72,1	Id.	65

D'après les expériences d'Ebbinghaus, pendant une série de cinq heures de classe, interrompues d'ailleurs par des repos, la moyenne des erreurs arithmétiques croît de 1,1 à 1,9 [1]. En d'autres termes, « la capacité au travail (*sic*) n'est pas la même aux heures de classe successives et diminue lentement du commencement à la fin des leçons [2]. » Schuytten pressent l'objection :

1. Schuytten, p. 201-210.
2. *Ibid.*, p. 208.

l'on connaissait déjà cette vérité avant l'existence de la pédagogie expérimentale. Aussi répond-il que « la situation qu'on discute change d'aspect quand on dispose de chiffres, car on a une base et la certitude qu'on est dans le vrai ». Nous serions plus sceptique. Ces statistiques des erreurs scolaires nous paraissent trop peu nombreuses et trop vagues pour être probantes. Mais là n'est pas notre unique raison de mettre en doute la valeur propre de ces prétendues expériences. Les chiffres obtenus par Ebbinghaus tiennent deux langages selon qu'on les interprète en hygiéniste ou en pédagogue. L'hygiéniste ne voit que la fatigue de l'attention et la statistique des fautes commises lui apprend ce qu'il savait déjà : *l'attention s'affaiblit avec la durée des exercices.* Mais en résulte-t-il que le profit intellectuel de ces exercices répétés soit nul ? Ebbinghaus et Schuytten sont contraints de confesser qu'il n'en est rien. Les erreurs de mémoire diminuent avec la répétition des exercices, quelle que soit d'ailleurs la fatigue intellectuelle, et cette loi se vérifie aux âges les plus différents, comme le prouve ce tableau résumant les expériences de Breslau[1].

	Age	Nombre des fautes par élèves de toutes les séries ensemble			
		Avant la 1re leçon	Après la 1re leçon	Après la 4e leçon	Après la 5e leçon
	—	—	—	—	—
Classes supérieures.	18 ans	8,5	6,3	5,1	4,7
Classes inférieures.	10,7	22,6	10,3	10,3	15,5

On est conduit dès lors à chercher si quelque facteur psychologique, autre que la fatigue cérébrale, n'influe-

1. Schuytten, p. 212.

rait pas sur l'intensité de l'attention des élèves. Schuytten le reconnaît très loyalement : *ce facteur est l'absence d'intérêt* [1]. Faire des séries d'additions, copier des textes en une langue étrangère inconnue, effacer des lettres, transcrire des combinaisons de chiffres, tout cela est peu intéressant en soi. Otez les exigences supérieures de la pédagogie expérimentale, quel professeur aurait la cruauté de soumettre des enfants à des épreuves aussi radicalement stériles et ennuyeuses ? Que dire de la répétition de ces exercices pendant des heures et des journées !

Toutefois ces expériences et ces statistiques ne sont peut-être pas aussi stériles pour la pratique scolaire qu'un premier regard pourrait le faire croire. Ce n'est pas la fatigue réelle qui fait décroître l'attention, c'est l'ennui, c'est-à-dire la répétition monotone des mêmes exercices. Le professeur doit donc apporter le plus de variété possible dans son enseignement. L'intensité de l'attention est plus grande au début de la classe qu'au terme, au commencement qu'à la fin de la journée. Il faut donc : 1° placer au début de la journée des leçons qui portent sur des notions abstraites ; 2° proscrire sans ménagements cette tradition scolaire d'après laquelle la première partie des classes est employée à des exercices fastidieux, comme la récitation des textes et des leçons de grammaire. D'ailleurs nous pensons, contrairement aux inductions de Teljatnik, d'Ebbinghaus et de Schuytten, que plus est soutenue l'attention, excitée par l'intérêt de l'étude, plus la fatigue cérébrale risque d'être grande et de s'accumuler de jour en jour

1. Schuytten, p. 211.

au cours d'une année. L'opinion universitaire ne doit donc pas être contraire à la fréquence des récréations, de même que l'opinion des familles ne doit pas être contraire à la fréquence et à la durée des congés.

La méthode qui contrôle les résultats de l'observation psychologique par la mesure de l'effort musculaire et l'emploi du dynamomètre conduit à conclure que l'énergie musculaire est en moyenne plus faible après le travail intellectuel. Tel serait le résultat des expériences de Clavière, professeur de philosophie au collège de Château-Thierry. L'écart n'est jamais considérable. Chez des jeunes gens de quinze à dix-huit ans, il ne dépasse pas une moyenne de 47 hectogrammes. Il est d'autant plus faible que les élèves ont été moins exercés au maniement de l'instrument[1].

Cette conclusion intéresse évidemment l'hygiène scolaire, infantile et juvénile. Le travail intellectuel occasionne une dépense considérable d'énergie ; donc le remède à la fatigue cérébrale ne doit pas être demandé à des sports violents, à des marches excessives [2], mais bien au sommeil, à l'hydrothérapie et à une alimentation substantielle. L'éducation de la volonté imposant jusqu'à un certain degré le souci de la vigueur musculaire, on préservera les adolescents de cette tension nerveuse prolongée qui accompagne la préparation aux écoles spéciales, écoles qui chez nous nuisent à la race autant qu'à la culture, à la culture autant qu'à l'autonomie administrative. Toutefois la pédagogie se gardera de tirer des observations de

1. Schuytten, pp. 220-222.
2. Toulouse, chap. x, p. 170.

Clavière et autres sur la fatigue musculaire des conséquences extrêmes. Depuis les expériences de Féré, il est connu que si un travail intellectuel prolongé diminue la force musculaire, un travail intellectuel court l'accroît [1]. Les exigences d'une culture intellectuelle modérée ne sont donc nullement en conflit avec celles de la croissance organique, au moins chez les races civilisées qui, en dehors des périodes de guerre, n'ont plus à faire une très grande dépense d'effort musculaire.

Une troisième méthode emploie l'esthésiomètre que nous n'avons pas à définir. L'esthésiométrie mesure la sensibilité cutanée par l'écart des pointes d'un compas émoussé. Ici, l'hypothèse est que l'acuité de la sensibilité cutanée doit décroître avec la fatigue nerveuse. On opère en plaçant les pointes du compas sur une joue au point de l'intersection de l'horizontale passant par la base du nez et de la verticale tangente à l'angle extérieur de l'œil [2]. Les principales expériences ont été celles de Griesbach, de Schuytten, de Vannod et de Sakaki. Faites en Allemagne, en Belgique, en Suisse, au Japon, elles concordent quant à leurs résultats généraux. L'écart des pointes à la fin des leçons est toujours plus grand qu'au début et plus grand sur la joue gauche que sur la joue droite [3]. La conclusion est donc qu'un travail intellectuel prolongé peut avoir pour conséquence une dépression, au moins temporaire, du système nerveux.

§ 5. — La question de la fatigue intellectuelle, comme celle de la puberté, comme celle des enfants

1. Féré, p. 7.
2. Schuytten, p. 234.
3. *Ibid.*, p. 236.

anormaux, appartient à l'hygiène plus qu'à la pédagogie. A plus forte raison, l'étude expérimentale de ces trois questions ne saurait-elle, comme l'a vu Morselli, constituer la pédagogie tout entière ou même en préparer sérieusement le renouvellement. Si les laboratoires de pédagogie expérimentale se bornent à l'examen de ces problèmes, ils risquent même d'amener un recul de la science de l'éducation en la confondant avec l'hygiène. Si ces laboratoires, en raison de leur constitution actuelle, ne peuvent étudier d'autres problèmes, il faut leur contester résolument le titre qu'ils s'arrogent et les appeler de leur vrai nom des laboratoires d'hygiène scolaire. La constitution scientifique de la pédagogie sera demandée à d'autres études.

Bien des causes expliquent la prépondérance temporaire de l'hygiène dans les préoccupations relatives à la direction de l'enfance, surtout chez les peuples où l'esprit public a subi à un haut degré l'influence de la philosophie positiviste. L'hygiène est la synthèse des applications des sciences biologiques et naturelles, comme la technique industrielle a été la synthèse des applications des sciences physiques et mécaniques. Au contraire, la théorie de l'éducation serait la synthèse des applications des sciences psychologiques, sociales et historiques. Or les applications se développent du même pas que les sciences dont elles sont déduites. La technique industrielle a précédé et dominé l'hygiène, en raison du développement plus rapide des sciences physiques et mécaniques. A l'heure actuelle, les sciences biologiques l'emportent tellement en perfection sur les sciences psychologiques et sociales que leurs applications attirent seules l'attention des hommes d'intelligence moyenne. Mais un peu de critique nous permet de dissiper l'illusion dont cette marche historique des sciences et des applications scientifiques pourrait nous duper. L'étude d'un ordre de phénomènes simples ne peut, si parfaite qu'elle soit, tenir lieu de la connaissance d'un ordre de phénomènes plus compliqués. Jamais la mécanique, la physique et la chimie n'ont suppléé à l'observation propre des organismes. On peut dire avec autant de sûreté que jamais les sciences biologiques ne suppléeront à l'observation des sujets pensants et des sociétés. Une psychologie et une sociologie même imparfaites nous en apprennent plus que toutes les déductions biologiques. Par suite, jamais les applications de la biologie ne tiendront lieu des applications de la psychologie et de la sociologie, applications dont la pédagogie est la principale.

Loin de nous l'intention de déprécier les services que rend, que peut rendre l'hygiène infantile et scolaire à une éducation rationnelle ! Dans l'état présent de la science et de la civilisation, l'hygiéniste peut obtenir de l'opinion ce que le sociologue n'a pas encore l'autorité de pouvoir même réclamer. Il peut condamner, au nom des lois de l'organisme, l'aveuglement, la folie de la famille bourgeoise et ouvrière contemporaine qui a perdu, à peu près partout, le respect de l'enfance, et qui tantôt par vanité, tantôt par cupidité, favorise la précocité des connaissances et des sentiments, au risque de faire naître chez les enfants le dégoût de la vie, comme un grand criminaliste allemand l'en a accusée [1]. L'hygiéniste peut condamner les

1. Baer, pp. 48-50.

pratiques scolaires infanticides, héritées de cette scolastique médiévale que nous décrions tout en en conservant à bien des égards les pires tendances, le culte de l'abstraction, de la dispute et du bavardage. Il peut dénoncer l'entassement des enfants dans des locaux mal aérés, le mobilier scolaire défectueux, la longueur excessive des heures de classes et des journées de travail scolaire, l'indifférence aux conditions de la respiration, de la digestion, du sommeil, de la formation du squelette, de l'exercice musculaire, de l'acuité sensorielle. Ses censures sont peu à peu écoutées des administrations et des familles, là du moins où elles sont sensibles à autre chose qu'à la vanité et au cabotinage. L'hygiéniste rend ainsi possible une éducation rationnelle, mais il ne doit pas croire qu'il en formule les règles ou même qu'il en énonce les problèmes.

Qu'est-ce que l'hygiène ? Une lutte méthodique contre les risques de dégénérescence inhérents à notre civilisation urbaine et industrielle. L'hygiène se rattache donc aux théories bien comprises de l'adaptation et de la sélection. Il en résulte que les prescriptions de l'hygiène doivent être, sinon subordonnées, au moins coordonnées à celles de la psychologie et de la sociologie qui, elles aussi, traitent à leur façon de l'adaptation et de la sélection.

Entre biologistes et pédagogistes la question (nous aurons lieu de le voir au cours de tout cet ouvrage) est celle de la valeur de l'effort mental. L'hygiéniste nous montre avec raison que cet effort, exprimé par la continuité de l'attention, comporte des risques dont il faut autant que possible préserver l'enfance et l'adolescence. Mais ces risques sont ceux de la civilisation ; ils ont remplacé les périls beaucoup plus graves auxquels la concurrence vitale exposait les animaux, et sans doute aussi les communautés humaines primitives. L'effort mental qui s'impose à l'enfant et à l'adolescent est en rapport avec celui que doit accomplir l'humanité entière pour durer et se développer. Il est sans doute trop intense pour les cerveaux anormaux, et il faut voir ici une manifestation des lois biologiques les plus dures. Il n'en résulte pas que tous les enfants doivent et puissent être soumis à un régime voisin de celui qui convient aux enfants anormaux. L'avis d'un savant aliéniste qui a cru pouvoir, lui aussi, tirer de la psychiatrie une hygiène cérébrale, et de celle-ci une pédagogie, est que l'exercice régulier de l'écorce cérébrale est une prescription de l'hygiène [1]. Cet avis est le nôtre. Si défectueux que puissent être encore à l'heure actuelle l'école et le régime des études primaires et secondaires, nous ne croyons pas qu'on puisse les condamner en raison des efforts douloureux qu'ils imposent. L'école et le régime des études ne sont, en effet, que des intermédiaires entre l'adaptation de l'enfant et les exigences d'une civilisation dont le développement n'a rien eu d'arbitraire ou d'artificiel. La vraie question est de trouver les méthodes qui économisent, au sens vrai du mot, l'effort mental, c'est-à-dire ne l'imposent pas prématurément à l'enfant, n'en portent pas l'intensité au delà du nécessaire et en tirent le maximum de profit. L'hygiéniste et le pédagogiste peuvent donc s'accorder, mais celui-ci a sa compétence propre.

1. Forel (1), pp. 236-239.

CHAPITRE II

L'EXPÉRIMENTATION PSYCHOLOGIQUE ET LA PÉDAGOGIE EXPÉRIMENTALE.

§ 6. — Les mêmes raisons qui nous ont conduit à distinguer les deux domaines de la pédagogie expérimentale et de l'hygiène infantile nous contraignent de chercher à apprécier la valeur du concours que l'expérimentation psychologique peut apporter à la pédagogie expérimentale. Nous avons en vue les expériences qui se poursuivent dans les laboratoires de psychologie. Est-ce aux travaux de ce genre que la pédagogie doit aller demander ses données ? Le pédagogiste ne doit-il pas conserver ou reprendre une conception plus large de la psychologie appliquée à l'éducation ?

Les travaux des laboratoires de psychologie ont jusqu'ici donné trois résultats principaux ; ils ont permis de mesurer approximativement certains états de conscience ; ils ont justifié l'existence d'une psychologie *individuelle* ; enfin ils ont confirmé et complété les résultats déjà obtenus dans les cliniques de psychiatrie. Nous pouvons passer brièvement en revue les contributions que ces trois classes de recherches apportent à la constitution d'une véritable expérience pédagogique, et voir ainsi combien serait indigente une pédagogie qui prétendrait en tirer toutes ses lumières.

§ 7. — Les progrès récents de la psychométrie ont

fait concevoir aux pédagogistes de grandes espérances. C'est sur la psychométrie presque exclusivement que Schuytten a tenté d'appuyer sa récente théorie de l'éducation des femmes [1]. Les résultats obtenus nous semblent peu propres à justifier un tel engouement. Le livre de Schuytten, remarquable à tant d'égards, en est la meilleure preuve : nulle part la confusion de l'éducation méthodique et de l'hygiène infantile n'a été poussée plus loin. En revanche, les aveux de l'auteur nous autorisent à douter que la psychométrie puisse apporter à la pédagogie autre chose qu'un concours très indirect.

Schuytten, comme d'ailleurs Meumann, son devancier, a reconnu l'extrême difficulté rencontrée par la psychologie qui tente de mesurer les processus intellectuels. « La psychologie actuelle, nous dit-il, se contente de mesurer les formes simples de l'activité cérébrale, telles que la mémoire ou l'attention ; elle néglige les formes complexes que l'on nomme intelligence, génie, talent, pour l'unique motif qu'elles échappent toujours aux méthodes d'investigation exacte, telles que la science les réclame » [2]. Or c'est à ces formes complexes que l'enseignement a surtout affaire. Dans le même ouvrage, Schuytten avoue que le fait biologique lui-même échappe le plus souvent à la mesure, renouvelant ainsi une objection déjà faite par Auguste Comte à toute tentative en vue de faire de la biologie une science quantitative [3]. Le même auteur fonde sa théorie de l'éducation des sens sur la loi de Weber. Et

1. Schuytten, notamment IIe partie, chapitres III et IV.
2. *Id.*, *ibid.*, p. 264.
3. *Id.*, *ibid.* Cf. Comte, *Cours de philosophie positive*, leçon IIe.

en effet il semble bien que l'office de la psychométrie soit d'exprimer numériquement les variations du rapport entre l'intensité de l'excitation et celle de la sensation. Mais l'on n'ignore pas quelles objections ont été faites par la critique philosophique non seulement à la formule de cette loi, mais à l'espoir même de résoudre le problème [1].

M. Binet a défini avec une prudente réserve l'office de la psychométrie en disant « qu'elle permet d'apprécier avec précision toutes les causes qui influent sur l'accélération ou le ralentissement de l'activité mentale. Ce serait donc une méthode générale » [2]. Soit. Mais il faut ajouter que jusqu'ici on ne peut la considérer que comme une méthode auxiliaire et dont les résultats sont souvent douteux. Le concours direct qu'elle apporte à la pédagogie se borne à aider à la distinction des enfants normaux et anormaux. Mais, nous l'avons vu, c'est là plutôt un problème d'hygiène infantile que de pédagogie proprement dite.

§ 8. — La création d'une psychologie individuelle par les laboratoires de psychologie expérimentale est un résultat de nature à intéresser beaucoup plus directement la science de l'éducation. On sait que si la psychologie générale cherche les vérités communes à tous les processus psychologiques, la psychologie personnelle se propose de découvrir comment les processus psychologiques se modifient chez l'individu. On a ramené à trois les principaux problèmes qu'elle doit résoudre. Elle doit suivre les variations d'un même

1. Bergson (1), ch. I, pp. 45-54.
2. Binet (1), ch. VII, p. 130.

processus psychologique chez plusieurs individus, découvrir les rapports qui unissent plusieurs processus chez le même individu, et enfin rechercher si entre ces processus il existe un rapport de subordination [1]. La psychologie individuelle n'a guère dépassé le premier de ces problèmes.

La psychologie individuelle a eu pour premier résultat de distinguer des types de mémoires, attestant eux-mêmes des types de constitutions sensorielles (visuelle, auditive, motrice). Vint ensuite la distinction des types de caractères (actif, sensitif, apathique). Il restait à savoir si les méthodes de la psychologie individuelle (enquêtes, tests, etc.) étaient applicables aux fonctions supérieures de l'esprit. Cette dernière tentative caractérise le moment actuel de la science. Ici encore, nous retrouvons les noms de MM. Ribot [2] et Binet. L'essai du premier sur *l'Imagination créatrice*, réussit à discerner des variations intellectuelles à la fois normales et bien tranchées, celles du type imaginatif, du type abstrait (ou abstracteur) et du type réaliste, toujours dirigé vers l'action immédiate. Le type imaginatif à son tour présente plusieurs variétés. Tous les imaginatifs ont en commun l'intensité des images qui, chez eux, tendent à prédominer même sur les percepts. Mais les éléments de cette vie intérieure ne sont pas toujours les mêmes, car l'on peut distinguer, tout au moins, deux types extrêmes de l'imaginatif, celui de l'imagination *plastique* et celui de l'imagination *diffluente*, la première faite d'images nettes et d'associa-

1. Binet (5), (*Année psychologique*, 1900.)
2. Th. Ribot (2), IIIe partie.

tions à rapports objectifs, l'autre consistant « en images à contours vagues, indécis et en associations où prédominent des rapports subjectifs, d'ordre affectif[1]. »

M. Ribot a surtout étudié les types imaginatifs ; quant aux types de l'abstracteur et du réaliste, il s'est contenté de les distinguer des premiers. Les études expérimentales de M. Binet complètent heureusement les siennes : des expériences minutieuses et répétées sur deux jeunes filles le conduisent à distinguer nettement deux types intellectuels opposés, l'imaginatif et l'observateur. Déjà M. Binet avait tiré les mêmes conclusions d'une série d'expériences sur les élèves des écoles normales de Versailles et de Melun. Les expériences consistent soit à faire décrire des objets simples et concrets, soit à faire écrire des listes de mots aussi rapidement que possible. Elles permettent de constater une certaine orientation des idées qui chez l'observateur se tourne vers le concret, la constatation exacte des faits qu'il ne dépasse pas et qui chez l'imaginatif prend le fait donné comme l'occasion d'une création subjective. Elles relèvent chez l'observateur « une qualité, l'exactitude, et un défaut, le prosaïsme », et chez l'imaginatif, qui après avoir demandé à l'objet une suggestion s'en détache, la qualité est l'originalité et le défaut l'inexactitude. Ces deux tendances mettent leur empreinte sur toute la vie mentale ; il en résulte une manière spéciale de se souvenir, de raisonner, de concentrer l'attention.

Bien qu'à ses débuts, la psychologie individuelle a déjà la notion claire de son objet et les résultats qu'elle

1. Th. Ribot (2), IIIe partie, chap. I et II.

a obtenus ne sont pas à dédaigner. De quel intérêt est-elle pour la pédagogie ? L'éducateur peut-il en tirer parti pour connaître la nature de l'enfant ? Une objection nous attend : Peut-on compter découvrir chez l'enfant cette originalité dont la psychologie individuelle fait son étude ? Les enfants ne sont-ils pas plus semblables entre eux que les adultes ? M. Ribot n'a-t-il pas nommé *infantile* le caractère instable de ceux qui n'ont pas de caractère [1] ? Cependant cette objection ne doit pas nous arrêter ; l'enfant est sans caractère immédiatement après la naissance, quand son activité est encore toute motrice. Mais dès que l'enfant atteint l'âge scolaire, l'individualité s'affirme déjà et tend à se dégager de plus en plus, au moins si elle n'est pas comprimée artificiellement. La psychologie individuelle rend donc à l'éducateur le service de lui indiquer ces originalités naturelles et de les lui faire regarder comme normales ; elle le préserve ainsi de l'erreur qui le porterait à accorder une préférence absolue à un type d'enfant et à le présenter comme modèle à ceux-là à qui leur constitution mentale et affective interdit de s'en rapprocher. La psychologie individuelle prépare ainsi une méthode d'éducation plus individualiste, et radicalement différente des routines du passé.

Il est évident que la psychologie individuelle ne peut être utile au maître s'il n'en a pas lui-même la possession expérimentale. Ira-t-il la demander aux laboratoires de psychologie tels qu'ils sont organisés aujourd'hui ? Nous ne le croyons pas. Le maître doit être capable

1. Th. Ribot (6), p. 16.

de diriger une enquête psychologique sur ses élèves, mais l'accomplissement de ses devoirs professionnels lui permet de l'apprendre si du moins son attention est dirigée de ce côté[1]. Dès maintenant il convient de remarquer que c'est à la collaboration des instituteurs et des psychologues que sont dus certains des résultats les plus précieux aujourd'hui acquis à la psychologie individuelle. La valeur de cette collaboration à été hautement reconnue par M. Binet. Il serait aisé de préparer dès l'école normale et l'université le maître à faire des enquêtes sur les types de mémoire et sur les types intellectuels des élèves qu'il est appelé à diriger. Le devoir descriptif est une pierre de touche presque infaillible, pourvu que l'on sache en tirer parti et en faire l'analyse psychologique.

§ 9. — Issue des laboratoires de psychologie expérimentale, la psychologie individuelle suffit-elle à fonder la pédagogie scientifique ? Une raison sérieuse d'en douter nous est donnée par une discussion récente entre le représentant peut-être le plus méthodique de la psychologie individuelle, et celui d'une théorie hardie qui fonde l'éducation et ses méthodes sur la suggestibilité de l'enfant, entre M. Binet et le Dr Bérillon. Une telle discussion intéresse l'éducation tout entière, car ce sont deux méthodes radicalement opposées qui sont en lutte. D'un côté la théorie de la suggestibilité découvre la racine de la vieille éducation d'autorité et prétend la justifier au nom de la psychologie expérimentale et de la physiologie ; de l'autre la théorie des types psychologiques irréductibles vient confirmer

1. W. James (3), ch. I, p. 3.

toutes les tendances individualistes de l'éducation moderne et leur conférer le maximum d'intensité. Chacune des deux théories prétend parler au nom de la science expérimentale, qui se présente ainsi au pédagogiste en lutte avec elle-même et l'oblige, même malgré lui, à un effort de critique.

Nous devons chercher si ces deux théories ont une égale valeur et si, pour adopter l'une d'entre elles, nous ne devons pas dépasser le point de vue des expérimentateurs étroits.

L'avantage apparent de la théorie à laquelle M. Bérillon a attaché son nom est double [1]. Elle donne une réponse précise à cette question capitale : *Qu'est-ce que l'éducabilité ?* En définissant l'éducabilité par la suggestibilité, elle semble montrer le lien qui unit l'action de l'éducateur à celle du milieu social, car indubitablement le milieu social agit, sur l'enfant comme sur l'adulte, par suggestion. Mais le milieu social opère, non seulement sans souci du développement original de l'individualité, mais directement contre elle. Il était inévitable que les fondateurs de la psychologie individuelle soumissent à une critique sévère l'hypothèse de Bérillon. Là est le grand intérêt pédagogique de l'examen que M. Binet a fait des rapports entre l'éducabilité et la suggestibilité.

Laissons parler d'abord le Dr Bérillon :

« Le degré de suggestibilité, croit-il, n'est nullement en rapport avec un état névropathique quelconque. La suggestibilité, au contraire, est en rapport direct avec le développement intellectuel et la puis-

1. Bérillon, *l'Hypnotisme et l'Orthopédie mentale.*

sance d'imagination du sujet. *Suggestibilité, à notre avis, est synonyme d'éducabilité.*

« Le diagnostic de la suggestibilité peut être fait à l'aide d'une expérience très simple. Cette expérience a pour objet d'obtenir chez le sujet la réalisation d'un acte très simple, suggéré à l'état de veille.

« Voici comment je procède. Après avoir fait le diagnostic clinique et interrogé l'enfant avec douceur, je l'invite à regarder avec une grande attention un siège placé à une certaine distance au fond de la salle, et je lui fais la question suivante : Regardez attentivement cette chaise ; vous allez éprouver malgré vous le besoin irrésistible d'aller vous y asseoir. Vous serez obligé d'obéir à ma suggestion, quel que soit l'obstacle qui vienne s'opposer à sa réalisation.

« J'attends alors le résultat de l'expérience. Au bout de peu de temps (une ou deux minutes), on voit ordinairement l'enfant se diriger vers la chaise indiquée, comme *poussé par une force irrésistible,* quels que soient les efforts que l'on fasse pour le retenir. *Dès lors je puis poser mon pronostic et déclarer que cet enfant est intelligent, docile, facile à instruire et à éduquer, et qu'il a de bonnes places dans sa classe. Je puis ajouter qu'il sera très facile à hypnotiser.*

« Si l'enfant reste immobile et déclare qu'il n'éprouve aucune attraction vers le siège qui lui est désigné, je puis conclure de ce résultat négatif qu'il est mal doué au point de vue intellectuel et mental, et qu'il sera facile de retrouver chez lui des stigmates accentués de dégénérescence. L'opinion des maîtres et des parents vient toujours confirmer ce diagnostic [1]. »

1. Bérillon, p. 10.

Cette théorie a d'autant plus d'importance qu'avec un aspect tout moderne elle tend à restaurer les formes d'éducation les plus anciennes. Je laisse les applications particulières qu'en fait l'auteur, et je considère l'esprit même du système. Il conduit à restaurer les procédés de l'éducation d'autorité, et notamment ceux de l'éducation sacerdotale et militaire. On comptera sur les actes collectifs, cérémonies, chants, etc., qui noient le moi de chacun dans la masse, avec l'idée que la collectivité est bonne par nature et l'individualité mauvaise. On neutralisera toute disposition au jugement personnel en tenant pour accordé que le jugement personnel est erroné et le préjugé collectif vrai, etc.

Or la suggestibilité et l'éducabilité sont-elles vraiment des dispositions identiques ? Le raisonnement à lui seul nous conduit à en douter. L'enfant, dit-on, est plus suggestible que l'adulte, mais ce qui distingue l'enfant de l'adulte peut être un obstacle à l'éducation tout aussi bien qu'un ressort de l'éducation. L'instabilité de l'attention, et en général l'instabilité mentale, caractérisent aussi l'enfant, et c'est là ce que l'éducation doit tendre à diminuer. On ajoute que la suggestibilité accroît la docilité, mais par là elle offre une tentation très dangereuse à l'éducateur, celle de se rendre indispensable. Si l'objet de l'éducation est de consolider ce que Kant a appelé la pupillarité de l'entendement, de maintenir l'intelligence de l'élève dans une enfance perpétuelle, d'affermir l'autorité du maître sur lui et de la rendre inébranlable, on peut confondre la docilité avec l'éducabilité et par suite s'appuyer sur la suggestibilité. C'est ainsi qu'ont d'ordinaire raisonné les sacerdoces, car ils se jugent les dépositaires de la vérité morale elle-même, les guides indispensables de la faiblesse humaine. C'est ainsi que raisonnait encore Auguste Comte quand il voulait instituer un sacerdoce de l'humanité et une éducation appuyée sur tout un système de cérémonies et de sacrements. Mais l'éducation ainsi entendue est à l'avantage du maître plutôt que de l'élève ; c'est le mode d'organisation et de renouvellement d'une vieille société « spirituelle », non celui d'une civilisation vivante. Si, au contraire, l'on entend par éducation la préparation de l'enfant à la vie, à l'existence personnelle, au bon usage des libertés et des droits, à l'intelligence de la responsabilité qui lui incombera, on portera un jugement tout autre sur l'extrême docilité et sur la suggestibilité. On y verra une faiblesse que l'éducation méthodique doit se proposer de faire disparaître.

Selon M. Binet, la suggestibilité est en rapport avec l'infantilisme et l'automatisme. Elle n'est pas sujette à se développer chez l'enfant normal. « Nos expériences, écrit-il, nous fournissent un nouveau moyen, d'une efficacité vérifiée, pour mesurer la suggestibilité des enfants et le procédé nous paraît recommandable, puisqu'il fait apparaître de très grandes différences individuelles. *Nous avons pu constater que les enfants les plus suggestibles sont les plus jeunes.* Cette épreuve nous a montré encore la possibilité de faire à la suite l'une de l'autre deux épreuves de suggestibilité, dans lesquelles les enfants se comportent à peu près de même manière et gardent chacun leur degré propre de suggestibilité. Cette confirmation est très importante ; elle nous montre que la suggestibilité présente un caractère de constance, au moins lorsque l'expérience est bien conduite. Enfin nous avons eu à noter qu'une suggestion répétée a moins d'efficacité à la seconde fois qu'à la première. Cet affaiblissement est sans doute spécial à ces suggestions indirectes de l'état de veille qui ne constituent point, à proprement parler, des mainmises sur l'intelligence des individus ; dans les expériences d'hypnotisme, au contraire, la suggestibilité de l'individu hypnotisé croît avec le nombre des hypnotisations.

« Il semble que, réduite à sa forme la plus simple, l'épreuve de la suggestion à l'état de veille constitue un test de docilité ; et il est vraisemblable que des *individus dressés à l'obéissance passive s'y conformeront mieux que les indépendants.* Rappelons-nous ce fait si curieux que, d'après les statistiques de Bernheim, les personnes les plus sensibles à l'hypnotisme (c'est-à-dire à la suggestion autoritaire) ne sont pas, comme on pourrait le croire, les *femmes nerveuses*, mais les anciens militaires, les employés d'administration, en un mot tous ceux qui ont contracté l'habitude de la discipline [1]. »

En s'appuyant sur les faits rapportés par l'auteur et sur les expériences citées par lui, on peut aller plus loin que lui. La suggestibilité désigne non pas un seul état ou une seule tendance, mais un groupe d'états ou de tendances. Elle tire son nom de la suggestion dont la forme la plus définie est la *suggestion hypnotique*. Mais la suggestion hypnotique est le résultat d'un rapport entre l'hypnotiseur et l'hypnotisé, et il est certain

1. Binet (3), p. 103.

que chez le sujet qui la subit les conditions n'en sont pas simples. On peut les ramener tout au moins à deux : la faiblesse de l'attention volontaire, l'excitabilité de l'imagination. C'est la réunion de ces deux conditions qui permet de suggérer soit des perceptions, soit des actes, c'est-à-dire, au fond, des états de croyance. On voit donc aisément pourquoi l'enfant est suggestible. Il est à l'âge où la stabilité de l'attention volontaire est au minimum, et où l'imagination est le plus excitable. On peut ainsi donner facilement une certaine orientation au cours des images et produire des états de conscience dont les actes sont les conséquences. Mais l'instabilité de l'attention est un grand obstacle à l'éducation morale comme à la culture intellectuelle qui ne rencontrent pas non plus une disposition bien favorable dans la suractivité de l'imagination. C'est dire assez quelle est l'erreur de ceux qui confondent la suggestibilité avec l'ensemble des dispositions qui rendent l'enfant éducable : ils prennent un obstacle à détruire pour un ressort à mettre en œuvre.

Néanmoins les éducateurs auraient tort de négliger les études psychologiques sur la suggestibilité. Un obstacle naturel à l'éducation est par cela même une donnée de la science de l'éducation. L'enfant est suggestible ; il l'est d'autant plus qu'il est plus nerveux. La disposition à subir la suggestion de l'exemple s'accroît dans les grandes agglomérations scolaires, mais non toujours au profit des exemples donnés par les maîtres. L'effet de la suggestibilité n'est pas nécessairement la docilité, au sens que M. Bérillon attache à ce mot. C'est aussi souvent la passivité de chaque individu envers les maximes et les exemples qui prévalent parmi les enfants eux-mêmes. De bons observateurs, tels que Régis, sont portés à croire qu'à l'origine le groupe scolaire lui-même subit la suggestion de quelque meneur qui est d'ordinaire un des plus nerveux [1]. Mes souvenirs d'élève et de professeur confirment cette opinion. L'effet de cette influence de l'agglomération scolaire est la formation d'habitudes ou de dispositions latentes dont le caractère peut garder toujours l'impression. L'éducateur doit donc tenir grand compte de la suggestibilité s'il veut formuler les règles de l'éducation. A mon sens les règles qu'il tirera de cette donnée psychologique sont plutôt négatives et préventives que positives. Elles constitueront une sorte de prophylaxie de la suggestion. On ne soumettra jamais les enfants à rien qui ressemble de près ou de loin à une suggestion hypnotique. On réduira au minimum l'influence de la camaraderie, ce qui conduit à préférer toutes les formes possibles de la vie de famille au régime des grands internats. On comptera peu sur les bons exemples pour former le caractère, mais l'on s'attachera d'autant plus à écarter les exemples mauvais ou douteux et, autant que possible, l'on fera appel à la réflexion pour en détruire l'influence. Quant aux cérémonies, si l'on ne peut en diminuer le nombre et le rôle, jamais on ne les considérera comme de véritables auxiliaires de la culture morale.

Mais comment établir et surtout justifier cette prophylaxie de la suggestion si l'on ignore systématiquement les relations normales de l'automatisme et de la

1. E. Régis, leçon inédite faite aux étudiants de la Faculté des lettres de Bordeaux.

conscience, puisque le grand enseignement de la psychiatrie expérimentale est que la docilité à la suggestion est un cas particulier ou une conséquence de l'automatisme psychologique ? Et comment définir ces relations sans passer de la psychologie individuelle à la psychologie générale, au risque de sortir du cadre étroit de la psychologie strictement expérimentale ?

§ 10. — Si grande que puisse être la valeur de la psychologie expérimentale pour l'éducateur, elle ne peut remplacer entièrement la psychologie générale. Tout d'abord elle la suppose [1]. En effet, il sera toujours plus aisé de connaître les vérités communes aux processus psychologiques, abstraction faite des différences présentées par les individus, que de découvrir un rapport de subordination entre les processus chez un même individu. En second lieu, si la psychologie individuelle discrédite la méthode d'autorité en éducation, si elle condamne toute tentative en vue de réaliser le type de l'enfant moyen au prix de la compression de l'originalité personnelle, elle ne donne là qu'une conclusion négative dont l'éducateur ne peut se contenter. Les vérités psychologiques communes à tous les individus sont celles qui pourront vraiment l'éclairer et lui donner une méthode. La nécessité d'adapter ces vérités et leurs conséquences aux variations individuelles est réelle, mais elle vient compliquer cette tâche préliminaire sans dispenser aucunement de la remplir.

Nous conclurions donc que le point d'appui de la pédagogie expérimentale est avant tout une psychologie à la fois générale et qualitative, bref la psychologie dont

1. Cf. W. James (3) p. 2.

Th. Ribot, William James et W. Wundt sont aujourd'hui les représentants les plus illustres. Cette psychologie générale et qualitative ne doit-elle rien aux laboratoires de psychologie ? Nous sommes loin de le penser. En effet, cette science est, selon nous, une généralisation de la psychologie comparée qui elle-même se constitue à l'aide du concours de la psychiatrie, de la psychologie infantile et de la psychologie animale. Or le laboratoire est devenu l'auxiliaire le plus utile de la clinique de psychiatrie.

Évidemment le domaine de la psychiatrie est beaucoup plus étendu que celui de la méthode expérimentale stricte. La psychiatrie peut étudier les sentiments, les idées, les volitions et leurs rapports. De là même, depuis les travaux de MM. Th. Ribot et Pierre Janet, une tendance à identifier parfois la psychiatrie et la psychologie expérimentale elle-même [1]. Sans doute il y a là un excès dont l'effet serait peut-être de faire négliger entièrement l'étude de l'esprit normal. Néanmoins les deux méthodes sont assez voisines l'une de l'autre pour se pénétrer. Les aliénistes, tels que M. Toulouse et M. G. Dumas, se servent de plus en plus du laboratoire de psychologie expérimentale, et réciproquement les purs psychologues complètent leurs expériences en fréquentant les cliniques et les asiles d'aliénés. Cette collaboration caractérise la psychologie française. Aussi devons-nous en noter les conditions et les modes.

Nous constatons d'abord un mouvement naturel de la psychiatrie vers l'expérimentation proprement dite. Il y

1. Cette identité est professée hautement par P. Janet, et combattue par Wundt. Dans une lettre adressée à l'auteur de ces lignes, M. Ribot s'y déclare contraire.

a expérimentation quand le savant, au lieu d'attendre que la marche naturelle des choses lui présente les phénomènes à étudier, modifie lui-même artificiellement cette marche. C'est ce qui arrive quand les psychoses sont produites par les boissons spiritueuses et autres excitants, tels que l'éther et la morphime. Déjà ici l'intoxication alcoolique ou absinthique produit des perturbations sensorielles et musculaires définies que l'on peut répéter expérimentalement sur les animaux. Par exemple, faut-il étudier ce trouble de la perception extérieure que l'on nomme l'hallucination ? Aucun sujet ne vaudra un alcoolique atteint du *delirium tremens* comme le montrent les célèbres études du Dr Magnan sur les hallucinations alcooliques. Peut-être n'avons-nous encore ici qu'un équivalent de l'expérimentation, car l'observateur ne peut régler l'intensité du phénomène à son gré. Il n'en est plus de même quand intervient le *traitement*, comme il arrive dans ces annexes des asiles d'aliénés, les *asiles de buveurs*, où l'on répare tant bien que mal les ruines psychologiques produites par l'intempérance contemporaine. Le régime auquel l'asile soumet le buveur est celui de l'abstinence totale de toute boisson alcoolique. Or, au témoignage du Dr Legrain, la psychologie du buveur subit alors une transformation complète et du plus haut intérêt psychologique. On voit, en effet, reparaître toutes les manifestations d'énergie mentale que l'alcoolisme faisait disparaître lentement et que l'ivresse abolit d'une façon foudroyante (coordination des mouvements, acuité sensorielle, mémoire, idéation, décision volontaire)[1]. Le traitement ainsi conçu est une expéri-

1. Dr Legrain, 9e et 11e leçon, notamment p. 256.

mentation véritable, puisqu'aussi bien l'intoxication alcoolique est un cas négatif, une abolition lente de l'activité mentale.

A ce mouvement de la psychiatrie vers l'expérimentation correspond un mouvement de la psychologie expérimentale définie vers la psychiatrie. Par exemple la psychométrie apporte à l'aliéniste des renseignements très précieux qui lui permettent d'éclairer son diagnostic et de le rendre plus complet. Le livre de M. Georges Dumas sur la *Tristesse et la Joie* nous en présente de très intéressants exemples. Nous ne voulons ici en citer qu'un seul cas. La mélancolie correspond en général à la dépression des sentiments et de la volonté, à un état d'atonie et d'indifférence générale. Il est intéressant de savoir si chez le mélancolique, l'attention est atteinte comme l'effort musculaire lui-même. Les procédés du laboratoire viennent ici en aide à l'aliéniste. La mesure indirecte de l'attention lui permet de constater qu'elle est très affaiblie par la dépression générale qui caractérise la mélancolie.

En résumé, les méthodes psychologiques se combinent et se contrôlent. Il faut savoir les utiliser toutes. L'avenir de la psychologie est dans leur collaboration toujours plus intime. L'introspection, l'étude réfléchie du psychologue par lui-même permet seule de défricher le champ, de poser le problème et de formuler les hypothèses positives. Mais elle est sujette à certaines illusions qui doivent être rectifiées. La méthode des enquêtes, non seulement sur les adultes normaux, mais encore sur les foules, les enfants, les animaux en est le premier complément et rend déjà possible un aperçu de la genèse des phénomènes. Mais l'étude des conditions fait encore défaut. Ici, intervient l'alliance de la psychiatrie et de la psychologie expérimentale des laboratoires. Le résultat commun à la psychiatrie et à la psychologie expérimentale stricte est la notion de *régression* dont M. Ribot a montré la portée générale. Les manifestations de la régression forment elles-mêmes la contre-épreuve des manifestations de la genèse ; *la régression est la genèse à la fois renversée et abrégée.* Or c'est sur la psychologie génétique, complétée par la sociologie, que peut reposer la science expérimentale de l'éducation.

L'expérimentation au sens strict mérite sans doute la confiance qu'on est d'ordinaire porté à lui accorder aujourd'hui. Mais elle ne doit pas devenir l'objet d'une véritable superstition. A force d'en célébrer les résultats, l'on risque parfois d'en oublier la destination. L'*expérimentation n'est et ne peut être qu'un procédé de contrôle destiné à rendre manifeste une relation de cause à effet ou de condition à conditionné.* Or si ce procédé de contrôle est plus rapide et plus péremptoire qu'aucun autre, il n'est pas le seul. D'autres sont aussi certains et aussi probants. L'observation comparative et l'étude des cas morbides peuvent le suppléer. Ajoutons que moins la relation causale étudiée est simple, moins l'expérimentation propre est apte à la mettre en lumière. Or c'est dans la constitution et la formation d'un esprit que la relation causale atteint le maximum de complexité. Une pédagogie expérimentale, fondée tout entière sur les seules données du laboratoire de psychologie, est un non-sens.

CHAPITRE III

L'AUTOMATISME PSYCHOLOGIQUE ET LA CONSCIENCE RÉFLÉCHIE DANS L'ÉDUCATION.

§ 11. — Les hygiénistes et les psychologues semblent être aujourd'hui d'accord pour placer en tête des vérités scientifiques sur lesquelles doit reposer la pédagogie *la loi de l'exercice ou de l'entraînement* que Forel formule ainsi : « La substance des nerfs et des muscles et leur puissance de production se renforcent par l'exercice et s'affaiblissent par l'inaction. En outre, l'habileté et l'adresse dans l'exécution d'actes compliqués se perfectionnent aussi par une répétition fréquente... L'expression d'*exercice* ne se limite nullement à l'exercice musculaire et à celui des habiletés techniques, mais s'étend à celui de toutes les activités mentales et nerveuses. On s'exerce à voir, à entendre, à percevoir, à penser, à former des abstractions, à développer les sentiments éthiques et esthétiques, à supporter le froid et la chaleur, — malheureusement aussi à jurer, à mentir, à jouer pour de l'argent, à se vanter et à ne rien faire tout aussi bien qu'à pédaler à bicyclette, à faire des armes, à faire la cuisine ou à nager... L'exercice de bon aloi consiste en un entraînement constant et régulier dans lequel on évite tout effort exagéré de l'instant et toute activité fiévreuse destinée à des succès apparents... Il existe ici une différence fondamentale entre le tissu nerveux et le tissu musculaire. Par un exercice continu et progressif, le muscle grossit et se renforce, on le sait, assez rapidement. Mais un repos ou une activité prolongée lui fait aussi rapidement perdre ce qu'il a gagné ; en un mot, l'effet de l'exercice du muscle lui-même se perd vite. Ce que le cerveau et les centres nerveux ont solidement acquis par un exercice consciencieux se conserve par contre dans ses grands traits tant que le tissu demeure sain[1]. »

Nous ne songeons pas à contester cette vérité. Suffit-il toutefois de l'énoncer pour avoir donné à la pédagogie, comme le pense Forel, un fondement scientifique clair et inébranlable ? Nous pensons au contraire qu'en formulant la loi de l'exercice cérébral, on pose un problème dont la solution peut affecter la pédagogie tout entière, le *problème des rapports de l'automatisme et de la conscience.*

Récemment un des représentants les plus tapageurs de l'école naturaliste professait cette proposition hardie dans un livre dont le titre décevant promet plus que ne donne le texte : *l'objet de l'éducation est de faire passer le conscient dans l'inconscient*[2]. A vrai dire, la *Psychologie de l'éducation* du Dr G. Le Bon est assez pauvre en expériences ou même en observations. Si l'on en retranchait les invectives aux professeurs de l'Université, l'ouvrage serait allégé des quatre cinquièmes. M. G. Le Bon se borne à citer les hypothèses de l'école associationniste, comme si la psychologie en était encore au point où l'a laissée James Mill ; il ne

1. Forel (1), pp. 237-238.
2. Gustave Le Bon, liv. III, ch. I et II.

parle ni de l'attention volontaire, ni de la dissociation, ni du processus de la croyance, ni de rien qui puisse éclairer quelque chose. Il est néanmoins aisé de voir que cette activité inconsciente qui, selon M. Le Bon, est le terme des acquisitions dues à l'éducation, n'est pas autre chose que l'activité automatique. Quant à la pensée, à la raison, à la conscience, ce sont pour M. Le Bon des ennemies personnelles, comme d'ailleurs l'esprit français lui-même [1]. Or le fond de cette opinion semble partagé par des penseurs de plus d'envergure que M. Le Bon et par des écrivains mieux documentés. Selon qu'on l'adopte ou qu'on la repousse, l'orientation de toute l'éducation est changée.

§ 12. — Pour mieux discuter cette théorie, nous irons en chercher l'exposition dans l'œuvre d'un des psychologues et philosophes les plus célèbres de l'Italie contemporaine, Robert Ardigò. On sait qu'Ardigò est l'auteur d'une conception puissante et originale de l'évolutionnisme universel. La psychologie évolutionniste l'a conduit à la sociologie, et celle-ci au problème de l'éducation. La seconde édition de sa *Science de l'éducation* a paru en 1903. Ce livre atteste avant tout un effort pour bien définir l'objet de la pédagogie. Il n'y faudrait pas chercher toute une psychologie appliquée, quoique l'on y trouve une remarquable exposition des principales méthodes de l'enseignement. C'est la définition d'un fait général ; c'est la réponse à une question que l'on pourrait formuler en ces termes : De quelles lois psychologiques dépend le pouvoir de l'éducateur sur l'élève ? Il y répond sommairement : le

1. Voir notamment, *loc. cit.*, p. 223.

pouvoir de l'éducateur dépend des lois de l'habitude dirigée par l'exercice, des aptitudes qui distinguent l'homme de l'animal, et plus spécialement l'homme social de l'homme inculte.

Il en résulte que la science de l'éducation consistera dans l'étude de l'habitude, de ses lois, de ses rapports avec l'intelligence, la volonté et l'instinct. La pédagogie pratique sera la recherche de la série et de la combinaison des exercices qui peuvent former les habitudes de l'homme social.

Ardigò commence par une critique des définitions que ses prédécesseurs ont données de la science de l'éducation. Il leur reproche d'abord de confondre presque toujours la science qui étudie avec l'objet étudié lui-même[1]. La raison de cette confusion est une notion vague et fausse de la *fin de l'éducation*. Les pédagogistes donnent, en général, leur science comme le moyen d'atteindre la fin qu'ils assignent à l'éducation. Dès lors la science de l'éducation et la connaissance des règles pédagogiques ne font plus qu'une seule et même connaissance. C'est comme si l'on définissait la médecine comme la science de la guérison des maladies en oubliant l'étude même des maladies et de leurs causes. La science disparaît alors devant l'art, mais l'art court le risque de ne reposer que sur la routine[2].

Les définitions de l'éducation elle-même pèchent en ce qu'elles sont purement métaphysiques. Les pédagogistes placent le plus souvent la fin de l'éducation dans la perfection, c'est-à-dire dans l'une des idées les

1. Ardigò, p. 12 et suivantes.
2. *Ibid.*, p. 14.

plus indéterminées, les moins définies qui existent. Il serait moins défectueux de ramener la fin de l'éducation au perfectionnement. Encore l'idée resterait-elle trop vague[1].

Enfin une troisième erreur contribue à vicier plus gravement encore la notion de l'éducation et de l'art éducatif. Elle consiste à attribuer à l'homme des facultés innées qui lui sont données pour le conduire à sa fin. De même que nous n'avons aucune idée claire de la perfection, nous n'avons aucune faculté vraiment innée, nos sensations peuvent seulement se combiner selon des lois et former des produits de plus en plus complexes. Un homme diffère d'un autre selon que son activité exprime des combinaisons intellectuelles plus variées et plus compliquées ; une société diffère d'une autre selon qu'elle procède d'une combinaison plus élevée de l'activité et de la connaissance [2].

Il faut donc écarter radicalement toute idée métaphysique des fins de l'éducation, notamment l'idée de perfection, et y substituer la *notion des aptitudes qui caractérisent l'homme civilisé*. L'éducation n'est donc plus l'art de conduire l'homme à une vague perfection qui n'est d'aucun temps ni d'aucun lieu : c'est la formation du citoyen d'une société civilisée [3].

L'éducation ainsi entendue est une *formation naturelle*, aussi naturelle que celle de l'organisme. *Elle se fait dans un milieu défini qui est toujours social*, ou, pour mieux dire, le citoyen utile d'une société se forme naturellement en traversant une série de milieux à chacun

1. Ardigò, p. 16.
2. *Ibid.*
3. *Ibid.*, pp. 15-21.

desquels il emprunte quelque chose. Ces milieux sont la famille, l'école, les différentes sociétés professionnelles, etc.[1]. Certains milieux peuvent déformer l'homme social en lui faisant contracter des habitudes nuisibles, mais la pédagogie ne s'occupe que de l'éducation socialement normale. C'est l'éducation qui communique à l'individu des habitudes et des habiletés capables de le rendre utile et de l'ennoblir.

La connaissance de la fin nous donne immédiatement celle des moyens. Le moyen consiste à communiquer à l'enfant l'habileté ou les différentes sortes d'habiletés qui permettent à un individu de prendre utilement part à l'activité sociale.

Or l'habileté est le fruit de l'habitude, et la formation de l'habitude est l'effet de la répétition des exercices ; on la fait naître en appliquant des stimulations convenables, non à des facultés qui n'existent pas et qu'il s'agit de faire apparaître, mais à des organes, et par excellence à l'organe dont le volume et l'énergie distinguent l'homme des autres êtres, au cerveau.

Stimuler l'activité cérébrale de façon que l'enfant devienne un homme habile à servir la société dont il fait partie, et au besoin, à en promouvoir le progrès, telle est abréviativement, selon Ardigò, l'œuvre de l'éducation [2].

Il est évident que l'éducation sociale ainsi entendue tend à suppléer l'instinct tout en ayant la même puissance. L'instinct doit sa puissance aux mouvements automatiques qui le constituent, et l'automate atteint ses fins beaucoup plus sûrement que l'agent volontaire

1. Ardigò, pp. 18-20.
2. *Ibid.*, Ire partie, ch. I et II et partie IIIe *in extenso*.

et réfléchi. Ardigò s'attache à nous en convaincre en étudiant la question la plus générale peut-être de la psychologie physiologique : le rapport entre l'action réflexe et la conscience.

Quand on a décapité une grenouille on peut, en excitant convenablement certains nerfs, provoquer les mêmes mouvements qu'exécuterait la grenouille encore pourvue de son cerveau. On peut la faire nager. La différence entre la grenouille acéphale et la grenouille *céphalée* est que la première est une machine beaucoup plus docile que la seconde. La grenouille céphalée peut résister à l'opérateur ; elle peut imprimer à ses mouvements une direction différente de celle qu'il souhaite. Au contraire, la grenouille sans tête exécute mécaniquement une série de contractions d'où résulte inévitablement le mouvement, le déplacement que l'opérateur veut obtenir d'elle. Nous voyons ici les différences entre l'action réflexe et l'action volontaire et consciente. *L'action consciente s'accompagne d'un effort ; c'est l'effort qui est conscient.* Mais *sans résistance, il n'y aurait pas d'effort. La conscience exprime donc, non pas le mouvement, mais la lutte contre un obstacle qui fait échec au mouvement.* En elle-même l'action est toujours une contraction correspondant à une excitation sans laquelle elle ne se produirait jamais. *Par suite, l'action devient plus parfaite, plus sûre en requérant moins d'efforts ; et puisque l'effort est l'objet même de la conscience, l'action en se perfectionnant doit redevenir inconsciente. A la limite, l'action humaine est réflexe comme celle de la grenouille décapitée* [1].

1. Ardigò, IIIe partie, ch. I.

Il résulte de là une autre différence non moins importante. L'activité volontaire consiste à concevoir la fin d'abord, puis à chercher les moyens nécessaires pour y arriver. Mais ces moyens sont-ils vraiment adaptés à la fin ? L'agent est exposé à avoir des doutes et à tâtonner. Or *le succès dans l'action dépend beaucoup de sa rapidité et de sa précision. Donc l'action volontaire est ou peut être inférieure à l'action réflexe.* Chez l'homme social ces imperfections de l'action consciente et volontaire peuvent être graves. Ils se résument dans un grand *défaut d'habileté.* Supposons qu'au moment d'accomplir son service social, de chanter sa partie dans le chœur, d'exécuter son travail dans l'atelier collectif, l'homme ait encore besoin de rechercher si les moyens qu'il peut mettre en œuvre sont adaptés à la fin qu'il poursuit. Quel désordre n'en résultera-t-il pas ? Pour qu'il y ait vraiment société, il faut qu'il y ait *séparation des tâches et combinaison des actes*. Mais il ne suffit pas que les actes soient combinés. Il faut qu'ils le soient rapidement et sûrement. Il faut donc que les agents soient habiles et leurs actes autant que possible automatiques[1].

Or c'est à cela que l'habitude pourvoit : elle est à l'homme ce que l'instinct est à l'animal. L'habitude devient aussi automatique que l'instinct, mais elle repose sur l'expérience individuelle et l'expérience sociale. L'instinct est une habileté héréditaire ; l'habitude, une habileté viagère. Les habitudes sociales ont été acquises par des efforts personnels de mieux en mieux combinés ; elles doivent être réapprises par chaque

1. Ardigò, IIIe partie, ch. v, cf. pp. 181 et sq.

individu. L'instinct est un automatisme qui a pour organe la moelle épinière ; l'habitude, un automatisme qui a pour organe le cerveau [1].

L'effet des habitudes formées par l'éducation est de conduire l'homme social à des fins dont il prend conscience graduellement à mesure qu'il se sent habile à les réaliser, mais il n'a pas eu besoin de concevoir d'abord la fin et de chercher en tâtonnant les moyens propres à la réaliser. Il reçoit toute cette habileté de l'éducateur. Il économise ainsi beaucoup d'efforts pénibles à lui-même et de tâtonnements qui introduiraient le désordre dans l'atelier social et en ralentiraient l'activité.

L'automatisme humain n'en diffère pas moins en qualité et en degré de l'automatisme animal. Les habitudes de l'homme lui sont spécifiques : elles dépendent de la structure du cerveau ainsi que de son fonctionnement. Aucun animal ne pourrait recevoir les habitudes de l'homme social [2].

Ardigò distingue, en effet, très nettement trois grands degrés dans l'automatisme. Au plus bas degré est l'*automatisme fonctionnel* (acte de respirer, de digérer, etc.). On l'observe chez tous les êtres vivants. Les fonctions s'accomplissent chez le végétal comme chez l'animal, comme chez l'homme, dès que les tissus sont convenablement excités, car elles dépendent des propriétés physiologiques. Vient ensuite l'*automatisme instinctif*, observé seulement chez les animaux. Il varie avec la structure de chaque espèce et il est d'autant plus remar-

1. Ardigò, IIIe partie, ch. V et VIII.
2. *Ibid.*

quable qu'il s'adapte à des fins plus élevées et à des milieux plus compliqués. Il y a à cet égard une grande différence entre les instincts qui procèdent des besoins nutritifs et les instincts constructeurs tels que ceux des castors. Les premiers sont relativement fixes ; les seconds sont plastiques et changent avec les variétés d'une même espèce. Au troisième degré se place l'*automatisme des habitudes*, dépendant de la structure cérébrale, infiniment plastique et variable et beaucoup plus capable que l'instinct de se plier aux exigences du progrès [1].

§ 13. — Cette théorie de l'éducabilité repose donc sur l'idée que l'activité consciente exprime un effort douloureux et un désordre. Elle tend à réduire au minimum le rôle de la conscience dans l'activité.

Cependant, pour former cet ensemble d'habitudes d'où résulte l'habileté, un enseignement est nécessaire. Il faut exercer les fonctions cérébrales. C'est là que les difficultés attendent l'auteur de la théorie. Sa conception de l'enseignement va l'obliger, en effet, à reconnaître le rôle capital de l'activité consciente et des idées claires et fortes.

Tout l'effort d'Ardigò tend à justifier les méthodes d'enseignement fondées par Pestalozzi et avant lui par Comenius. Il s'appuie d'un côté sur la physiologie du cerveau, de l'autre sur la théorie psychologique de l'attention telle que M. Ribot l'a donnée dans un livre bien connu [2].

L'enseignement est soumis tout entier à la loi du

1. Ardigò, p. 320.
2. *Ibid.*, part. I, ch. I et II, part. III et IV.

travail abrégé. L'homme s'est élevé constamment au-dessus de l'animal parce que chaque génération a pu s'assimiler rapidement les connaissances acquises et les arts inventés par les générations antérieures, et employer l'âge viril à ajouter aux vérités et aux richesses acquises. Le point de départ de l'individu est toujours celui de l'espèce, mais la pensée de l'individu n'est pas astreinte à se développer avec la même lenteur que la pensée de l'espèce. On peut dispenser l'enfant de la tâche de trouver ce que l'esprit humain a découvert avant lui : il suffit de l'exercer à se bien assimiler le savoir acquis en le lui communiquant graduellement et en lui faisant appliquer les vérités qu'on lui communique assez pour produire l'habileté. Ardigò proteste avec la plus grande énergie contre les applications gauches et absolues du principe évolutionniste où, sous prétexte d'imiter la nature, on méconnaît cette loi du travail abrégé. Il y voit un véritable contresens et l'inintelligence de la loi d'accélération qui caractérise le véritable développement des organismes vivants [1].

Le professeur ne pourrait pas obéir à cette loi du travail abrégé s'il ne s'appuyait pas sur une autre loi ou règle pédagogique, *la loi des anticipations psychologiques*. Sans doute il faut graduer le savoir et les exercices, mais l'on enseignerait bien peu de chose si l'on s'imposait l'obligation de ne jamais présenter à la pensée de l'enfant que des connaissances aisées à comprendre et à assimiler. En fait, l'enfant reçoit de la génération adulte un langage construit pour exprimer des rapports délicats et compliqués dont lui-même n'a

1. Ardigò, p. 75, cf. p. 149.

encore aucun souci. Cette langue, qu'il parle sans en bien comprendre d'abord les nuances et la portée logique, appelle peu à peu son attention sur des idées et des rapports susceptibles d'exercer sa pensée et qui autrement lui seraient restés étrangers. Il en est de même pour des connaissances plus abstraites. L'enfant peut apprendre la numération parlée ou écrite et l'appliquer longtemps avant d'en comprendre les raisons et de savoir pourquoi l'on a adopté la base décimale plutôt que la base duodécimale ou binaire. La règle qui recommande d'aller du connu à l'inconnu n'a en général qu'une valeur relative. Si l'on veut faire travailler l'esprit, il est bon d'y déposer par anticipation des notions qui soient de véritables points d'interrogation. Ces notions, d'abord incomprises, sont les matériaux sur lesquels s'exerce un travail d'élaboration vraiment fécond[1].

Ayant écarté ainsi les fausses conceptions de l'initiation graduelle, Ardigò n'en accorde que plus de prix aux méthodes formulées par Pestalozzi et Herbart et surtout à la méthode dite *intuitive*. Il en donne même une exposition très claire et très complète sur laquelle nous aurons plus tard à revenir. Nous n'en retenons aujourd'hui que ce qui intéresse le problème de l'activité mentale consciente. Un enseignement purement oral est stérile, même pour la mémoire. Il ne laisse que des souvenirs faibles et bien vite effacés. Il lasse bientôt l'attention et surtout une attention aussi mobile et fugace que celle de jeunes enfants. Cet enseignement fait passer successivement devant l'esprit les éléments

1. Ardigò, p. 140.

d'un fait ou d'une vérité, mais il ne sait pas montrer l'ensemble, le mettre sous les yeux, le présenter avec vivacité. A tous ces points de vue, l'enseignement intuitif qui montre les choses ou tout au moins leur représentation concrète est supérieur. Il laisse dans la mémoire des images précises, concrètes, intenses, toujours susceptibles de revivre. Il s'impose à l'attention sans la fatiguer ; il montre l'ensemble en même temps que les parties. Il forme l'aptitude à observer et suggère le désir, le besoin d'observer davantage [1].

Ces considérations ont été bien souvent présentées ; elles sont entrées dans le domaine des vérités communes. Ardigò en ajoute deux autres qui lui sont propres.

La première est relative à l'illusion sur laquelle repose l'enseignement purement verbal ; elle consiste à croire que le mot a le même sens pour le maître et pour l'élève et le même sens pour tous les enfants. Or le sens des mots dépend de la richesse des expériences et des habitudes d'esprit déjà contractées. En substituant des sensations aux paroles, et, à leur défaut, des symboles concrets, on évite cet inconvénient, l'un des plus graves que le professeur puisse rencontrer. On rend à l'enseignement oral toute sa valeur [2].

Un autre défaut de l'enseignement verbal, noté avec beaucoup de finesse par Ardigò, c'est qu'il risque de faire naître le scepticisme chez ceux qui le reçoivent. Le maître qui parle seul sans faire parler les choses est beaucoup moins cru qu'il ne l'imagine. Il en est de même du livre que le maître fait parler à sa place.

1. Ardigò, p. 55 et sq.
2. *Ibid.*

L'enfant accueille la parole de l'un et le texte de l'autre avec une soumission qui doit inquiéter tout maître capable de réfléchir. Il accueillerait tout aussi bien le contraire. Il répète les mots, les formules, mais tout glisse comme une goutte de pluie sur une surface vernie ; son esprit au fond reste insaisissable. On a formé une mémoire, non une conviction. L'enseignement intuitif, dans son domaine, a une efficacité tout autre ; il emporte la conviction, il la forme, et il dispose à agir d'après la conviction, c'est-à-dire à avoir un caractère [1].

§ 14. — Nous avons cru devoir résumer toute cette critique de l'enseignement verbal et cette appréciation de la méthode active pour montrer qu'en matière d'enseignement Ardigò ne songe plus à utiliser l'*automatisme*, mais à former des esprits capables d'acquérir des *convictions* avec *méthode* et de leur donner l'*observation personnelle* pour fondement. L'automatisme dans l'enseignement, ce serait le psittacisme. Ardigò met à le proscrire autant d'énergie qu'un pédagogue rationaliste.

L'enseignement tel qu'il l'entend doit former et développer l'attention, car pour former l'habileté, il faut donner à certaines idées le maximum de force en sorte qu'elles puissent devenir directrices de la pensée et de l'activité. Le talent du maître dépend surtout de son aptitude à rendre l'enfant attentif [2].

En effet, Ardigò voit dans l'attention la condition du progrès mental à trois points de vue différents.

1. Ardigò, p. 114 et sq.
2. *Ibid.*

C'est elle qui fixe les notions dans la mémoire ; c'est d'elle que dépend la possibilité du rappel des souvenirs. L'enfant naturellement paresseux n'a pas moins de mémoire le plus souvent que l'enfant laborieux, mais sa mémoire naturelle ne lui permet qu'une assimilation très imparfaite des matières enseignées. C'est que la paresse chez l'enfant se manifeste le plus souvent par la faiblesse ou l'instabilité de l'attention. Tout autre est le résultat d'une lecture si elle a été faite avec distraction ou si l'élève a concentré son esprit.

En second lieu, l'attention rend plus facile la combinaison des opérations mentales et c'est de cette combinaison que dépend l'habileté pratique. En effet, tout ce que nous savons faire se ramène à une association spontanée d'actes. Le savoir consiste dans la capacité de se représenter une idée avec tout le cortège d'idées qui y sont associées. La science n'est pas autre chose que l'association de certaines idées avec une idée principale, fondamentale, en sorte que les idées secondaires se réveillent quand l'idée principale est éveillée. Mais tout cela est le fruit d'un exercice de l'attention. Les combinaisons d'idées ne se forment plus en ce cas d'une façon accidentelle, comme dans un rêve, mais rationnellement, car le travail mental s'accomplit dans une direction déterminée. Et c'est ainsi que les intelligences deviennent peu à peu inégales.

Enfin l'attention est nécessaire au perfectionnement de l'habileté. L'attention est à l'origine de l'invention. La découverte, si petite qu'elle soit, est l'œuvre d'un esprit préoccupé, c'est-à-dire concentré sur une idée. En rendant de bonne heure le sujet attentif, on le prépare à résoudre méthodiquement les difficultés qui pourront s'offrir à lui [1].

La pédagogie est donc en grande partie l'art de retenir et de fortifier graduellement l'attention. Le maître doit savoir que l'attention volontaire est très faible et très instable chez les jeunes enfants, vu qu'elle leur impose un travail cérébral des plus pénibles. Elle ne peut être fortifiée que graduellement, à l'aide d'exercices répétés. Mais il est une attention spontanée sur laquelle l'enseignement doit constamment s'appuyer, et il est un art de l'exciter et de la retenir. Ardigò étudie minutieusement les moyens dont le maître peut ici faire usage. Nous ne pouvons le suivre dans le détail, et c'est d'ailleurs une question sur laquelle nous reviendrons en traitant de l'art éducatif. Les conseils qu'il donne se ramènent à trois : provoquer la curiosité sans la satisfaire immédiatement, provoquer et retenir l'intérêt en ne laissant rien d'obscur dans les notions que l'on communique, et enfin obtenir la collaboration des enfants. « Le maître, dit Ardigò en propres termes, doit avoir la fourberie de faire croire que les choses qu'il dit lui sont suggérées par les élèves [2]. » Il stimule ainsi l'attention en s'appuyant sur l'amour-propre.

Ainsi l'attention est tout dans l'enseignement. Non seulement elle donne au savoir acquis toute sa valeur, mais elle est encore le grand moyen d'acquérir ce savoir.

Mais qu'est-ce que l'attention ? C'est l'intensification de la conscience (l'*avvivarsi della coscienza*) [3]. Ceci

1. Ardigò, parties III et IV, ch. VII.
2. *Ibid.*, partie IV, ch. VII, p. 303.
3. *Ibid.*, p. 273 et 277.

est surtout vrai de l'attention réfléchie que l'enseignement doit éveiller et fortifier en prenant pour point d'appui l'attention spontanée. Ardigò reconnaît que l'opération de l'attention qui dirige l'activité vers sa fin caractérise l'homme. Avec la récapitulation abrégée du travail, elle constitue la grande différence positive qui distingue la formation de l'homme de celle d'un animal. C'est reconnaître que l'enseignement bien dirigé ne peut faire un automate [1].

§ 15. — La pédagogie d'Ardigò semble donc composée de deux parties en opposition. L'une est la théorie de l'éducation sociale fondée sur l'habitude et la puissance de l'automatisme inconscient ; l'autre est une théorie de l'enseignement fondée sur l'attention, c'est-à-dire sur l'aptitude de la conscience à se concentrer et à s'élever au maximum de clarté. L'habileté se présente comme le produit du concours de l'attention consciente et de l'automatisme inconscient.

Ardigò n'a pas été insensible à cette difficulté, mais toute son exposition a consisté à la pallier, à la réduire au minimum. Pour y réussir, il a fait appel à une théorie de l'activité cérébrale qui donne à toute sa pédagogie un coloris nettement positiviste.

L'attention et l'habitude ne sont pour lui que deux aspects d'une même activité cérébrale. Le cerveau est l'organe de l'activité consciente parce qu'il se constitue et s'organise plus tardivement que tous les autres appareils, et qu'ainsi il est plus impressionnable et plus plastique que les autres. La conscience correspond en

1. Ardigò, IIIe partie, ch. vi,

effet à un *défaut d'organisation*, et c'est pourquoi elle est liée à l'effort.

Mais le cerveau est aussi l'organe d'un *automatisme spécial* distinguant l'homme des êtres instinctifs. *Le cerveau est l'organe de l'habitude, par opposition à la moelle qui est l'organe des instincts*. L'habitude est un automatisme qui ne se transmet pas héréditairement et que chacun doit acquérir. Elle repose toujours sur l'expérience individuelle ; elle ne peut pas se former quand le cerveau est incomplet ou malade, mais elle est progressive. Elle ne se forme pas exactement à chacune des générations comme chez les précédentes ; elle réunit les conditions de la stabilité à celles du progrès. La dignité de l'homme par opposition à l'animal et du civilisé par opposition au sauvage dépend de l'habitude [2].

Ainsi les habitudes du sujet social et les habiletés consciemment formées par un enseignement méthodique auquel l'attention de l'enfant collabore ne sont que deux aspects d'un même développement cérébral. Ce développement, ce fonctionnement, on le considère à son origine dans la théorie de l'enseignement et à son terme dans la théorie de l'habitude.

L'unité des deux théories, *c'est la théorie de l'exercice personnel méthodiquement dirigé*. Elle repose sur le principe de Lamarck et de Darwin, sur le principe biologique du transformisme : la *fonction fait l'organe*. Par suite, l'exercice de la fonction développe l'organe, l'amplifie, en accroît l'énergie et la puissance.

1. Ardigò, partie IV, ch. VIII.
2. *Ibid.*

Pour former l'homme social, il faut développer le cerveau individuel, comme on développe l'appareil musculaire par la gymnastique et le travail manuel. Tel est l'office de l'enseignement. L'enseignement forme l'attention, c'est-à-dire la fonction cérébrale la plus élevée, la plus délicate et la plus apte à perfectionner l'organe ; il la forme d'abord par l'enseignement intuitif, c'est-à-dire en mettant en œuvre les excitations naturelles qui opèrent dans le milieu où vit l'enfant.

§ 16. — Ardigò reconnaît l'opposition de l'éducabilité et de l'instinct. Plus une espèce est intelligente, moins elle a d'instincts définis, et surtout moins ses instincts lui suffisent. L'éducation ne consiste pas à former un être aussi inconscient que possible ; elle consiste à former chez l'enfant, à l'aide d'une récapitulation abrégée, l'habileté que l'espèce a acquise avec une lenteur presque indéfinie au prix des plus longs et des plus douloureux tâtonnements.

Mais pour former l'habileté, l'éducateur ne peut que mettre en œuvre les lois de l'habitude, c'est-à-dire l'automatisme cérébral. En sachant faire usage du pouvoir de l'habitude, les parents et les maîtres transforment en un petit nombre d'années un nouveau-né intellectuellement et moralement au niveau de l'animal et inférieur au sauvage le plus grossier en un sujet capable d'occuper une place dans la société civilisée et de bien la servir.

Mais si on ôte à l'éducateur le maniement de l'habitude, on le réduit à l'impuissance. Il ne lui reste plus qu'à adresser à l'enfant des discours en grande partie inutiles.

Ardigò ne demande pas à l'éducation de faire de l'homme un simple automate sans aucune spontanéité intellectuelle ; il reconnaît la valeur de l'attention réfléchie comme moyen d'éclairer et de rectifier l'habitude automatique. Mais en même temps il observe la grande place que l'automatisme occupe dans l'activité humaine ; il en découvre l'origine dans les lois des fonctions cérébrales ; il voit aussi que l'intelligence humaine peut intervenir dans le maniement de ce pouvoir et l'adapter aux fins sociales, et il conclut que tout le secret de l'éducation est là.

Sans aucun doute il y a là des vérités bien observées et bien enchaînées. Elles sont appuyées sur une série de connaissances empruntées à la physiologie cérébrale et confirmées par la sociologie. L'homme est à bien des égards une machine. Pascal l'avait déjà montré. Les vieilles sociétés, gouvernées de longue date au spirituel et au temporel, sont plus encore des machines. Avant les sociologues, les poètes, comme Schiller, avaient célébré la puissance de l'habitude, surtout quand l'imitation vient en renforcer l'action. Tout ce mécanisme, l'intelligence, après en avoir reconnu l'existence, peut se proposer de le manier afin d'en accroître la puissance.

Une éducation qui ne reconnaît pas le pouvoir de l'habitude, qui s'interdit d'y recourir dans la crainte de faire de l'homme un automate, présume trop de la personnalité humaine et du pouvoir de la raison. Elle méconnaît les lois physiologiques profondes sur lesquelles repose l'activité intelligente. Elle renonce à former chez l'homme l'habileté et à perpétuer la civilisation. Telle est la grande vérité que le positivisme modéré de Robert Ardigò nous amène à reconnaître et qu'il oppose à la pédagogie rationaliste fondée par la critique du XVIIIe siècle [1].

La pédagogie d'Ardigò, il faut le reconnaître, s'accorde mieux que celle des rationalistes avec le sens commun, la tradition, la pratique universelle. Mais Ardigò ne résout pas une difficulté que le sens commun n'aperçoit pas, à côté de laquelle la routine passe, mais que la critique philosophique et l'histoire universelle mettent en lumière. Nous la résumons d'un mot : *le conflit de l'attention réfléchie ou volontaire et de l'habitude.*

L'attention réfléchie, c'est le plus haut degré de la conscience claire, c'est la personnalité concentrée, unifiée, ramassée sur elle-même. L'habitude, c'est le retour vers l'inconscience, c'est la spirale qui s'élargit [2], c'est la personnalité qui se décentralise en quelque sorte et tend vers un état dont le somnambulisme nous offre la manifestation extrême [3].

Nous vivons et agissons en automates plutôt qu'en personnes attentives et réfléchies, car la concentration de la conscience impose à l'organisme nerveux un effort qui à la longue l'épuise, surtout pendant la phase de croissance. Néanmoins la réflexion a incontestablement sa part même dans les existences les moins sérieuses.

L'enseignement méthodique contribue toujours à la former, à la provoquer.

Or voici le problème qui se pose ; la réflexion ne détruit-elle pas l'œuvre de l'automatisme ?

1. Notamment par Kant, *Pédagogique*, trad. fr., p. 70. Cf. Ardigò, p. 326.
2. Ravaisson, *loco citato*, pp. 23-35.
3. Pierre Janet. *L'automatisme psychologique*, conclusion.

Ce n'est pas là un vain problème. L'observation nous montre qu'une conviction réfléchie annule souvent des habitudes qu'on pouvait croire enracinées et qui dataient de l'enfance. Ceci est aussi vrai des habitudes sociales que des vices.

Ardigò ne semble pas avoir réussi à supprimer la différence, la dualité de deux éducations dont l'une repose sur la réflexion et l'autre sur l'habitude automatique, la première formant l'être pensant, la seconde l'homme social. Entre ces deux éducations, l'harmonie est possible, sans quoi entre l'activité intellectuelle et l'ordre social il n'y aurait aucune conciliation. Mais très souvent aussi il y a désaccord. Le désaccord commence quand notre jugement réfléchi blâme, même implicitement, les actes que les habitudes sociales nous font exécuter en automates.

Ce conflit pose à la pédagogie scientifique son vrai, son grand problème. Pour le résoudre, nous devrons chercher quelle place la conscience claire, exprimée par l'attention, tient dans le développement normal de l'individu, et quel rapport le développement individuel soutient avec l'évolution de la société et de la civilisation.

CHAPITRE IV

L'EFFORT MENTAL ET LA CONTINUITÉ DE LA CONSCIENCE.

§ 17. — La psychologie ne peut concourir à la formation d'une science de l'éducation que si elle peut faire connaître l'évolution psychologique, ses conditions et ses lois. Soit que l'éducateur cherche à former la connaissance, soit qu'il veuille agir sur le caractère, il est en rapport non avec des facultés ou des processus isolés, mais avec tout un être qui se développe, évolue rapidement. Le sujet de l'éducation n'est pas l'homme moyen, l'adulte, possédant des facultés constituées, mais un enfant ou un adolescent en voie de transformation et chez lequel les facultés ne se manifestent pas encore ou se réduisent à de simples prédispositions ou germes. La psychologie appliquée à l'éducation est donc une psychologie évolutive, génétique. C'est ainsi que les deux points de vue de la psychologie générale et de la psychologie individuelle peuvent être conciliés, car la variation individuelle suppose l'évolution et en est la preuve.

Toutefois l'idée d'évolution est équivoque et ne doit pas être introduite en psychologie sans précaution et sans critique[1]. Par exemple, on a tenté de réduire

1. Gaston Richard (1), introduction.

l'évolution psychologique à l'évolution organique. De même que les tissus vivants sortent tous par différenciation d'un protoplasma que l'on peut considérer comme homogène, on a cru pouvoir faire sortir tous les états de conscience d'un fait simple et primitif, la conscience que le tissu vivant a de son irritabilité chez l'animal pourvu d'un système nerveux. Il n'y a plus alors, à proprement parler, une évolution psychologique, mais seulement un aspect conscient de l'évolution organique et de sa dissolution. En ce cas, nous ne sommes pas plus éclairés qu'auparavant. Nous apprenons qu'il y a en l'homme un animal apparenté aux autres et que cet animal arrive à connaître sa structure et ses fonctions. Mais comment le tissu humain prend-il conscience de son irritabilité tandis que les tissus des végétaux et des animaux inférieurs ne la soupçonnent pas ? Il ne suffit pas de nous répondre que nous sommes trop curieux et que nous devons nous contenter du fait, car c'est la nature même du fait qui est en question, et avec elle la connaissance tout entière. On cherche souvent à nous convaincre que la véritable activité mentale est inconsciente. Mais on nous le prouve par l'étude des crises, des psychoses, bref par la dissolution de l'activité mentale. Or nous voudrions précisément savoir ce qui distingue au fond le sujet normal de l'aliéné et du dégénéré. Pourquoi la plante, le protozoaire, l'invertébré inférieur, peuvent-ils normalement être inconscients de ce qui se passe en eux tandis que chez l'homme la prédominance de l'activité inconsciente est un signe de dégénérescence et de dissolution ? La biologie ne peut apporter une réponse à cette question. C'est donc aux méthodes propres de la psychologie qu'il faut demander la connaissance de l'évolution mentale.

Ces méthodes nous obligent à prendre pour point de départ la conscience que la personnalité a d'elle-même[1]. Par suite, nous ne pouvons considérer la personnalité comme une sorte de produit chimique qui procéderait tardivement de l'évolution psychologique. Nous devons admettre que le Moi est, à différents degrés, présent à toutes les phases de l'évolution. Le problème de la psychologie évolutive est de chercher quel rapport la formation du système des connaissances et des sentiments soutient avec le *Moi* et avec les transformations de la personnalité. Ainsi le problème de la personnalité et celui de la genèse mentale sont inséparables. En une certaine mesure le premier précède et domine le second parce qu'il le limite. Le moi affirme son unité, son identité, son activité indéfectible. Le caractère absolu de cette affirmation cache peut-être une grande part d'illusion. Comment concilier cette affirmation avec d'autres données de l'observation (aliénation mentale, hypnotisme, idiotie) qui semblent nous convaincre de l'irruption fréquente d'états subconscients ou inconscients dans la conscience claire[2] ? Nous pouvons d'autant moins négliger ici cet aspect de la question qu'elle intéresse directement l'application pédagogique. On a comparé parfois l'éducation d'un enfant à la guérison d'un aliéné ; on a même préconisé la suggestion hypnotique pour obtenir le redressement des mauvaises dispositions du caractère. Le jugement que l'on

1. Binet (1), ch. I.
2. Krafft-Ebing, livre II, ch. V.

peut porter sur ces méthodes éducatives dépend de celui que l'on portera sur les rapports entre la personnalité et l'activité inconsciente ou subconsciente.

§ 18. — La première question qui se pose à nous est celle de l'identité personnelle. De la condition du nouveau-né à la complète maturité de l'adulte, le développement est continu chez le sujet normal, qui s'apparaît identique à lui-même à toutes les phases de son existence. Cependant la vie du nouveau-né est végétative, inconsciente ; elle ne laisse aucun souvenir derrière elle. La vie subjective paraît n'exister d'abord que sous la forme de douleurs viscérales et d'appétits nutritifs mal satisfaits. Dès que le nouveau-né est repu, il dort. Cependant tout ce qui plus tard s'appellera facultés intellectuelles, affectives, volontaires, est déjà en germe chez lui, mais à l'état de prédisposition enveloppée. Pour que le moi s'apparaisse clairement à lui-même et prenne conscience de son identité, pour que l'expérience laisse des souvenirs derrière elle, une double éducation est nécessaire, l'éducation des sens (surtout celle des sens du toucher, de l'ouïe et de la vue) et l'éducation de la parole. Ces deux éducations s'enchaînent, car si l'éducation de l'ouïe est impossible, celle de la parole l'est également. La nourrice et la mère en ont la charge. Quand cette double éducation est terminée, la conscience de l'identité se dégage de l'obscurité qui l'enveloppait pendant les quinze ou dix-huit premiers mois de la vie. Mais nous savons qu'à l'extrême limite de la vie, les caractères de la petite enfance tendent à reparaître. Le souvenir ne peut plus se former. Le vieillard dément vit dans un présent perpétuel avec l'illusion de revivre son passé. Nous savons aussi que dans la phase intermédiaire entre la petite enfance et la démence sénile, la conscience du sujet le plus normal est exposée à de graves obscurcissements, tout au moins au sommeil et aux rêves. A plus forte raison la conscience de l'identité semble-t-elle suspendue et abolie chez les sujets exposés à des psychoses telles que l'épilepsie, l'hystérie ou le simple vertige. L'ivresse, sorte d'épilepsie expérimentale, nous montre combien la conscience perd facilement sa clarté. Ainsi l'observation objective semble mettre en question la donnée immédiate de l'observation subjective, et avec elle la condition de la certitude psychologique.

§ 19. — On voit que la question de l'identité personnelle se transforme et nous conduit à poser le problème de la mémoire. Avoir conscience de son identité, c'est se retrouver ou croire se retrouver dans le passé tel qu'on est dans le moment présent ; réciproquement, se souvenir, c'est pouvoir associer sa personnalité au réveil d'une expérience déjà éprouvée.

On a toujours distingué deux opérations de la mémoire, la *rétention* et le *rappel.* La rétention n'est qu'un autre nom donné à la persistance d'une impression après qu'une excitation a cessé ; elle dépend du phénomène plus simple de l'*image consécutive* ; telle l'image d'une lampe électrique qui persiste si, après avoir regardé cette lampe, je ferme les yeux. Toute la mémoire n'est pas là. A la devanture d'un marchand, j'aperçois une gravure et j'ai conscience de l'avoir vue déjà ; j'y retrouve un tableau flamand du musée du Louvre. Ce cas est bien différent du premier : c'est le cas du *rappel.* L'explication physiologique de la mémoire revient à considérer le *rappel* comme un cas secondaire de la *rétention*, un cas complexe, à n'y voir que la rétention compliquée par une association plus ou moins indirecte. Dès lors la mémoire serait expliquée par une simple propriété des cellules nerveuses, l'*engramme*[1]. En raison même de sa simplicité, cette solution peut sembler plausible à ceux qui n'étudient dans la mémoire qu'un mode de l'acquisition des connaissances ; elle paraît tout à fait insuffisante dès que l'on cherche à comprendre l'identité personnelle. Aussi jugeons-nous le rappel irréductible à la rétention. La rétention est la condition indispensable du rappel, mais non sa condition suffisante. L'addition de la conscience d'un moi permanent à un phénomème de rétention n'est pas une circonstance insignifiante, et que l'on puisse expliquer *grosso modo* par l'association des idées. L'association n'est pas un fait plus intelligible que la mémoire.

D'ailleurs on n'en rend pas compte en montrant que les neurones sont mis en rapport par les fibres. La rétention nous explique la persistance des images après la disparition de l'excitation ; c'est un phénomène psycho-physiologique commun à l'homme et aux animaux. Mais ces images tendent constamment à s'effacer, à tomber dans l'oubli. Sont-elles régénérées quand se restaurent les conditions de leur formation ? On voit se constituer non pas des souvenirs, mais des habitudes d'esprit. Or la théorie physiologique de la mémoire échoue quand il faut rendre compte de la différence entre la mémoire pure et l'habitude mentale[2]. Cepen-

1. Forel (1), Ire partie.
2. Bergson (2), ch. I.

dant cette différence est telle que la science ne peut la négliger. Si j'apprends une langue étrangère, que je la parle, que je la lise, je contracte une habitude générale composée elle-même d'une collection d'habitudes spéciales. A force d'être répété, chaque mot en vient à perdre la physionomie propre qu'il avait pour moi à l'origine. Au contraire, le souvenir est l'évocation d'un état de conscience passé, indépendamment d'une excitation définie. L'excitation extérieure est remplacée par un effort plus ou moins intense. C'est le moi qui reconstitue un moment de sa vie passée.

Considérons un cas où la différence entre la rétention et le rappel est réduite au minimum, une expérience de mémoire spontanée. On demande à un homme de décrire les souvenirs que lui a laissés une promenade d'un quart d'heure. L'activité mentale est cependant nécessaire ici pour que le souvenir puisse devenir conscient. Nous pouvons considérer aussi le cas déjà plus complexe d'un élève qui répond à un examinateur. Pour qu'il y ait rappel, il doit chercher quelque peu dans son magasin de souvenirs ; en d'autres termes, il doit diriger son attention sur certains états de conscience de préférence à d'autres. Visiblement, il y a là plus qu'une simple association d'idées. L'association est tout au plus un mécanisme facilitant le rappel, mais insuffisant à le déterminer. Quand on veut démontrer l'identité du rappel et de l'association, on réussit surtout à en démontrer la différence. James Mill cite le cas de la personne qui pour ne pas oublier une commission fait un nœud à son mouchoir. L'analyse de ce cas nous prouve au contraire que l'association n'est que l'auxiliaire d'une activité mentale qui relie les phases de la vie consciente en les dominant. Le sujet considéré ici pense fortement à la commission en faisant un nœud à son mouchoir. Il est convaincu que l'attention qu'il y donnera fera surgir dans son esprit une question et que la réponse sera l'idée de la commission à faire. Nous avons ici non une association mécanique, mais des états d'attention qui s'enchaînent, un raisonnement qui se reconstitue sous l'empire de la volonté. Si tous les cas de rappel étaient de ce genre, le rôle de l'énergie mentale dans le rappel serait pour ainsi dire évident. Bien souvent le rappel est moins facilement explicable ; il paraît plus capricieux, plus accidentel. Néanmoins la promptitude et la facilité du rappel sont toujours en rapport avec la direction habituelle de la pensée chez le sujet ; elles ne seront pas les mêmes chez un chasseur, un professeur de géographie, un marin, un homme de sport, une couturière. C'est ce que remarque William James, qui cependant admet la réduction du rappel à la rétention. « Un athlète de collège qui ne peut rien tirer de ses livres vous étonnera par sa connaissance des *recordmen* dans les différents jeux. La raison en est que son esprit est constamment attentif à ces choses (*he is constantly going over these things in his mind*). Il les compare, en fait des séries, en sorte qu'elles constituent pour lui un système. Ainsi le marchand se souviendra des prix, le politicien des votes et des discours d'autres politiciens avec une abondance qui paraîtra extraordinaire, mais qui s'explique de la même façon [1]. » La conclusion de William James est que les associations

1. W. James (1), tome I.

facilitant le rappel résultent non d'un simple mécanisme cérébral, mais d'un travail de la pensée. « De deux hommes qui ont la même expérience et la même ténacité native, celui qui dirige le plus souvent sa pensée sur ses expériences et qui les tisse en un système de relations mutuelles est celui qui aura la meilleure mémoire [1]. » Devons-nous croire que l'aptitude à la rétention, qui est d'ordre physiologique, exerce une influence prépondérante sur l'aptitude au rappel ? W. James doit reconnaître qu'il n'en est rien. « La grande mémoire des faits que révèlent les livres de Darwin et de Spencer n'est pas incompatible avec la possession d'un cerveau médiocrement doué pour la rétention. » Nous concluons de là que l'on ne rend pas compte de la *forme* de la mémoire, c'est-à-dire de la conscience de l'identité, par la *matière* de la mémoire, qui consiste dans les images et leurs relations automatiques. Les données de l'observation nous permettent de construire deux types d'esprits différents qui s'édifieraient sur des cerveaux identiques. Nous pouvons concevoir un homme qui, vivant dans un cercle borné, n'acquiert qu'un très petit trésor d'images, mais qui peut les évoquer à volonté et reconstituer, quand il lui plaît, les différents moments de sa vie passée, et en regard, nous placerions un homme qui aurait beaucoup voyagé, lu, écouté et acquis ainsi un nombre indéfini d'images, mais qui manquerait d'attention et n'aurait jamais, selon le mot de William James, « tissé ses expériences ». Cet homme-là pourra n'avoir que des souvenirs confus et ne jamais se rappeler exactement une

1. W. James (1), tome I.

phase de sa vie passée. Nous apercevons donc le rapport de la mémoire avec un *effort mental*, par lequel le Moi affirme son identité, se cherche et se retrouve dans le passé et se met en quelque sorte au-dessus du temps. Telle est du moins la mémoire humaine, bien distincte de la mémoire automatique des êtres instinctifs. Elle atteste la présence d'une *énergie mentale* qui organise les données brutes de l'expérience, c'est-à-dire les images, produits de la rétention. La rétention n'est pas la mémoire, mais une condition élémentaire de la mémoire.

§ 20. — Les maladies de la mémoire, parfois invoquées pour justifier la réduction du rappel à la rétention, témoignent indirectement en faveur de cette conclusion. Elles se ramènent à l'amnésie (dont l'hypermnésie n'est qu'un moment), et les phénomènes d'amnésie obéissent à une loi générale, bien formulée par M. Th. Ribot, la loi de régression. Elle consiste, on le sait, en ce que les souvenirs disparaissent dans l'ordre inverse de leur apparition. Elle se vérifie surtout dans le cas de l'amnésie progressive qui caractérise la démence sénile, soit chez les aliénés, soit chez les vieillards. D'ailleurs elle ne régit pas seulement la dissolution de la mémoire, mais celle de tous les processus psychologiques ; elle se manifeste notamment dans l'ivresse, abolissant successivement les formes supérieures de la volonté, la mémoire, l'aptitude à la parole, les sentiments sociaux, l'instinct de conservation, enfin les combinaisons de mouvements. La loi de régression est l'inverse d'une loi de genèse ou de formation progressive et en est la preuve indirecte.

Mais par là même que c'est une loi générale, elle ne

rend pas compte des caractères distinctifs de la mémoire et surtout du rappel. Si toutefois nous analysons les données sur lesquelles elle repose, *nous voyons que les conditions du rappel et celles de l'effort mental ou attention sont les mêmes*. Les différentes formes de l'amnésie s'éclairent les unes les autres, mais la plus simple est caractérisée par l'*obnubilation* ou l'effacement temporaire de tout état d'attention.

On sait que M. Th. Ribot a distingué quatre grands types d'amnésie : 1° l'amnésie progressive du dément ; 2° l'amnésie périodique de l'hystérique ; 3° l'amnésie à invasion brusque de l'épileptique ; 4° l'amnésie congénitale de l'idiot. C'est dans l'amnésie progressive que se manifeste le plus clairement la régression. Mais, comme nous venons de le dire, la régression de la mémoire n'est qu'un cas particulier d'une régression générale dont l'ivresse est la récapitulation abrégée. Or l'*ivresse et la crise épileptique semblent être des états psychopathiques voisins*. On en donne d'abord une preuve expérimentale. Quand on injecte de l'alcool dans les veines d'un cobaye, on détermine une crise dont les symptômes sont exactement ceux de l'épilepsie. Une autre preuve se tire de l'observation de l'alcoolisme aigu. L'ivrogne alcoolique, surtout quand chez lui la disposition est héréditaire, est souvent conduit au *delirium tremens*, manifestation singulièrement frappante de la loi de régression. Ici, les symptômes, hallucination, vertige, convulsion, sont à peu près les mêmes que ceux de l'épilepsie. L'équivalence des deux psychoses se montre surtout dans l'intoxication absinthique. L'absinthisme est en effet caractérisé beaucoup moins par les effets négatifs de l'ivresse (incoordination des mouvements, etc.) que par l'hallucination, l'impulsion et le vertige, qui ont souvent pour terme l'accès épileptique. On tend aujourd'hui à considérer l'épilepsie moins comme une maladie définie que comme un groupe de symptômes communs à un grand nombre de maladies.

« Je ne crois plus, écrit Legrain, qu'il soit possible de voir dans l'épilepsie une maladie essentielle, ni même une maladie. C'est un état morbide, un groupe de symptômes communs à une foule de maladies, au rang desquelles il faut compter en première ligne les intoxications. L'intérêt de la névrose réside pour nous dans ce que l'on a appelé les *équivalents* de l'épilepsie. Ils sont nombreux ; ils peuvent alterner avec les crises et les remplacer totalement. Il n'est même pas exceptionnel de rencontrer des épileptiques qui n'ont jamais eu d'attaques, et chez qui les équivalents seuls permettent de soupçonner l'existence de la terrible névrose. »

« Le pivot de l'épilepsie, quelle qu'en soit la forme extérieure, franche ou larvée, sera toujours l'*automatisme*, et c'est par là que nous rentrons dans l'étude du Moi subconscient. A un moment donné *toute communication entre le monde extérieur et le malade est coupée.* Le monde ambiant n'existe plus. L'épileptique est isolé du monde entier ; il y a plus : *il est isolé de lui-même.* Tel est exactement ce qui se passe dans la manifestation la plus simple, la plus élémentaire de l'épilepsie : l'absence [1]. »

Retenons cette définition : « la manifestation la plus

1. Legrain, 11e leçon, § 3 à 5.

simple de l'épilepsie est l'absence, l'obnubilation ». Elle nous ramène à l'amnésie. Le cas le plus simple de l'amnésie est l'*invasion brusque* de l'épileptique. Or pourquoi y a-t-il amnésie ici, sinon parce que la condition de l'attention est absolument suspendue ? L'épileptique est comme séparé du monde extérieur. Au point de vue proprement psychologique, ce cas est comparable à celui de l'idiot. L'idiot n'est pas, à proprement parler, atteint d'amnésie ou d'oubli. Il n'oublie rien parce qu'il ne perçoit rien, quoiqu'il ait le plus souvent des impressions sensibles normales, des sensations correctes. Mais chez l'idiot, la concentration de la conscience ou de l'énergie mentale que l'on nomme attention n'existe pas [1].

Concluons : le rappel manifeste une énergie mentale qui est toujours la même, mais dont l'état de tension n'est pas toujours constant. L'amnésie consiste dans un affaiblissement de cette tension qui peut décliner vers une limite qui serait une intensité nulle. L'étude de la continuité de la conscience nous conduit donc à celle de son intensité, pratiquement à celle de l'attention.

§ 21. — La conscience est normalement un courant continu, mais la rapidité, l'intensité de ce courant n'est pas partout la même. Pour rendre compte des variations d'intensité des états de conscience, les psychologues ont souvent proposé des analogies tirées du mécanisme de la vision. Ils ont distingué le champ de la conscience et son point de vision distinct. Autre chose, en effet, avoir vaguement conscience de l'exis-

1 Sollier, pp. 74 à 79

tence ou du devenir d'un phénomène, autre chose le rattacher directement à son moi, le sentir ou le penser comme un *état de sa conscience*. Cependant une métaphore n'est jamais une raison ; il n'est pas jusqu'au terme de *concentration* ou *rétrécissement* du champ de la conscience qui ne présente un sens équivoque, car la conscience ne se laisse pas facilement comparer à un tissu élastique qui s'étire ou se relâche.

Un point est acquis cependant, c'est que dans notre vie mentale, il y a deux sortes de faits ou états, des états fugitifs, décolorés, évanescents, en nombre pour ainsi dire indéfini, et d'autres états présentant un coloris intense et une fixité relative. Je suis à ma table de travail, occupé à une lecture ou à une recherche, et cependant j'entends les bruits de la rue. Les états de conscience liés à mon travail sont inséparables de la conscience de mon existence, les autres s'en détachent d'eux-mêmes. Cependant ils entrent tous dans le contenu de mon expérience. Je ne puis sortir de mon moi sans prendre conscience d'un non-moi et surtout de cette portion plus intime du *non-moi* qui est le *nous*, la société dont je fais partie. Il y a échange, va-et-vient entre les états clairs et les états obscurs. Tel état de faible intensité (et qui se trouvait relégué dans le non-moi) acquiert, à la suite de quelque circonstance, une intensité supérieure et entre dans la lecture de la vie du moi. On voit donc quel problème se pose à nous : *Un état de conscience gagne-t-il en intensité parce que je le rattache à la vie du moi, ou dois-je le rattacher à la vie de mon moi parce qu'il a gagné en intensité par suite d'une circonstance indépendante de mon activité mentale ?*

Pour ne pas être exposé à faire choix entre des systèmes métaphysiques opposés, le psychologue doit éviter de généraliser à l'excès les données du problème ; le psychologue doit faire choix d'un fait défini dont l'étude permette cependant d'embrasser les divers aspects de la question. Ce phénomène est l'attention. En effet, de quelque façon que nous soyons amenés à donner notre attention, les variations d'intensité des états de conscience sont en rapport avec elle. Nous sommes forcément attentifs à une souffrance aiguë ; d'un autre côté, l'attention que nous donnons préventivement à une souffrance inévitable, à une opération chirurgicale ou dentaire, en accroît l'intensité. Quand nous restons inattentifs à un état de conscience, par exemple à un discours que l'on nous tient, il fait par là même partie de ces états fugitifs, évanescents qui tombent dans le torrent du non-moi. Quand l'aiguillon de la curiosité nous amène à donner notre attention à un fait insignifiant en lui-même, il laisse un souvenir et se lie à la vie de notre moi.

Nous n'avons pas à faire ici l'historique de la théorie de l'attention. L'ouvrage de M. Th. Ribot est trop connu pour que nous ayons besoin d'en résumer la thèse. Il conclut, on le sait, que l'attention ne peut être considérée comme un phénomène purement volontaire. La volonté ne peut faire autre chose que reproduire des états d'attention qui ont d'abord surgi sans elle. L'effort de M. Ribot a été de trouver un état intermédiaire entre l'association automatique des idées et l'attention volontaire et réfléchie que les psychologues allemands avaient eue seule en vue. C'est l'attention spontanée qu'il constate surtout chez les enfants et les animaux. Elle accompagne soit la curiosité, soit la crainte ou l'instinct de conservation, soit même les états de sympathie. Là est pour lui la forme initiale et normale de l'attention, car elle peut s'accorder avec le cours ordinaire de la vie. C'est, en somme, une action réflexe d'une extrême complexité, très voisine par suite de l'instinct dont elle démontre la plasticité. Si nous observons le chat qui guette sa proie et s'en approche à petits pas, nous avons l'image même de l'attention spontanée qui est un arrêt des mouvements musculaires avec adaptation à une fin déterminée. La chasse, la pêche, le travail agricole, l'industrie, exigent de l'homme des états d'attention comparables. Par l'intermédiaire du travail, l'attention évolue du type spontané (ou réflexe et instinctif) au type volontaire. L'attention volontaire s'est formée chez les races agricoles et industrielles, et par un processus très lent que l'hérédité a aidé. Primitivement, en effet, l'attention n'est pas désintéressée. C'est une attitude pénible, peu durable, et qui doit être imposée par les exigences de l'adaptation. Par contre, dès qu'il y a intérêt, il y a attention. L'intermédiaire ordinaire chez l'homme et l'enfant est la curiosité. Quand tout intérêt fait défaut, l'attention spontanée disparaît et alors l'attention volontaire en peut être le faible équivalent. Mais l'effort volontaire ne suffira jamais à lui seul à faire naître l'attention. Il faut toujours qu'il y ait un intérêt, au moins indirect. L'attention volontaire se présente en bien des cas comme un moyen indispensable en vue d'une fin attrayante ou utile. L'intérêt peut être tantôt la satisfaction d'un penchant égoïste, tantôt celle d'un penchant altruiste, mais il faut qu'il y ait conscience d'une relation, entre l'effort pénible de l'attention et la satisfaction attendue. Cette relation, cette association ne peut être que le résultat de l'expérience, et c'est pourquoi l'instabilité de l'attention volontaire est si aisée à constater chez les jeunes enfants.

Telle est, très sommairement esquissée, cette théorie de l'attention qui est au fond une théorie de la conscience. C'est l'effort le plus remarquable pour rattacher les formes supérieures de la conscience aux formes inférieures, la forme adulte à la forme infantile, la forme humaine à la forme animale. Il en résulterait que la conscience est d'abord un luxe qui se surajoute à la contraction musculaire et qui favorise l'adaptation. Peu à peu ce luxe devient une nécessité, parce que sans lui l'adaptation humaine devient impossible. Mais l'attention resterait toujours un état formel subordonné au mouvement. M. Ribot demande ses preuves à la pathologie mentale ; il s'attache surtout aux excès de l'attention, l'idée fixe et l'extase, et conclut que la dissolution de la conscience en est le terme. En effet, l'extatique s'isole du monde extérieur pour se concentrer dans son moi et retrouver en soi l'esprit pur, absolu. Mais par là même, il n'y trouve plus rien : sa conscience, selon l'expression de sainte Thérèse, lui apparaît comme un énorme diamant.

La conscience de l'extatique ne différerait donc pas beaucoup de celle de l'épileptique et de certains aliénés ; c'est un état crépusculaire de la conscience dont le terme serait l'insensibilité et la rigidité cataleptique. C'est que l'attention normale, et par suite la conscience dirigée vers le monde extérieur, est une fonction de l'adaptation et de la vie active. Donc une concentration absolue de la conscience n'est pas possible. La conscience normale est un courant continu d'idées, de sensations, de sentiments, un *polyidéisme* ; l'attention est une sorte d'étranglement de ce courant ; elle tend vers le *monoïdéisme*. Il doit donc y avoir dans la vie mentale une transaction constante entre le polyidéisme et l'attention, entre les exigences de l'adaptation et la vie supérieure de l'esprit.

Cette théorie si ingénieuse et si synthétique est-elle pleinement satisfaisante ? Il y faut distinguer la part de l'observation et celle de l'hypothèse. La part de l'observation est la distinction des différents états d'attention, et l'étude du rapport entre l'attention et l'adaptation. La part de l'hypothèse est la théorie de la conscience ; c'est la distinction radicale faite entre le polyidéisme et le monoïdéisme. Sans doute, M. Ribot n'est nullement un matérialiste ni même, au sens étroit du mot, un positiviste. Il reconnaît que le rôle de la conscience croît au cours de l'évolution et qu'il n'y a pas d'évolution humaine sans elle. Aussi avons-nous en vue moins sa thèse elle-même que les exagérations que certains de ses disciples ou interprètes en ont tiaées.

Tout d'abord, en affirmant que la forme normale de la conscience est le *polyidéisme*, c'est-à-dire une succession indéfinie de représentations et de sentiments, M. Ribot reste, en somme, assez près de l'associationnisme anglais dont il a montré les lacunes avec tant de pénétration. La grande difficulté est que l'attention (sans laquelle il n'y a pas de pensée) est ramenée au monoïdéisme, c'est-à-dire à un état morbide. Tout homme qui pense serait donc par là même candidat à la folie. Or est-il si certain que les risques de succomber à la folie croissent avec une activité mentale méthodiquement dirigée ? La correspondance entre l'accroissement des taux de la folie et le développement de la civilisation urbaine est une donnée brute de la statistique, mais la civilisation urbaine a d'autres effets que l'appel à la pensée méthodique ; elle surexcite les passions, notamment la cupidité et l'intempérance alcoolique ou sexuelle, et c'est ainsi sans doute qu'elle devient un foyer de psychoses. L'identité de la pensée réfléchie et de la folie est une thèse pessimiste qui dépasse l'expérience et que nous ne saurions accepter.

§ 22. — Les *Principes de psychologie* de William James nous présentent une autre théorie de l'attention, plus positive, à certains égards, plus dégagée des théories pessimistes sur la nature de la conscience et de l'activité mentale. Puisque par malheur la *Psychologie* de William James n'a pas encore trouvé de traducteur en France où elle a été plus citée que bien interprétée, nous devons d'abord présenter les grandes lignes de cette théorie.

L'attention est pour M. Ribot un phénomène d'arrêt qu'il faut expliquer, en dernière analyse, par un système de contractions musculaires. W. James retient cette vue, mais la complète. Il distingue dans l'attention deux moments : 1° l'accommodation des organes des sens ; 2° la pré-perception. Les organes des sens et les muscles qui en aident l'exercice sont ajustés très énergiquement dans l'*attention sensorielle*, immédiate et dérivée. Quand nous regardons ou écoutons, nous accommodons nos yeux et nos oreilles involontairement et nous tournons la tête et le corps dans la direction de l'objet. Quand nous sentons une surface, nous déplaçons les organes du tact dans un certain sens A l'occasion de tous ces actes, non seulement nous contractons certains muscles, mais encore nous arrêtons les mouvements d'autres muscles. Nous fermons les yeux quand nous palpons ; nous suspendons la respiration quand nous écoutons. Il résulte de là un sentiment total qui constitue notre première conscience d'un état d'attention [1]. Elle se présente déjà comme notre propre activité, quoiqu'elle succède à l'accommodation de nos organes. Le fond de cette attention primitive, commune à l'homme et aux animaux, est donc la conscience d'un système d'actions réflexe qui dépendent des lois de l'adaptation. Mais au-dessus de l'attention aux excitations extérieures, il y a une attention aux idées qui ne peut être négligée, car le plus souvent elle réagit sur la première.

En effet, le plus souvent l'attention aux idées est la condition de l'attention aux sensations, vérité de première importance en pédagogie, car je crois que toute la méthode intuitive et l'éducation de l'esprit d'observation en dépendent [2]. Quand nous donnons notre attention à un objet, nous cherchons à nous en faire l'idée la plus claire. Nous savons qu'un enfant auquel on montre un monument, un animal, une plante, est toujours pressé de demander ce que c'est. En d'autres termes, il voudrait avoir déjà une idée d'ensemble avant de s'attacher aux détails. L'accommodation des sens est d'autant plus énergique et intense que l'idée est mieux

1. W. James (1), tome I, ch. IX, tome II, ch. XIX et XX.
2. Voir plus bas IIe partie, ch. X et XI.

éclaircie par l'effort mental. En effet, c'est bien d'un effort qu'il s'agit. Il faut un effort pour éclaircir l'état de conscience, l'idée que nous avons déjà de l'objet observé, de la chose perçue. L'idée vient en aide à la sensation et la rend plus distincte. Aussi peut-on nommer *pré-perception* cet éclaircissement, cet effort mental qui passe de la vie intérieure dans le domaine de la connaissance sensible [1]. De même que nous avons conscience d'un effort quand nous donnons notre attention à une idée abstraite ou à une figure schématique, de même l'éclaircissement d'une sensation obscure nous donne la conscience d'un travail auquel l'esprit commence à concourir. A mesure que la perception s'éclaire, il est moins facile de dire ce que l'état doit à l'impression sensible et ce qu'il doit à nous-mêmes. Il en résulte que l'attention est plus qu'une simple attitude prise par la conscience sous l'influence de la contraction musculaire. Elle ajoute réellement au contenu de la conscience. C'est ainsi que s'expliquent les effets reconnus de l'attention qui consiste à accroître l'intensité de la perception et de la conception, à rendre les états plus distincts et enfin à abréger, par anticipation, ce que les psychologues nomment le temps de réaction [2]. La contraction musculaire n'est donc plus ici, comme dans la théorie physiologique, le fond de l'attention ; elle est seulement une condition de l'attention concrète.

§ 23. — Ainsi comprise, l'attention suffit-elle à nous faire saisir la réalité du moi ? Il est certain que l'attention est une fonction de la connaissance. Pour le natu-

1. W. James (1), *ibid.*
2. W. James, *ibid.*

raliste pur, la connaissance n'est pas un but, mais un moyen ; c'est l'un des moyens qne l'homme et l'animal supérieurs peuvent employer pour s'adapter à leurs conditions d'existence. C'est ainsi que nous avons vu M. Ribot expliquer le progrès de l'attention dans l'espèce humaine ; elle est l'auxiliaire du travail, puis elle sert une connaissance moins directement intéressée. Acceptons provisoirement ce point de vue. La pensée nous est alors donnée comme un fait sans lequel nous ne concevons pas la vie, la conservation et le développement. Or nous apercevons aussitôt le rapport entre l'attention et l'un des caractères essentiels de la pensée, le choix. Penser, c'est choisir. Personne n'en disconviendra en considérant les applications supérieures de la pensée, la science, l'art, la vie morale. Mais la présence du choix n'est pas moins visible dans le moindre raisonnement que nous faisons sur les données de l'expérience. Nous ne passons pas d'emblée des données de l'expérience brute aux idées de la science, de l'art, de la morale. Nous les préparons par une sorte de triage qui se fait dans ce qui est présenté à notre conscience. Il faut même aller plus loin et reconnaître qu'il y a choix jusque dans la perception. W. James note même un double choix : nous choisissons parmi les sensations présentes quelques-unes qui deviennent les signes d'autres sensations absentes ; parmi toutes les sensations présentes ou absentes associées, nous en choisissons un petit nombre qui constituent pour nous la réalité par excellence [1].

Cette sélection entre les impressions est la vie même

1. W. James (1), tome I, ch. IX.

de l'esprit. On ne conçoit pas une activité mentale sans elle. On peut comparer le travail de l'esprit sur les données brutes de l'expérience à celui d'un sculpteur sur un bloc de marbre. Les produits de l'esprit, depuis la simple perception jusqu'à la conception de toute la vie morale, résultent d'une opération fondamentale qui consiste à éliminer certains états de conscience et à en retenir d'autres qui sont incorporés à la vie du moi. On peut encore comparer ce travail à une sorte de filtrage qui laisse passer certaines données et en arrête d'autres. Or toutes ces métaphores ne font qu'exprimer le rôle de l'*attention sélective*. Ainsi l'attention est bien la manifestation fondamentale de la conscience. La distinction du moi et du non-moi est son œuvre. Cette division de l'univers en deux parts, le moi et le non-moi, se fait pour chacun, pour tout être, animal ou homme, qui est capable de quelque perception ou sentiment. Chaque personne, chaque individu est pour un autre une partie de l'univers, mais pour lui-même, il est ce que je suis pour moi : la seule différence est dans la position des limites. C'est ce qui permet l'existence d'une science et d'une conscience communes, quoique chaque conscience soit personnelle[1].

§ 24. — L'étude des rapports entre la mémoire et l'attention confirme donc les conclusions de notre critique de l'automatisme, et elle les élargit au profit de la pédagogie. Les états de conscience n'ont pas tous le même degré d'intensité. Notre vie est un courant continu, mais non pas uniforme ; viennent des moments où le courant s'accélère, d'autres où il se ralentit, quand

1. W. James (1), tome II, ch. XIX et XX.

l'intensité tombe au minimum, la continuité semble rompue. Quand nous dormons, nous avons un certain sentiment de notre vitalité générale ; nous ne pouvons même dormir qu'à cette condition. La conscience de l'homme endormi présente cette uniformité, cette répétition monotone et régulière, qui correspond à la continuité absolue. A l'état de veille, l'intensité est tantôt vive, tantôt faible. La conscience présente une phase ascendante et une phase descendante selon l'heure du jour, la nature des occupations, la fatigue cérébrale, les relations avec les semblables, l'absorption d'excitants. Or de quoi dépend, en général, cette intensité variable ? D'un état de tension que nous ne pouvons séparer de l'affirmation même de l'existence du Moi. Le type de la conscience n'est pas pour nous la conscience faible, évanescente, que nous avons du fonctionnement normal de nos organes internes pendant le sommeil, mais la conscience intense, concentrée, que nous avons de notre moi quand nous cherchons à éclaircir une idée. Cette tension a reçu le nom d'attention. Nous sommes donc en état de répondre à la question posée au début de ce chapitre : l'intensité d'un état de conscience croît-elle parce que je rattache cet état à l'activité du moi, ou est-il rattaché à la vie du moi parce qu'il a gagné en intensité ? Si le travail de l'attention n'est pas une illusion, nous devons adopter sans hésiter la première solution. Nous devons, en effet, expliquer l'accroissement de l'intensité par le concours de l'effort mental, car l'intensité d'un état de conscience ne se distingue pas de sa clarté, et c'est un effort mental qui peut seul éclairer une idée ou une perception. C'est ce que vérifierait l'étude du développement mental tout entier.

CHAPITRE V

CORRESPONDANCE ENTRE LE DÉVELOPPEMENT INDIVIDUEL ET LE DÉVELOPPEMENT SOCIAL. — LA LOI DE RÉCAPITULATION ABRÉGÉE EN ÉDUCATION.

§ 25. — Nous disions, en terminant notre examen de la théorie pédagogique d'Ardigò, que le grand problème de la pédagogie scientifique est de définir le double rapport de la conscience claire avec le développement de l'individu et de l'évolution individuelle avec l'évolution de la culture sociale. L'étude de ce second problème risque d'être jugée étrangère à la pédagogie expérimentale, puisqu'elle fait intervenir une science un peu suspecte aux amis de l'expérimentation strictement méthodique [1]. Nous devons nous attacher d'autant plus à la justifier.

L'hygiène conclut à l'exercice régulier des fonctions cérébrales ; la psychologie générale expose les lois profondes de l'éducabilité et nous enseigne comment l'automatisme peut être subordonné à l'effort mental ; mais ces sciences ne permettent pas encore de considérer l'éducation comme une fonction. Si fécondes que soient pour les études pédagogiques la physiologie et la psychologie, elles ne peuvent suffire à fonder la

1. Toulouse, p. 48.

science de l'éducation si la sociologie n'y vient pas ajouter sa contribution.

Nous n'entreprendrons ici ni de justifier la légitimité de la sociologie [1] ni d'en montrer les rapports avec la science et l'art de l'éducation. Si les esprits critiques mettent en doute beaucoup des conclusions actuelles des sociologues, les esprits cultivés de tous les pays sont unanimes à admettre que la succession et la coexistence des faits sociaux peut faire et fait déjà l'objet d'une science digne de ce nom. Les mêmes esprits accordent que les vérités sociologiques sont coordonnées à celles de la biologie et de la psychologie et qu'elles achèvent de nous donner la connaissance de la nature humaine considérée dans son devenir et son développement. Enfin, si quelques penseurs, plus philosophes à vrai dire que proprement sociologues, poussent la témérité jusqu'à réclamer pour la sociologie l'héritage entier de la morale, on incline généralement à penser que la sociologie pourra contribuer au perfectionnement de tous les arts de la pratique sociale qui jusqu'ici n'avaient d'autre point d'appui qu'une morale rationnelle beaucoup trop abstraite et trop souvent en contradiction avec les données de l'observation.

Au premier rang de ces arts sociaux est l'art de l'éducation. En en revendiquant l'étude, les sociologues contemporains ne font que marcher sur la trace des écrivains les plus classiques, Aristote, Montesquieu, et les fondateurs moins anciens de la philosophie de l'histoire. Les deux derniers livres de la *Politique* [2] ont

1. Voir sur ce point nos *Notions élémentaires de sociologie*, Iʳᵉ partie.

2. Aristote, *Politique*, livres VII et VIII. (Au moins si l'on conserve l'ordre raditionnel, complètement modifié par Newman, qui en fait les livres IV et V.)

mis suffisamment en lumière le lien qui rattache les institutions éducatives à la question essentiellement sociologique de la continuité d'une communauté humaine. Le quatrième livre de l'*Esprit des lois* expose la correspondance étroite qui unit les institutions éducatives d'un peuple à l'ensemble de ses institutions domestiques, civiles et politiques. Enfin quel est le grand intérêt pratique de la philosophie de l'histoire, si ce n'est de montrer l'existence d'un rapport d'étroite dépendance entre l'activité de chaque génération et le progrès antérieur de l'espèce ?

L'éducation est une fonction sociale ; elle tend à dégager l'homme civilisé du sauvage [1] ; elle repose sur cette constatation très générale qu'à chaque génération, quelle que puisse être la puissance de l'hérédité, les attributs de l'homme primitif tendent à se reformer spontanément chez l'enfant ou l'adolescent, et à mettre ainsi en péril la culture et la discipline sociale acquises. L'éducation prévient ce risque, au grand profit du sujet lui-même, car la régression sociale le soumettrait aux formes les plus brutales de la lutte pour l'existence. L'éducation repose en outre sur l'idée, clairement ou obscurément entrevue, que les attributs humains de la personnalité, les attributs qui distinguent l'homme de l'animal, ne se développent qu'avec le concours de la civilisation et dans la mesure où l'état de la culture sociale l'exige. *L'éducation est donc chez chaque peuple une récapitulation abrégée de la civilisation antérieure.*

1. Nous savons combien cette dernière appellation est équivoque et inexacte pour désigner l'homme des civilisations embryonnaires ou arrêtées ; nous l'employons à défaut d'une meilleure, pour éviter une périphrase.

Ainsi considérée, elle est la plus générale des fonctions sociales. Comme toute fonction, elle est sujette à des perturbations ; elle pèche par excès et par défaut. Ses organes peuvent être trop rudimentaires ; ils peuvent être en proie au parasitisme. L'accomplissement de la fonction peut être affecté soit de régression ou d'arrêt, soit d'un développement trop rapide. La fonction elle-même doit être de plus en plus contrôlée ou réglée par l'intelligence; en d'autres termes, elle doit donner lieu à un art.

On comprend donc que la science expérimentale de l'éducation doive s'appuyer sur la sociologie comparée autant que sur la psychologie, ou plutôt qu'elle ne soit que l'un des aspects de la première de ces deux sciences. C'est à la sociologie comparée qu'il appartient de reprendre la tentative un peu prématurée de Montesquieu, en rattachant les types d'éducation aux types de civilisation et de société. En effet, la récapitulation abrégée de la culture et de la discipline sociales ne peut être exactement la même dans tous les milieux et à tous les stades de culture. Quand la sociologie sera arrivée à un niveau peut-être plus élevé qu'aujourd'hui, c'est à elle qu'incombera la tâche de vérifier le postulat de toute éducation, c'est-à-dire l'accord entre le développement et l'exercice des attributs de la personnalité et les exigences de la culture sociale.

D'ailleurs il faut se garder de croire à une rivalité et surtout à un conflit entre les deux sciences inductives sur lesquelles la science et l'art de l'éducation peuvent reposer. Quant à nous, nous ne suivrons pas certains sociologues qui opposent à l'ancienne pédagogie, fondée sur la psychologie et la biologie, une nouvelle pédagogie dont la constitution serait exclusivement sociologique [1].

Tout d'abord les frontières de la sociologie et de la psychologie nous semblent plus malaisées encore à tracer que celles de la psychologie. Nous voyons la conscience du *nous* accompagner toujours et modifier la conscience du moi ; la suggestion sociale affecte nos croyances et nos sentiments les plus intimes. Le langage, fruit d'une longue coopération sociale, est l'instrument indispensable de l'élaboration de l'expérience individuelle. Bref, celui qui ignore la psychologie ne sera jamais un sociologue ; tout au plus sera-t-il un économiste. Ajoutons que le psychologue qui se cantonne dans l'observation exclusive du Moi, en faisant abstraction des relations interpersonnelles, n'aura jamais l'entière maîtrise de sa science.

L'étude de la personnalité humaine sera toujours le fruit de la collaboration du sociologue et du psychologue, et c'est là une première raison de repousser toute opposition radicale entre une pédagogie psychologique et une pédagogie sociologique. Mais voici une raison plus décisive. L'éducation, disions-nous, est la plus générale des fonctions sociales. Or quels sont les plus généraux des faits sociaux ? ce sont sans doute les phénomènes communs à la vie sociale et à la vie individuelle, les phénomènes d'action intermentale, les phénomènes que chacune des deux sciences trouve sur sa frontière. L'action des adultes sur les enfants présente au plus haut point ce caractère. Les fonctions complexes et spéciales de la vie sociale peuvent, à la

1. Telle semble être la thèse hardie de M. Durkheim, *loc. cit.*, § II.

rigueur, être étudiées par le sociologue seul, mais la récapitulation du passage de l'homme primitif à l'homme de la culture ne peut être étudiée scientifiquement sans la collaboration intime du psychologue et du sociologue.

§ 26. — Il y a lieu, en effet, de chercher comment le développement mental de l'individu normal peut être une récapitulation de la civilisation elle-même et de la formation antérieure de l'homme, de la culture. Il ne faut pas hésiter ici à emprunter à l'embryologie une analogie qui sera moins vague et mieux fondée que beaucoup de celles qui ont longtemps compromis la sociologie. Le développement mental de l'individu fait suite à la vie embryonnaire dans laquelle on voit unanimement une récapitulation du développement phylogénétique. *L'éducation est donc une récapitulation abrégée de la civilisation au profit du développement personnel, et réciproquement toute initiation à la civilisation est une éducation quand elle concourt au développement spontané d'une personnalité.*

Telle est, selon nous, la loi fondamentale de la pédagogie scientifique, la loi permettant de distinguer la pédagogie d'un art empirique et arbitraire. A vrai dire, même dans les milieux où la pédagogie est cultivée, souvent cette loi passe encore pour être purement hypothétique. Cependant l'on voit des psychologues tels que M. Ribot la prendre de plus en plus pour fil conducteur de leurs travaux spéciaux soit sur les sentiments, soit sur les idées générales et l'imagination créatrice et ils en montrent l'accord avec les faits [1].

1. Voir notamment Ribot (2) IIe partie, ch. v. § I.

L'essor de la pensée abstraite succède chez l'enfant ou l'adolescent à une phase pendant laquelle le jeu de l'imagination prédomine. L'essor de l'imagination suppose à son tour un certain éveil de l'attention qui distingue la seconde enfance de la première, c'est-à-dire un état où la conscience est déjà capable d'attention et même d'un minimum de réflexion d'un état antérieur où elle était encore confuse et en partie instinctive. Or ces phases de la vie individuelle correspondent manifestement à une série d'états de la conscience sociale pendant lesquels prédomine l'instinct collectif, puis l'imagination, et enfin l'activité rationnelle [1]. La difficulté que l'on éprouve à faire accepter cette doctrine est d'abord que toutes les races n'ont pas également traversé ces trois phases. C'est ensuite que les autres races ne les ont pas toutes traversées à la même date. Ainsi les Germains et les Slaves pendant une grande partie du Moyen-Age ont répété le spectacle déjà offert par l'initiation des Grecs et des Romains à la civilisation rationnelle. C'est quand leur initiation a été terminée que l'on s'est trouvé en présence du phénomène social de la Renaissance.

La réponse est que ces répétitions prouvent précisément la loi, tout au moins à ceux qui savent distinguer entre l'ordre historique et la simple succession chronologique. L'initiation des Germains et des Slaves a été finalement plus complète que celle des populations grecques et italiennes, et l'initiation des populations gréco-romaines avait elle-même été plus rapide et plus complète que celle des peuples orientaux. C'est que

1. Voir notamment Ribot (2), § II.

déjà la loi de récapitulation abrégée faisait sentir ses effets.

Si nous rejetions totalement cette loi, nous serions dans l'impossibilité de comprendre la solidarité qui unit la formation intellectuelle et morale de l'individu au devenir de la civilisation humaine.

L'éducation, dit-on, prépare l'homme futur à jouer son rôle dans la société, à prendre sa place dans l'atelier social. Mais l'activité de la société n'est pas improvisée ; elle met en œuvre une somme prodigieuse d'inventions, de connaissances, d'expériences, de découvertes qui dirigent et fécondent le travail de chacun.

L'enfant ne peut donc pas être préparé à son rôle d'agent social s'il n'est pas d'abord initié à la culture acquise par les générations antérieures. Mais cette initiation serait-elle possible s'il n'y avait pas une correspondance entre l'éveil spontané de ses facultés et l'ordre des inventions et des travaux intellectuels accomplis par les générations passées ? si les inventions les plus simples et les plus urgentes, telles que celle de l'écriture, n'étaient pas aussi les plus assimilables ?

Considérons un programme d'études actuellement en vigueur. Quoique ses auteurs ne soient pas guidés par la loi de récapitulation abrégée, nous voyons les connaissances acquises par l'humanité dans les temps modernes, la critique philosophique et les sciences expérimentales, figurer seulement dans le programme des classes supérieures, tandis que les connaissances acquises dans l'antiquité et au moyen âge constituent la matière de l'enseignement des classes élémentaires. Cependant l'on pourrait facilement concevoir un autre ordre, consistant par exemple à étudier d'abord le monde extérieur, puis les êtres vivants, enfin l'activité humaine. Cet ordre serait beaucoup plus logique que le précédent, et dans le détail on s'en inspire parfois. Un esprit mûr n'abordera jamais l'étude des notions compliquées avant celle des notions simples qui les éclairent. Pourquoi donc a-t-on adopté spontanément l'ordre historique de l'acquisition des connaissances, malgré les inconvénients qu'il présente ? C'est que l'esprit de l'enfant doit aller des notions concrètes aux notions abstraites, quoique le concret soit identique au complexe et qu'il n'y ait de simple que l'abstrait. Il y a donc une correspondance entre les exigences du développement mental de l'enfant et les conditions du développement spontané de la civilisation, qui a fait passer les arts et la poésie avant la science, la synthèse concrète avant l'analyse. C'est même pourquoi l'enfant ne peut pas apprendre exclusivement dans des livres : il lui faut un enseignement vivant, une communication permanente entre son intelligence et l'activité d'un esprit qui résume consciemment pour lui un travail séculaire.

§ 27. — Au point de vue psychologique, ainsi qu'au point de vue de l'application pédagogique immédiate, la loi de récapitulation abrégée est aisée à admettre ; elle est l'expression des faits eux-mêmes : l'enfant s'adapte au milieu civilisé qui l'entoure à mesure que l'exercice développe ses attributs supérieurs et réciproquement, plus le milieu auquel il doit être adapté est cultivé, plus les fonctions supérieures de l'individu en voie de formation doivent être exercées et développées.

C'est plutôt la critique des faits sociaux qui pourrait conduire à mettre la loi en doute. Connaissons-nous assez la succession et la filiation des faits sociaux pour être en état d'assimiler les stades de culture aux phases du développement d'une intelligence individuelle ? Pour affirmer une telle correspondance, ne faut-il pas simplifier à l'excès la formule du devenir social et s'exposer à revenir aux inductions téméraires de la philosophie de l'histoire ? Nous savons sans doute que les sociétés simples ont précédé les sociétés composées et nous comprenons que le développement de l'enfant doit se faire dans des sociétés relativement simples, la famille et l'école, sociétés où il puisse se préparer à vivre dans le milieu prodigieusement complexe des sociétés supérieures. Nous savons que dans les sociétés simples dont la famille et l'école sont les images, la division du travail n'est pas poussée loin, c'est-à-dire que leur fonctionnement exige le concours constant des aptitudes moyennes et générales de la nature humaine, et nous concluons de là sans difficulté que l'enfant ne peut être préparé au travail complexe que lui impose la société professionnelle si les aptitudes qu'il partage avec l'ensemble de ses semblables n'ont pas d'abord été exercées et cultivées. Enfin nous savons que dans les sociétés simples la solidarité était plus étroite et laissait moins de place à la liberté et à la responsabilité personnelle que dans les sociétés complexes du type supérieur, et il est aisé de voir que le gouvernement de la société simple convient mieux que celui de la société complexe à un être dont la responsabilité est encore très peu définie.

Si précieuses qu'elles soient, ces analogies entre le développement individuel et le développement social seraient incontestablement vagues et éclaireraient faiblement l'art de l'éducation s'il était impossible au sociologue de construire une hypothèse plus hardie et de la vérifier. *Cette hypothèse est que la société civilisée a pour loi de se développer dans le sens d'une individualisation croissante et d'un infantilisme décroissant, et que par suite la loi du devenir social est essentiellement celle du développement de la personnalité.*

Or l'historique même de la loi de récapitulation abrégée d'Auguste Comte au professeur Mark Baldwin, nous montre que c'est ainsi qu'elle a été entendue et que l'élucidation du problème pédagogique général a pu concourir au progrès même de la sociologie.

§ 28. — C'est à Auguste Comte qu'est due sans aucun doute l'idée de considérer l'éducation comme la récapitulation abrégée de la civilisation formée par l'effort des générations antérieures. Sans doute Comte en était en partie redevable à Saint-Simon et même à Aristote. Déjà l'école Saint-Simonienne avait défini l'éducation comme un fait social, comme « l'ensemble des efforts employés pour approprier chaque génération nouvelle à l'ordre social auquel elle est appelée par la marche de l'humanité, au double point de vue de la transmission des connaissances nécessaires pour exécuter les travaux intellectuels et matériels et de l'initiation des individus aux rapports de la vie sociale [1] ». Les Saint-Simoniens eux-mêmes ne faisaient que résumer en vue de l'action sociale immédiate les conclusions de la philosophie de l'histoire du siècle précédent [2].

1. Doctrine de Saint-Simon, séances IX, X, XI.

2. C'est ainsi qu'Olinde Rodrigues traduisait et que l'école éditait l'*Education du genre humain* de Lessing.

Mais Comte ne pouvait se contenter d'aperçus aussi vaguement généraux. On peut dire que non seulement l'application, mais la constitution même de la sociologie exigeait de lui une étude plus approfondie des rapports entre l'éducation de l'individu et la civilisation progressive de l'espèce. Comte ne peut concevoir scientifiquement l'ordre social s'il le sépare de l'ordre naturel, c'est-à-dire biologique. Or le fait sociologique le plus complexe, formant transition entre l'organisation vivante et l'organisation sociale, c'est le concours de la génération adulte à la création, à la conservation et au développement d'une génération nouvelle. De même Comte ne pouvait concevoir le progrès social qu'à la condition de le rattacher à l'essor spontané des fonctions intellectuelles et de la connaissance, régi selon lui par la loi des trois états. La sociologie comtiste est donc tout entière une théorie de la culture, de son organisation, de ses conséquences. Une doctrine de l'éducation est la condition même de son application à la guérison des crises sociales issues du progrès intellectuel et industriel. Le traité qui devait la contenir, annoncé par le *Cours de philosophie positive* dès 1842, ne fut jamais composé, mais jamais non plus il ne fut perdu de vue. La préoccupation pédagogique anime le *Discours sur l'esprit positif*, toute une section du *Discours sur l'ensemble du positivisme* et enfin le *Tableau synthétique de l'Avenir humain*. C'est dans cette dernière œuvre que la loi de récapitulation abrégée est formulée en quelques pages [1].

1. Comte, ch. I, pp. 42-44, et ch. IV, pp. 261-269.

La formule de la loi des trois états est trop connue pour qu'il faille le rappeler ici. Disons seulement que l'état dit théologique correspond à la majeure partie de la vie sociale de l'humanité. La première et la plus longue des trois phases entre lesquelles elle se subdivise aurait été le fétichisme, expression de la tendance spontanée de l'imagination humaine à animer les êtres extérieurs pour s'en faire une représentation. Le fétichisme est l'enfance de l'humanité ; il est la seule forme vraiment normale de la tendance qui porte l'homme à expliquer les phénomènes par des *causes*, c'est-à-dire par des agents volontaires. Le polythéisme est une première désintégration du fétichisme ; le monothéisme n'est qu'une forme plus abstraite du polythéisme. Quant à l'âge métaphysique (protestantisme, déisme, athéisme), la valeur en est toute négative ; c'est une simple dissolution des créations intellectuelles et sociales de la phase théologique. Le positivisme, quand il sort de la phase préparatoire (ou phase des spécialités) [1], ne retient rien ni de l'âge métaphysique ni des deux dernières périodes de l'âge théologique. Par contre, il voit dans le fétichisme son véritable précurseur, sinon au point de vue de la connaissance, du moins au point de vue des sentiments et de l'organisation sociale [2]. « Le fétichisme ébaucha notre vraie sagesse pratique et théorique, en instituant le fatalisme qu'il ne rendit absolu que faute de connaître des modifications dont l'appréciation était réservée au positivisme. La synthèse initiale et la religion définitive admettent

1. Comte (1), tome VI, leçons 56e et 57e
2. *Avenir humain*, ch. 1, p. 42.

le même principe fondamental d'abord spontané, puis systématique, en s'accordant à proclamer la prépondérance continue du sentiment sur l'intelligence et l'activité [1]. »

On voit comment la série des progrès intellectuels et sociaux accomplis par l'humanité va pouvoir être à la fois récapitulée et abrégée au profit de l'individu. La sociologie appliquée à l'éducation conclut : 1° à supprimer radicalement l'âge métaphysique et l'âge positif initial (âge de la spécialité *dispersive*) et : 2° à réduire la phase théologique au fétichisme. Les années d'apprentissage du futur sujet de l'humanité se partageront en deux grandes périodes, celle de l'éducation *spontanée* ou *maternelle*, qui reproduira la phase fétichique de la culture, celle de l'éducation *publique*, qui rendra l'individu réellement apte à comprendre les conditions mentales et morales de la vie des sociétés supérieures, unifiées dans l'humanité.

La tâche de Comte était dès lors de découvrir la concordance entre le développement social de la culture et le développement mental de l'individu normal. Quelques pages d'un autre chapitre du *Tableau synthétique de l'Avenir humain* nous exposent incidemment la solution de ce problème à propos des fonctions du sacerdoce de l'humanité [2].

« L'éducation, y lisons-nous, désigne toute préparation dirigée d'abord par la famille, puis par la patrie, enfin par l'humanité [3]. » Cette préparation, prolongée

1. *Avenir humain*, ch. I, p. 44.
2. *Ibid.*, ch. IV, pp. 261-269.
3. *Ibid.*, p. 261.

jusqu'à vingt et un ans, se décompose en deux parties, l'une privée, l'autre publique, séparée à quatorze ans par la puberté [1]. » La dentition définitive divise la phase privée en deux parties égales, l'une essentiellement affective, l'autre où la culture intellectuelle commence sous la direction maternelle par les études esthétiques. De là résulte la subdivision totale de l'éducation proprement dite en trois phases septennales dont toutes les langues occidentales indiquent nettement la distinction prononcée, surtout en espagnol (*niño, muchacho, mozo*) » [2].

Comte estime que la première des phases infantiles est la plus décisive. « La discipline maternelle y fonde tellement la moralité que tout le reste de la vie peut rarement changer cette base. »

La synthèse « est alors purement fétichique, et il faut en respecter soigneusement l'essor spontané [3] ». Pendant la deuxième enfance, les études sont esthétiques, fondées sur des images. « La prépondérance normale de l'art institue la préparation de la science, en développant l'observation des événements de tout genre. » L'éducation publique, postérieure à la puberté, consiste en sept années d'études, de quatorze à vingt et un ans. Une première année est consacrée aux quinze lois de la *philosophie première*, les six autres aux six sciences fondamentales, en suivant l'ordre de la complexité croissante.

§ 29. — Ces hypothèses ont trouvé de sévères cri-

1. Comte, *Avenir humain*, ch. IV, p. 260.
2. *Ibid.*, p. 261.
3. *Ibid.*, p. 262.

tiques[1]. Il est aisé de voir pourquoi elles ne pourraient entraîner la conviction. On pouvait facilement montrer la faiblesse d'une pédagogie qui recommande d'enseigner à des adolescents la philosophie première avant les éléments des sciences et les sciences mathématiques avant les sciences naturelles. A vrai dire, le programme d'études recommandé par Comte n'était qu'un détail aisément modifiable. Si les fondements psychologiques et sociologiques de la loi de récapitulation abrégée avaient été solides, elle pouvait obtenir l'adhésion de ceux-là mêmes qui concevaient l'enseignement et l'éducation morale tout autrement qu'Auguste Comte. Malheureusement, la sociologie de Comte consistait en vues de génie sur des faits encore imparfaitement connus, et sa psychologie n'était qu'une construction provisoire.

Le lecteur de Comte retrouve bien difficilement l'ébauche d'une science dans cette théorie « sociocratique » qui conclut à un véritable pastiche de l'Église catholique et qui, de la succession des phases de l'histoire religieuse, induit la nécessité d'une sorte de théocratie. La pédagogie de Comte tout entière présuppose la reconstitution du culte et du sacerdoce au profit non plus de Dieu, mais de l'humanité; or l'idée même d'une dogmatique qui serait faite de vérités scientifiques subordonnées à une morale du sentiment n'est pas de celles que pouvaient facilement accepter des hommes aux prises avec la difficulté de faire entrer dans les mœurs un minimum d'instruction laïque.

1. Notamment Thamin (1), première partie, chap. 1er et chap. IV, pp. 54 à 71.

L'histoire religieuse sur laquelle Comte édifiait sa pédagogie sociocratique était elle-même précaire et mal appuyée sur les faits. Comte avait reçu du XVIIIe siècle, et notamment du président de Brosses, l'hypothèse d'un fétichisme original et universel. Il l'avait cousue d'un fil ténu et fragile aux autres hypothèses assez différentes de Boulanger sur les dieux domestiques et de Dupuis sur l'astrolâtrie [1]. Or les progrès de la science des religions devaient montrer que le fétichisme, le culte nigritien des *suhman*, n'est qu'une manifestation locale de l'animisme et n'a jamais eu d'extension en dehors de l'Afrique noire. Otez à Comte l'appui de la théorie du fétichisme universel, et la loi des trois états paraît perdre toute sa valeur explicative. Ajoutons que Comte dédaignait trop la psychologie pour pouvoir démontrer les fondements de cette loi capitale. Dans les derniers temps de sa vie, il la ramenait à une tendance qui porte l'esprit humain, individuel et collectif, à marcher de la subjectivité à l'objectivité et en cherchait les preuves dans la genèse et la guérison des maladies mentales. Mais la psychiatrie et la psychologie infantile n'étaient pas encore vraiment applicables à cette étude complète de l'imagination créatrice et de l'abstraction qui depuis a été faite par M. Ribot.

La pédagogie de Comte n'était donc encore qu'une prophétie obscure ; néanmoins il suffit de la dégager des erreurs qui y sont temporairement associées pour en voir la portée et la profondeur. Nous repoussons

1. Comte ne cite jamais ses sources, mais certainement il connaissait et a mis en œuvre les lettres suivantes : De Brosses, *Traité des dieux fétiches ;* Boulanger, *l'Antiquité dévoilée par ses usages* (1775) ; Dupuis, *Origine de tous les cultes.*

tous avec raison l'utopie d'un sacerdoce laïque qui enseignerait les vérités scientifiques comme des dogmes et initierait les enfants à la morale à l'aide de cérémonies artificiellement combinées. Cependant il reste vrai que l'activité sociale la plus normale, la plus protectrice est celle qui s'exerce sur l'enfant et à son profit en favorisant l'essor de ses facultés : il reste vrai aussi que la fonction éducative, par cela même qu'elle est l'auxiliaire du progrès universel, conserve toujours un caractère sinon sacerdotal, au moins religieux. Quant aux constructions sociologiques de Comte, le mérite et l'originalité de leur auteur a été de détourner les investigateurs des études purement économiques et d'appeler leur attention sur les états de la croyance collective. Si Comte a accordé une importance exagérée au fétichisme africain, il ne s'est pas trompé en supposant que la vie des sociétés primitives implique l'accomplissement de cérémonies qui ont pour origine la croyance à une analogie profonde entre l'activité humaine et la marche des phénomènes physiques. L'étude de la magie sympathique et des rapports qu'elle soutient avec un animisme aux formes multiples qui se manifeste tantôt par le totémisme, tantôt par le chamanisme, tantôt par le manisme, a montré depuis que tout n'est pas faux dans le tableau que le *Système de politique positive* nous fait des sociétés dites fétichistes. L'institution de l'*initiation* publique, ou secrète, l'analogie profonde dévoilée entre les institutions primitives des Grecs et celles des Mélanésiens, ont prouvé aussi que la pédagogie historique peut être intimement solidaire de la sociologie comparée.

Enfin la psychologie comparée a repris sous une

forme nouvelle le problème hâtivement résolu par la loi des trois états. Le rapport de l'imagination créatrice aux tendances instinctives, la présence des créations de l'imagination dans toute l'activité idéo-motrice de l'individu et du groupe, l'antécédence de l'imagination sur la pensée abstraite et scientifique, la correspondance entre les crises de la civilisation au cours du développement de l'espèce et la crise de puberté chez l'individu, telles sont, on le sait, les conclusions des beaux et féconds travaux de M. Ribot; elles confirment l'essentiel de l'hypothèse des trois états qui, selon Comte, se succédaient de l'imagination à l'observation par l'intermédiaire de l'abstraction [1].

§ 30. — Après Comte la correspondance entre l'éducation de l'individu et la culture de l'espèce est examinée avec plus ou moins d'originalité et de profondeur par Émile Littré, Charles Robin, Herbert Spencer, et enfin par le professeur Baldwin.

L'examen des limites de la biologie et de la sociologie conduit Littré à distinguer entre l'hérédité proprement dite et la transmission des techniques, des connaissances et des croyances morales. Il voit dans cette transmission le phénomène social fondamental [2]. Le mode de la transmission varie avec le degré de la culture. Aussi longtemps que la connaissance est subordonnée aux croyances surnaturelles, la technique est empirique ; la tradition orale et l'initiation suffisent à l'éducation. Quand, chez les Grecs, la culture commence à devenir rationnelle, quand les sciences posi-

1. Ribot (2), IIe partie, notamment chapitre II, III et V.
2. Littré, chapitre XII.

tives s'ébauchent, les procédés éducatifs se transforment aussi et l'enseignement véritable apparaît.

Littré ne paraît pas avoir cherché comme cette théorie sociologique de l'éducation pouvait être mise à profit par la pédagogie proprement dite, mais son collaborateur et ami Charles Robin a suppléé à son silence. Dans une série d'articles publiés par la *Philosophie positive*, il professe que l'éducation est un art dérivé de la dynamique sociale et destiné à renouveler chez chaque individu le progrès accompli par l'espèce ; mais ses connaissances en psychologie génétique semblent avoir été trop courtes pour qu'il sût mettre en lumière l'aspect individuel ou pédologique du processus de la culture et ajouter à l'œuvre de Comte quelques vérités appréciables.

En résumé, l'école positiviste française a bien démontré la subordination de la pédagogie à la sociologie, mais là est sa seule contribution. Son dédain des études proprement psychologiques ne lui permettait pas de définir les conditions de la formation d'un esprit individuel.

§ 31. — L'école évolutionniste anglaise ne rencontrait pas le même obstacle. Aussi Herbert Spencer a-t-il pu prendre la loi de récapitulation abrégée pour fil conducteur de ses essais sur l'*Éducation*. Puisque l'organisme humain est sorti par voie d'évolution des organismes animaux, la pédagogie doit d'abord s'appuyer sur la biologie, nous enseigner à faire de l'homme un *bon animal.*

L'éducation intellectuelle doit être pour l'individu ce qu'elle a été pour l'espèce : une culture de l'aptitude à comprendre les lois qui régissent les phénomènes physiques, physiologiques et sociaux. Les méthodes de l'enseignement doivent obéir aux lois de l'évolution psychologique qui nous montrent la raison se dégageant lentement de l'instinct et le concept procédant de la perception. Instruire n'est donc pas inculquer des résultats à la mémoire ; c'est aider un processus naturel qui peut s'accomplir chez la postérité plus rapidement et dans des conditions meilleures que chez les ancêtres [1].

C'est surtout dans la théorie de l'éducation morale que l'idée de la récapitulation abrégée a profondément pénétré. L'homme social doit vivre désormais dans des sociétés industrielles, sous un régime de coopération volontaire ; la justice contractuelle doit être sa règle morale, règle qui l'astreint à supporter les conséquences de sa propre conduite et même celles de sa nature. Or la société industrielle s'est lentement dégagée d'une société militaire plus simple, où prévalait le régime de la coopération forcée. L'enfant naît, comme ses ancêtres, mal adapté à un régime qui exige le respect de la justice contractuelle et l'aptitude à agir en être responsable ; il doit donc vivre d'abord sous un régime d'autorité. Mais cette autorité n'a pas son but en elle-même. Elle n'est que l'auxiliaire d'une volonté qui n'est pas formée encore. L'autorité de l'éducateur ne remplit sa fonction que si elle prépare elle-même son abolition, et c'est ici que Spencer aperçoit une correspondanc rigoureuse entre les phases de l'éducation et celles du développement politique. « Que l'histoire de notre législation domestique soit en petit l'histoire de notre législation politique : au début, l'autorité despotique,

1. Spencer, chapitre II.

quand cette autorité est réellement nécessaire; bientôt après un constitutionnalisme naissant, dans lequel la liberté du sujet est, sur quelques points, reconnue; ensuite des extensions successives de la liberté du sujet pour finir par l'abdication du maître [1]. »

De là se déduit une méthode éducative bien connue, celle des réactions dites naturelles. En mettant l'enfant en contact avec les conséquences de sa conduite, en se contentant de les lui faire connaître à l'avance et d'en modérer les effets, en associant à cet enseignement moral expérimental toutes les notions scientifiques qu'on lui donne, on le prépare à concevoir la vraie justice et à se passer de toute tutelle taquine ou compressive [2].

L'essai de Spencer sur l'*Éducation intellectuelle, morale* et *physique* aurait donc assis la pédagogie appliquée sur la loi de récapitulation abrégée si le système évolutionniste n'avait conduit l'auteur à faire trop souvent appel à l'hérédité des caractères acquis. Spencer réduit à assez peu de chose l'art de l'éducation et l'office de l'éducateur, car à ses yeux l'hérédité et l'éducabilité se confondent. On sait avec quelle vivacité ce postulat devait être attaqué plus tard par l'école darwiniste elle-même.

§ 32. — Dans deux œuvres bien connues et qui ne sont pas inférieures à leur réputation, le *Développement mental dans l'enfant et dans la race* et l'*Interprétation sociale et morale du principe du développement mental*, Baldwin a repris l'examen de la question en réduisant

1. Spencer, p. 161.
2. *Ibid.*, ch. III, p. 137-142.

au minimum le rôle de l'hérédité et en se contentant d'analyser les données de la psychologie infantile et de la psychologie sociale.

Chez l'enfant et dans la race, le développement se fait de la simple contractilité à la volonté [1]. La volonté émerge du processus plus simple que l'auteur nomme l'accommodation ; elle a pour point culminant l'attention. Ainsi entendue, la volonté est « une fonction sélective de la conscience et toutes les sélections de la conscience lui sont dues. Il y a une étroite connexion entre les adaptations des organismes inférieurs et les sélections de la conscience. »

Deux grandes lois dominent le développement de l'enfant, l'habitude et l'accommodation. L'habitude est la tendance d'un organisme à continuer de plus en plus facilement les processus qui sont favorables à la vie. Pour acquérir des habitudes, il suffit que l'organisme possède la contractilité et soit excité à faire et continuer le mode convenable de mouvement. Le facteur essentiel de l'habitude est le maintien des stimulations avantageuses par les mouvements propres de l'organisme. L'accommodation est l'aptitude de l'organisme à s'adapter à des conditions plus complexes de stimulation en accomplissant des fonctions plus complexes elles-mêmes. Elle présente deux moments, l'imitation et la volition. L'imitation est elle-même organique, puis consciente. L'imitation persistante est une forme de passage entre l'imitation consciente et la volition.

1. Baldwin (1), chapitres I et XIII.

Développement mental de l'enfant	Habitude		
	Accommodation	Imitation	Organique. Consciente (persistante).
		Volition	

L'imitation, considérée sous sa forme la plus simple, est une fonction élémentaire du cerveau. Le cerveau est un organe qui répète, et l'imitation, en prenant le mot dans son acception la plus large, entre en jeu dès qu'un organisme vivant est en rapport avec le monde extérieur. La mémoire, au point de vue physiologique, est la réintégration dans les centres nerveux d'un processus qui originairement a été mis en jeu dans la perception. Les souvenirs sont des copies en vue de l'imitation. « Chaque acte que j'accomplis est ou l'imitation de quelque chose que je trouve en moi au moment actuel, ou la reproduction de quelque chose dont les éléments sont dans ma mémoire et ont été pris dans le monde extérieur. »

Telle est l'imitation organique d'où procède l'imitation consciente, antécédent et condition de la volition. Tandis que le terme *habitude* nous sert à désigner le défaut de surveillance, la diffusion de l'attention, la disparition de la conscience, l'accommodation est la reviviscence de la conscience, la concentration de l'attention, le contrôle de la volonté. Les fonctions mentales les plus hautes ne représentent rien de plus qu'un progrès dans l'accommodation. La mémoire nous permet de réagir aux faits futurs comme aux événements présents ou passés ; l'association nous permet de réagir aux faits éloignés. Avec la conception et la pensée s'élargit l'horizon ouvert à la loi d'imitation. En effet, le concept, et surtout la notion abstraite n'est rien de plus qu'une attitude et n'a pas de contenu propre ; c'est la possibilité d'une réaction répondant également à un grand nombre d'expériences particulières [1].

L'imitation a pour loi de devenir de plus en plus plastique. D'abord purement organique, elle devient consciente, puis réfléchie (en termes physiologiques *sous-corticale* et *corticale*). L'imitation sociale et la volition individuelle s'éveillent ainsi en même temps. Chez l'enfant, la première manifestation de la volition consiste dans ses efforts répétés pour imiter quelque chose, et ce qu'il imite peut être soit un mouvement extérieur qu'il perçoit, soit un modèle intérieur fourni par sa mémoire, son imagination, sa pensée.

Le développement individuel répète-t-il, en le récapitulant, le développement de l'espèce ? Tel est le problème que Baldwin aborde dans la seconde de ses œuvres, *l'Interprétation sociale du développement mental.* Baldwin estime que la sociologie génétique n'a pas de plus sûr fil conducteur que le développement de l'enfant ; mais la zoologie sociale et l'anthropologie sont indispensables à celui qui veut en interpréter toutes les manifestations. Le problème à résoudre se décompose en deux difficultés : 1° « le développement mental de l'enfant récapitule-t-il les moments successifs de l'évolution du monde animal ? 2° récapitule-t-il les moments par lesquels l'esprit humain, une fois né, a dû procéder à son développement dans notre race [2]. »

« Or, écrit l'auteur, quand nous réunissons les deux

1. Baldwin, *Mental development,* chapitres x, xi et xii.
2. Pp. 187-188.

sphères dans lesquelles la propriété de récapitulation trouve son application, nous constatons que l'histoire du progrès tout entier, de la série animale jusqu'à l'époque humaine et même l'histoire récente des progrès de l'homme dans la vie sociale, *semble donnée dans l'évolution de l'enfant. Mais le fait même que l'enfant peut tout nous révéler nous interdit d'espérer que la récapitulation soit complète.* Au point de vue biologique, nous trouvons dans le développement organique une reproduction à peu près complète des progrès accomplis par l'animal. Mais le fait même que ce fut seulement après la venue de l'homme que commença le développement supérieur (qui requiert une coopération intelligente) tend à nous voiler les stades primitifs de l'évolution mentale. En vue d'être social d'une façon réfléchie, l'enfant doit devenir moins agressif, plus tolérant, plus accommodant, moins dominé par l'inflexible instinct. Mais, en vue de ce changement, les stades du développement mental qui amènent chez l'animal des qualités opposées doivent être ou bien dépassées très rapidement par l'enfant, ou bien tout à fait absentes de son évolution. *Si ce point général est admis, nous devons nous attendre à ne trouver dans l'évolution mentale de l'enfant que ceux des caractères du développement animal qui sont compatibles avec le développement social supérieur, lequel devient la grande affaire de la vie humaine* [1]. »

Nous ne pouvons, comme on le conçoit aisément, tenter de suivre Baldwin dans tous les détails de son exposition. Contentons-nous d'indiquer ici sa méthode

1. Baldwin (*ibid.*). (2) P. 189.

et de formuler les principales preuves qu'il tire de l'analyse des faits.

Baldwin divise l'évolution sociale en grandes phases, car chez l'individu elle est trop rapide pour renouveler tous les méandres du devenir de la civilisation. Ces phases sont celle des sociétés animales, celle de la sociabilité humaine spontanée et celle de la sociabilité réfléchie.

Ceci posé, la méthode génétique, qui est propre à l'auteur, consiste à chercher dans les expressions des émotions de l'enfant et les manifestations du sentiment la preuve de la correspondance. La place occupée par l'imitation et dans la vie sociale et dans la vie infantile est le phénomène commun aux deux séries et en démontre l'identité fondamentale. Nous devons ici laisser parler Baldwin lui-même.

« On voit chez les animaux la vie sociale à son début. C'est ce que prouvent non seulement les émotions des animaux, mais aussi le mode d'expression héréditaire des émotions de l'enfant : telles sont la timidité et la sympathie qui relèvent indubitablement de l'hérédité animale. On peut appeler ce premier stade, *stade de la vie sociale instinctive.*

« Il y a un deuxième stade de la vie sociale où apparaît ce que l'on peut appeler la sociabilité spontanée. Elle résulte de l'impulsion elle-même en tant que tendance à l'action coopérative qui naît des instincts sociaux antérieurs. Elle marque le stade primitif de la civilisation humaine, lorsque les arts de la paix et les formes rudimentaires du contrat social (*sic*) eurent prouvé leur utilité et eurent mérité d'être conservés comme fondement d'un développement social plus ample reposant sur l'intelligence réfléchie. Cette période se retrouve nettement en certaines manifestations de la modestie chez l'enfant et le jeune homme.

« L'expression des émotions chez l'enfant indique un développement ultérieur que la sociabilité spontanée ne suffit pas à expliquer. Il est marqué par l'adoption, avec modification, des réactions émotionnelles propres aux périodes de sociabilité instinctive et spontanée. Il décèle ainsi son origine. Il prépare une nouvelle période qui a son fondement dans l'évolution de l'enfant au point de vue de la conscience de soi. Ce qu'il y a de plus apparent parmi les manifestations de nature émotionnelle qui caractérise cette période, c'est l'expression modifiée de la modestie et de la sympathie qui accompagne la conscience de soi. C'est la période réflexive.

« L'impulsion générale de la société, commune à toutes les manifestations de la vie coopérative, donne elle-même lieu à une émotion qui apparaît dans le phénomène de l'imitation plastique, et qui atteint sa forme extrême dans les manifestations de la foule. C'est un indice du rôle joué dans la société par l'imitation plutôt que la cause de cette imitation [1]. »

Ainsi la vie émotionnelle de l'enfant attesterait déjà la correspondance ; elle se retrouve plus encore dans les stades de la vie intellectuelle.

Baldwin définit l'intelligence « l'aptitude à comprendre les situations complexes et à voir comment l'on doit agir en conséquence [2] ». Or de même qu'il existe

1. Baldwin (2), pp. 240-241.
2. *Ibid.*, p. 245.

un âge de la sociabilité toute spontanée, il existe aussi une intelligence impersonnelle qui ne réfléchit pas sur le moi. Elle est l'antécédent d'une intelligence réfléchie [1]. Si l'on examine la signification des stades personnels et des stades sociaux du développement de la pensée, l'on constate qu'il n'y a aucun hiatus entre les trois époques déjà signalées (instinctive, spontanée, réflexive), pas plus chez l'enfant que dans l'espèce. « Cependant nous éprouvons plus de difficulté à concevoir la transition du mode spontané au mode réfléchi que celle du mode instinctif au mode spontané d'activité. Le mode réflexif semble représenter une nouvelle direction dans le développement, d'autant plus qu'il implique les deux grands caractères de l'adaptation intelligente, l'appréciation des situations générales et abstraites avec l'établissement d'influences visant à des buts éloignés et l'adoption des moyens appropriés à la réalisation de ces fins lointaines. La cause de la transition, c'est l'*intelligence*, et son importance devient un nouveau problème [2]. »

Baldwin tire la solution d'une étude du rapport entre l'imitation et l'invention. L'individu capable d'inventer est une force sociale dont la puissance est tout aussi réelle que celle du groupe organisé. L'initiative individuelle est « une force sociale qui particularise », comme le groupe est « une forme sociale qui généralise » [3]. Mais l'individu ne peut « particulariser » qu'après s'être assimilé tout ce qui est social. En cela consiste le rôle, la puissance sociale de l'imitation. Or

1. Baldwin, pp. 245 et 248.
2. *Ibid.*, p. 256.
3. *Ibid.* (2), IIe partie.

il en est de même chez l'enfant. L'enfant est d'abord « une machine à copier »[1]. Mais à côté de la tendance imitative, il révèle une certaine audace agressive, inventive dans l'usage de ses acquis imitatifs (v. les jeux)[2]. »

Les imitations de l'enfant sont des « moyens » servant à son développement personnel. « Son développement présente deux aspects généraux. Sa tendance à généraliser est un facteur d'évolution, par suite de la facilité qu'elle donne d'agir sur les choses d'une façon générale et commune au lieu de traiter à part chaque fait particulier, chaque événement distinct. *L'aptitude croissante aux pensées complexes est la base de l'unification croissante des habitudes de la vie pratique*. Mais alors survient aussi l'aptitude à isoler le particulier, à le considérer dans ses relations avec le groupe auquel il appartient. Là est le germe de cette tendance de l'intelligence à chercher à se représenter chaque individu dans une situation générale qui se présente à l'esprit grâce à l'inférence et au raisonnement[3]. »

Quelques propositions résument la théorie de Baldwin. « On ne voit pas comment l'on pourrait définir la personnalité de l'enfant si ce n'est en termes sociaux, ni comment des termes sociaux pourraient tirer leur valeur d'ailleurs que la connaissance du développement individuel[4]. » — « Les activités qui semblent les plus individuelles de toutes sont, au sens strict, le produit de conditions sociales dans lesquelles se déve-

1. Baldwin, p. 17.
2. *Ibid.*
3. *Ibid.*, p. 257.
4. *Ibid.* (2), *ibid.*, p. 22.

loppe la race. Les matériaux qu'utilise l'enfant sont tirés de la masse d'activités, de formes, de modèles, d'institutions qui déjà se trouvent dans la société [1]. » « L'individu naît pour apprendre et tous les individus sont nés pour apprendre les mêmes choses [2]. » « Toute communauté serait impossible si la majorité des individus étaient nés tellement antisociaux qu'ils résistent à la tradition sociale et ne puissent se l'assimiler, car alors l'hérédité personnelle, aboutissant à des idiosyncrasies individuelles, annihilerait l'hérédité sociale et avec elle l'organisation de la société [3]. »

Entre les mains de Baldwin, la loi de récapitulation abrégée a cessé d'être une hypothèse, une simple projection de l'embryologie dans la science de l'éducation. Sans doute il s'en faut que dans l'œuvre de Baldwin la part de la conjecture soit réduite à rien ; il a laissé aux psychologues et aux sociologues beaucoup à faire pour transformer une théorie en un système de vérités scientifiquement démontrées. Mais la théorie est bien assise, et la pédagogie positive est désormais astreinte à la prendre pour point de départ.

D'ailleurs, il serait aisé de montrer l'accord de la loi de récapitulation abrégée avec les applications les plus récentes et les plus profondes de la méthode génétique aux problèmes biologiques, psychologiques et sociologiques. La critique de l'hérédité a amené la biologie transformiste à démontrer expérimentalement la substitution de la tradition sociale à l'instinct [4], à confirmer

1. Baldwin, p. 65.
2. *Ibid.*, p. 71.
3. *Ibid.*, p. 76. Cf. *Conclusion*, p. 539.
4. Lloyd Morgan, chap. xv.

les vues de la psychologie sociale sur les rapports de l'imitation et de la civilisation [1], enfin à distinguer entre les formes passives ou automatiques et les formes réfléchies de l'imitation [2]. L'étude du conflit entre l'imagination et l'abstraction amène un autre évolutionniste, M. Ribot, à vérifier sur un point capital la loi de récapitulation abrégée. La crise individuelle qui accompagne l'adolescence correspond à la révolution religieuse et intellectuelle qui a mis fin, à plusieurs reprises, à la civilisation fondée sur le mythe en lui substituant une civilisation fondée sur des concepts réfléchis [3]. — Ajoutons enfin que tous les travaux sociologiques concluent à une succession de types qui peuvent se ramener à deux, le type des sociétés dont les mœurs et les institutions reposent sur la responsabilité collective et le type où elles reposent sur la responsabilité personnelle [4]. Le développement social se fait de l'infantilisme grégaire à la personnalité [5].

§ 33. — Au point où nous la trouvons aujourd'hui, la loi de récapitulation abrégée appuie la science de l'éducation sur toute une synthèse de la psychologie et de la sociologie. Elle fait disparaître toute contradiction entre la psychologie appliquée à l'éducation et la théorie de l'éducation sociale. Nous comprenons sans difficulté comment l'éducation peut être à la fois la formation de la personnalité et l'adaptation

1. Lloyd Morgan, chap. VIII.
2. *Ibid.*, chap. VIII et chap. XII.
3. Ribot (2), IIe partie, chapitres III et V.
4. Mazzarella, *les Types sociaux*, Ire partie, ch. VI.
5. Richard, *l'Idée d'évolution*, IIe partie. Cf. Duprat, *la Solidarité sociale*, IIe partie, ch. III.

de l'individu aux conditions de l'existence collective. L'individu est à la fois une unité sociale et un produit social. Les attributs de la personnalité ne peuvent être développés que s'ils sont exercés, et ne peuvent être exercés que dans une société civilisée ; celle-ci ne peut se développer que dans le sens de la personnalité en se débarrassant des formes frustes de la tradition et en réduisant au minimum la part de l'infantilisme collectif dans sa vie normale. Il n'y a pas de civilisation sans l'essor des forces sociales, mais les forces sociales progressives résident autant dans les initiatives individuelles que dans les groupes organisés. Opposer l'éducation individualiste à l'éducation sociale est un non-sens, car la fin de l'éducation sociale est de rendre l'individu assez éclairé pour former son propre caractère et, sans une culture et une discipline sociales, cette fin ne peut être réalisée.

CHAPITRE VI

L'APPLICABILITÉ DE LA LOI DE RÉCAPITULATION ABRÉGÉE.

§ 34. — La loi de récapitulation abrégée, même vérifiée dans tous ses détails, ne nous donnerait pas la solution de tous les problèmes pratiques qui constituent la pédagogie. Elle nous permet d'écarter les utopies pédagogiques de l'individualisme pur et du communisme absolu, l'utopie de Rousseau et celle de Campanella [1]. Nous savons que l'éducation est une fonction sociale et qu'elle a toujours pour moyens la culture et la discipline sociales régnantes. Nous savons aussi que cette fonction sociale a une fin qui est la personnalité consciente, l'exercice et le développement des attributs supérieurs de l'individualité. Mais ce n'est là que le point de départ de l'art éducatif.

La formule même qui identifie l'éducation à une récapitulation abrégée de la culture humaine au profit de la personnalité donne lieu à deux grands problèmes que l'on peut énoncer ainsi ;

1° Le développement individuel doit-il être retardé pour que les grandes phases de la culture humaine soient réellement récapitulées ? Doit-il être hâté pour qu'il y ait abréviation effective des phases sociales actuellement dépassées ?

1. Campanella, *Città del Siole* (Édition Solmi).

2° Dans la mesure où il y a lieu d'abréger les phases du développement, comment faut-il procéder à cette abréviation si l'on veut respecter les conditions de l'évolution mentale et affective ?

Il est possible et même aisé de voir que tous les problèmes pratiques de la pédagogie appliquée sont contenus dans ce double énoncé. Les théories des pédagogues, comme l'esprit même des institutions éducatives, se trouvent en effet partagées entre deux grandes tendances inspirées l'une par la confiance dans les traditions du passé, l'autre par l'admiration du temps présent et la hâte d'anticiper l'avenir. Les uns pensent que la conscience des enfants doit être nourrie des croyances qui ont assuré la vie morale des ancêtres même les plus éloignés, et que leur esprit doit être mis le plus longtemps possible en communion avec les monuments littéraires, esthétiques, philosophiques des anciennes civilisations. Pour les autres, l'influence exercée par les traditions du passé sur l'esprit de l'enfant n'est qu'un obstacle, un impedimentum qu'il faut alléger autant qu'on le peut. Les uns redoutent la précocité, y voient une anomalie morbide qui ne peut manquer d'être fatale à la société comme à l'individu qui en a la triste prérogative. Les autres professent bien haut que l'on ne saurait se préparer trop tôt à la vie active et soustraire à l'enfance et à l'adolescence la plus longue durée possible au profit de l'âge adulte.

Ce conflit se fait jour même dans l'enseignement des sciences les plus modernes. Les uns préconisent une méthode dite de *redécouverte*. Avant d'arriver à la formule actuelle de la vérité scientifique, l'élève repassera par les mêmes tâtonnements que les créateurs successifs de la science. Les autres recommandent la méthode dite du *travail abrégé*. La vérité sera communiquée à l'élève sous sa forme la plus claire et la plus élevée. Le maître se contentera d'en simplifier l'expression pour la mettre à la portée d'une intelligence moyenne. Nous savons que telle est la solution de Robert Ardigò.

La science expérimentale de l'éducation sera définitivement fondée le jour où chacun de ces deux problèmes pourra recevoir une solution adéquate. Mais aujourd'hui nous ne pouvons encore arriver qu'à une solution par approximation. Telle qu'elle est, cette solution peut rendre des services appréciables. Là est la transition entre la science et l'art de l'éducation.

§ 35. — Tout d'abord il n'est guère douteux que le premier de ces problèmes ne soit réductible au second. Un systématique tel que Comte pouvait seul sérieusement proposer de ressusciter le fétichisme et d'y faire une place dans l'éducation de la première enfance. Ici la nature et le milieu social font suffisamment obstacle à l'esprit de système. L'enfant peut écouter des contes magiques, ou même des histoires de revenants, et y donner une adhésion temporaire sous l'empire de la peur. Mais qui consentirait à voir là une récapitulation normale de la phase des civilisations animistes ? Quel partisan de l'abréviation à outrance privera une petite fille du plaisir de jouer à la poupée sous le prétexte que la poupée peut devenir pour elle un fétiche ? *La loi ici est que les phases sociales que tend à dépasser le développement intellectuel et affectif de l'enfant doivent être effectivement dépassées par l'éducateur*. La conséquence est que *l'exercice des fonctions supérieures doit accompagner aussitôt que possible celui des fonctions animales*. Il serait puéril de retarder l'âge où un enfant peut parler sous le prétexte de prolonger la période pendant laquelle il doit exercer ses sens et ses muscles.

« *Comment et en quelle mesure faut-il abréger la récapitulation de la culture pour respecter les conditions du développement mental et cérébral ?* » tel est donc le vrai problème que la pédagogie scientifique doit résoudre, au moins approximativement. Cette solution n'est pas impossible si l'on rassemble les données les plus générales de l'hygiène infantile, de la psychologie et de l'histoire de la culture.

L'hygiène infantile a démontré combien la précocité est anormale. Selon Régis[1], tantôt l'enfant intellectuellement précoce est un candidat à la méningite, tantôt l'éclat de ses facultés s'éteint prématurément et, à l'âge mûr, on le voit retomber au niveau des hommes les plus médiocres, Nous concluons de là que le *souci d'un développement organique et cérébral normal doit toujours prévaloir sur le désir d'abréger le processus de la culture individuelle*.

L'observation psychologique la plus simple découvre chez l'enfant une curiosité spontanée qui se porte de préférence sur les phénomènes réels et concrets et sur les causes naturelles de ces phénomènes. L'activité mentale de l'enfant se manifeste par les questions qu'il adresse à l'adulte. Si ces questions n'obtiennent aucune réponse intelligente, l'activité de l'enfant s'éteint. Au contraire, selon une remarque profonde de Preyer, remarque dont chacun peut constater la justesse, *plus les*

1. Dans une conférence encore inédite faite aux étudiants de la faculté des lettres de Bordeaux.

réponses faites à l'enfant sont sérieuses et à sa portée, plus ses questions deviennent intelligentes. Or ces questions portent presque toujours soit sur les phénomènes du monde extérieur, soit sur les phénomènes de l'industrie humaine et du milieu social.

Il résulte de là que l'on peut faire commencer la culture intellectuelle de l'enfant par la *vérité*, telle que nous la possédons aujourd'hui, en laissant de côté toutes les erreurs que l'esprit humain a dû traverser pour l'acquérir. Nous disons qu'il faut commencer par la *vérité* et non par la *science*, car la science implique tout un système de formules abstraites et un appareil de démonstrations qui ne sauraient convenir à l'esprit de l'enfant. Mais en lui communiquant très simplement la vérité, on évitera toute excursion, même très rapide, dans la phase du mythe, si prodigieusement longue qu'elle ait été dans l'histoire de la culture sociale. La science, telle que nous la possédons, est un fruit de la conscience de l'erreur, et cette conscience a été lentement et tardivement acquise ; elle résulte des tâtonnements et des écarts dont l'intelligence humaine a dû revenir. Il faut, de génération en génération, épargner plus complètement ces tâtonnements à l'élève. Là est la véritable abréviation qui consiste en une économie d'efforts inutiles.

L'histoire de la culture et la sociologie comparée ont exhumé une longue phase de la civilisation dont la magie était l'âme. La magie était à la fois une science, une poésie, une technique industrielle. Celle des Assyriens, des Égyptiens, des Hindous, des anciens Finlandais, des Grecs, des sujets africains de l'empire romain, reposait sur le même principe que celle des

Mélanésiens et des Amérindiens d'aujourd'hui, sur la croyance à une sympathie universelle entre les choses et, par suite, à une causalité mutuelle dont l'homme croyait pouvoir se rendre entièrement maître. C'était donc une conception de l'univers dont l'imagination créatrice faisait tous les frais. Substituer la science méthodique et la technique scientifique à la magie a été l'œuvre séculaire de l'esprit humain depuis l'aube de la civilisation grecque. L'histoire des sciences, notamment celle de l'astrologie et de l'astronomie, de l'alchimie et de la médecine, montre assez combien cette œuvre a été laborieuse et quelles survivances les croyances magiques ont laissées derrière elles.

La conception magique du monde, qui fait encore l'objet des initiations dans les sociétés secrètes de la Mélanésie, de l'Amérique indigène, de l'Afrique noire, est l'erreur qui sera définitivement épargnée à l'enfant des sociétés pleinement civilisées. Mais ce n'est pas une erreur absolue. Le principe de la magie, la notion de la sympathie universelle, est identique à celui de la poésie, de la philosophie, de la religion. C'est tout ce que résume ce mot : l'Idéal. De même que l'esprit de l'enfant est curieux de connaissance réelle, de vérité concrète, il est aussi curieux de mystère et d'idéal. Son activité mentale serait ralentie si on prétendait le sevrer de religion, de poésie et même, plus tard, de pensée philosophique. Si l'élimination de la magie, du mythe et de l'erreur scientifique correspond à la loi d'abréviation, le concours de la poésie, de la religion et de la philosophie à l'éducation correspond à la loi de récapitulation.

La nécessité de faire à la poésie une large part,

même et surtout dans l'éducation populaire, a été bien exprimée par l'un des promoteurs les moins timides de l'éducation laïque en France. « La poésie, écrit Pécaut, grâce à la langue magique dont elle dispose, est la grande évocatrice qui arrache l'enfant du peuple à l'état d'inconscience somnolente, le révèle à lui-même en lui faisant entendre dans un langage idéalisé — c'est-à-dire plein au plus haut degré de réalité morale, de sentiments humains — ces chants d'amour, de joie ou de tristesse, de regrets ou d'espérance, de doute ou de foi, de pitié ou d'indignation qui résonnaient confusément en lui. Elle l'enlève, le ravit à son égoïsme grossier, âpre, positif, calculateur ; elle l'aide à naître à l'*humanité* ; elle le fait véritablement *être* ; si du moins c'est être que d'avoir une âme, une âme consciente d'elle-même ; et si c'est avoir une âme que d'avoir des sentiments humains, de vivre avec soi, en soi, et de vivre aussi dans les autres, de se transporter par la sympathie dans leur destinée, d'élargir son moi jusqu'à y faire tenir la famille, la patrie, l'humanité, la nature et Dieu même[1]. »

Le rôle éducatif de la philosophie serait peut-être plus contesté, car la philosophie est souvent confondue, non sans quelque raison, avec les traditions d'une dialectique héritée des universités du moyen âge[2]. Néanmoins, en France même où la philosophie est attaquée plus qu'ailleurs par le positivisme, on constate plutôt l'extension que le recul de son influence éducatrice. De l'enseignement secondaire masculin, elle a

1. Pécaut (1), Ire partie, ch. VII, § II, pp. 97-98.
2. Vanderem, etc. (Pour et contre), chap. I.

pénétré dans celui des femmes, et de là dans l'enseignement primaire ; elle contribue largement aujourd'hui à la formation de l'instituteur.

La valeur éducative de la religion est seule radicalement contestée. Il semblerait que toute conception religieuse du monde et de la vie fût déplacée dans l'enseignement et dût être assimilée à l'une de ces erreurs dont une application intelligente de la loi de récapitulation abrégée fait l'économie. Le positivisme vulgaire, en confondant la religion avec la théologie, a beaucoup contribué à préparer ce résultat. Les conflits de l'Église romaine et de l'État démocratique ont fait le reste, du moins en France. Mais nous ne croyons pas cette issue définitive[1]. Elle est le résultat d'une méprise. Il est très vrai que les esprits rétrogrades confondent la religion avec les formules théologiques, et même avec de véritables survivances magiques. Une religion sans surnaturel magique leur paraît dénuée de toute valeur. Mais les sciences, qui appliquent à l'étude de la nature humaine des méthodes positives, dissipent de plus en plus ces confusions. Elles nous convainquent de la réalité des *expériences religieuses* et les font rentrer dans la définition de l'homme normal[2]. Il n'est pas un esprit au courant de la science de son temps qui ne soit porté à voir dans la religion une véritable force de la nature humaine, individuelle et collective, force qui, selon Spencer, répond à quelque réalité mystérieuse, sise au delà des prises de la science. De son côté la

1. Voir sur ce problème, Boutroux, *Science et religion*, notamment la conclusion.

2. James (William) (2), *passim*. Cf. Th. Ribot (4), IIe partie.

sociologie nous conduit peu à peu à deux résultats d'importance capitale ; l'un est la pénétration réciproque de la conscience religieuse et de la conscience sociale, pénétration pouvant aller jusqu'à l'identité de la charité et de la religiosité ; l'autre est la distinction de la magie et de la religion. La magie a pour loi de s'affaiblir et de disparaître devant la science, mais aussi longtemps que des hommes croiront devoir aimer la totalité idéale de leurs semblables et qu'ils reconnaîtront les limites de leur science, la religion sera impérissable et conservera sa valeur éducative [1].

Ainsi le problème que nous posions plus haut peut recevoir une solution approchée dès que l'on tient compte à la fois des exigences du développement personnel et de celles du progrès social. Résoudre ce problème, ou, pour mieux dire, accepter les solutions partielles que la science de l'éducation y donne, et y conformer la pratique est, pour chaque société, une nécessité rigoureuse. Comme l'individu, plus même que lui, la société tend à persévérer dans l'être. La civilisation est l'ensemble des moyens d'adaptation de la société à ses conditions d'existence ; la façon dont elle est récapitulée au profit de chaque génération nouvelle est donc une question vitale. Les sources de l'énergie d'une société résident en dernière analyse dans les individus. Une société qui serait composée en majeure partie soit d'individus arriérés, incapables de participer à la culture, soit de fous ou de dégénérés qui devraient leur folie ou leur dégénérescence à un

1. *Sur la valeur éducative de la laïcité absolue*, voyez Rein. Cf. Natorp, p. 351.

épuisement prématuré, ne supporterait pas longtemps l'effort de la lutte économique ou militaire entre les peuples ; elle ferait d'inutiles tentatives pour tirer d'elle-même une puissance militaire ou industrielle suffisante. S'opiniâtrer dans des traditions éducatives caduques, sous le prétexte qu'elles ont contribué à la grandeur ou à la prospérité des ancêtres de la race, c'est vouloir décliner et disparaître. Ainsi considérée, la loi de récapitulation abrégée est une loi sociologique et politique de premier ordre. Elle est de ces lois que l'on ne peut ni transgresser sans être frappé par des sanctions d'autant plus rudes qu'elles opèrent à plus longue échéance, ni observer sans avoir fait l'effort voulu pour les comprendre et en tirer toutes les applications pratiques.

CHAPITRE VII

CONCLUSION DE LA PREMIÈRE PARTIE.

§ 36. — Une science expérimentale de l'éducation est-elle possible ? Peut-elle donner dès maintenant des résultats propres à éclairer l'art de l'éducateur ? Tel est le double problème dont nous avons examiné les données et cherché les solutions.

Tout en reconnaissant l'extrême importance de l'hygiène infantile pour l'éducateur, nous avons dû réagir contre la tendance des laboratoires pédologiques à absorber la pédagogie expérimentale dans l'hygiène.

Nous avons reconnu tout l'intérêt, scientifique et social, des procédés expérimentaux qui permettent de distinguer l'enfant anormal de l'enfant sain et moyen, et de remédier à la promiscuité scolaire, à la confusion des méthodes qui annulent l'action du maître et stérilisent ses efforts aussi bien dans l'enseignement que dans la discipline.

Le concours de l'éducation et de la prophylaxie des crises qui accompagnent le développement organique de l'enfant, et surtout la puberté est une conclusion indiscutable de la pédologie. Néanmoins, l'hygiène et la pédagogie restent distinctes. Nous n'avons pu accepter la thèse de ceux qui, au nom de la théorie de la descendance, réduisent la science de l'éducation au rôle d'une simple critique biologique de la vie scolaire et des méthodes de l'enseignement.

Après la thèse des hygiénistes, nous avons dû discuter celle des psychologues qui ramènent l'éducation à la formation de l'habileté automatique. L'examen des conclusions actuelles de la psychologie contemporaine sur les rapports de l'automatisme et de la conscience nous a conduit à penser que l'automatisme instinctif décline avec l'accroissement de la plasticité des fonctions cérébrales, et que l'automatisme de l'habitude est toujours subordonné aux états de la conscience claire, notamment à l'attention. L'*effort mental*, tel est le phénomène principal qui nous a paru présider à l'évolution psychologique tout entière, et c'est en lui que nous avons placé le fondement de l'éducabilité.

§ 37. — Nous définissons donc l'éducation : *un concours réfléchi, méthodique, à la formation de la personnalité humaine par l'exercice régulier et prolongé des fonctions ou attributs dont l'effort mental conscient est la commune origine.*

Ce concours des adultes à la formation de la personnalité humaine chez les enfants s'est présenté à nous comme la plus fondamentale et la plus générale des fonctions sociales, comme la fonction par laquelle, de génération en génération, la société assure son renouvellement, en mettant à profit le développement spontané de l'enfant et de l'adolescent.

L'éducation est donc tout à la fois *un développement personnel méthodiquement aidé et une fonction sociale.* L'antinomie entre la formation de la personnalité et la préparation à la vie sociale n'est qu'apparente. La fonction sociale de l'éducateur obéit, en effet, à une loi naturelle que l'on ne peut transgresser sans exposer la continuité sociale et le progrès de la culture aux plus grands risques. *L'éducation est la récapitulation abrégée de la civilisation.* Elle consiste à aider l'enfan tà passer en quelques années d'une sociabilité tout instinctive, plus semblable à celle des animaux qu'à celle des races arriérées elles-mêmes, à l'état présent de la culture et de la discipline sociales. Or former l'homme civilisé au sens complet du mot et former la personnalité, c'est tout un. La civilisation est l'épanouissement des attributs humains de l'individu et la régression de ses penchants animaux, sinon elle n'est rien qu'une forme très morbide de la moutonnerie humaine. L'éducation digne de ce nom fait disparaître toutes ces dispositions intellectuelles et émotionnelles que résume le terme *infantilisme*; telle est aussi l'œuvre de la civilisation ; elle aussi consiste dans la disparition progressive de l'infantilisme, comme le prouve la comparaison des races et celle des stades sociaux d'une même race. Le degré de la civilisation est attesté par l'état des caractères autant que par le niveau des connaissances ou la puissance de l'industrie. L'éducation adapte l'enfant aux exigences de la société civilisée, mais la civilisation a pour condition une adaptation active de l'homme à ses conditions d'existence, une adaptation qui modifie de plus en plus le milieu et de moins en moins les organes et qui, partout, substitue la combinaison des efforts intellectuels à la simple dépense de l'énergie musculaire.

§ 38. — Nous ne prétendons pas que la science expérimentale de l'éducation soit dès maintenant constituée. L'hypothèse y a encore une grande part. Pour s'élever jusqu'à un aperçu des lois du développement mental de l'individu, et surtout pour concevoir un rapport entre le développement personnel méthodique et la marche de la civilisation de l'espèce ou même d'une grande race, il faut construire en partie les faits et dépasser les données brutes de l'expérience. Mais la condition faite ainsi à la science de l'éducateur est celle de toutes les sciences expérimentales. Aucune science inductive n'est une accumulation des résultats bruts de l'expérimentation, si minutieuse et consciencieuse qu'elle soit. Sans l'élaboration rationnelle et la critique des faits, il n'y a pas de science. L'important est que, dans cette construction, l'on ne fasse entrer que des matériaux dont la solidité soit éprouvée. Telle est, croyons-nous, la qualité des matériaux empruntés par la pédagogie expérimentale actuelle à la psychologie génétique et à la sociologie comparée.

Notre conclusion est que l'éducateur ne sera pas le témoin impuissant d'un développement individuel spontané, modifié fatalement par les suggestions du milieu social ; c'est aussi que l'art éducatif n'est pas une intervention arbitraire obéissant à un idéal arbitrairement choisi. L'art éducatif ne peut être qu'une méthode d'intervention discrète à l'effet de provoquer l'activité régulière et continue des fonctions qui distinguent la *personnalité sociale* de l'*individualité animale*. Nous savons déjà que le principe de cet art est l'identité profonde de la culture intellectuelle et de l'éducation de la volonté, puisque la volonté et l'intelligence ne sont que deux aspects de l'effort mental conscient, puisque l'attention vraiment volontaire est la plus haute manifestation du vouloir, l'opération sans laquelle l'homme ne peut passer de l'image à l'idée, du raisonnement perceptif au raisonnement abstrait et général, de la logique des sentiments à celle des jugements [1].

1. Nous arrivons ainsi, quoique par une méthode très différente, aux mêmes conclusions que Natorp (*Sozialpædagogik*, livres I et II.)

IIe PARTIE

CHAPITRE VIII

LES ORIGINES DE L'ART ÉDUCATIF EXPÉRIMENTAL. — LES ÉCOLES EXPÉRIMENTALES.

§ 39. — L'art éducatif expérimental a devancé la notion scientifique de la pédagogie expérimentale ; en d'autres termes, le sentiment profond de l'insuffisance de l'éducation traditionnelle a fait surgir, dès le milieu du XVIIIe siècle, de véritables *écoles expérimentales*, alors que la possibilité même d'une sociologie comparée et d'une psychologie objective était inconnue ou contestée et que l'avenir réservé aux laboratoires de psychologie n'était encore soupçonné de personne.

L'attitude de Kant envers les écoles expérimentales est bien significative à cet égard. Kant voit dans l'éducation un art auxiliaire de la morale, une application de la méthodologie de la raison pratique. La culture (ou éducation physique) prépare l'éducation de la volonté ; elle aide l'enfant à passer, comme autrefois l'espèce, de la domination aveugle de la nature ou de l'instinct sous l'empire de la raison. L'éducation proprement dite (pratique) éclaire la conscience, l'initie à la notion du droit et du devoir, achemine le sujet vers l'idéal de l'autonomie. La pédagogie de Kant est aux antipodes de celle que l'on a tenté de constituer sur le fondement de la psychologie physiologique et du déterminisme absolu. Et cependant Kant est un partisan convaincu des écoles expérimentales. « Il faut d'abord constituer des écoles expérimentales avant de pouvoir en fonder de normales. L'éducation et l'instruction ne doivent pas être purement mécaniques, mais reposer sur des principes ; pourtant elles ne doivent pas être non plus une affaire de pur raisonnement... On se figure ordinairement qu'il n'est pas nécessaire de faire des expériences en matière d'éducation, et que l'on peut juger par la raison seule si une chose sera bonne ou non. Mais on se trompe beaucoup en cela, et l'expérience enseigne que nos tentatives ont souvent amené des effets opposés à ceux que l'on attendait. On voit donc que l'expérience étant ici nécessaire, nulle génération d'hommes ne peut tracer un plan d'éducation complet[1]. »

On sait que Kant, en recommandant l'expérimentation pédagogique, avait en vue l'école fondée à Dessau par Basedow, bien qu'il fût sans grande illusion sur la valeur de ce novateur. La tentative de Basedow nous intéresse cependant, car elle a inauguré l'art éducatif expérimental avant même que Rousseau eût publié l'*Emile ;* elle permet de le rattacher à la première théorie de l'éducation qui ait été induite de l'observation, celle de Locke.

1. Kant, *Pédagogique*, traduction Barni, édition Thamin, pp. 53-54, 2ᵉ édit., Paris, Alcan, 1901.

Basedow, né à Hambourg en 1723 et professeur de philosophie à l'université danoise de Soroë, avait subi l'influence profonde des *Réflexions* de Locke sur l'éducation des enfants, mais pour en exagérer les conclusions; Locke avait recommandé d'associer le jeu aux exercices scolaires en vue de remédier à l'instabilité de l'attention chez les petits enfants [1]. Basedow conçut une méthode d'enseignement et d'éducation qui ne consistait qu'en jeux. A vrai dire, cette méthode est en grande partie intuitive, et c'est ce qui en fait le mérite. Elle cherche à mettre les faits sous les yeux et à enrichir l'expérience de l'enfant. Mais la vraie méthode intuitive sollicite l'effort et exige le concours de l'attention de l'enfant, tandis que la méthode de Basedow proscrit l'effort également à tous les âges. Son auteur comprend mal ce que Locke entendait par le jeu et il confond l'activité spontanée des facultés avec un simple divertissement. Cependant Basedow énonça trois idées fécondes destinées à survivre à sa tentative. La première fut de créer des journaux et des revues pédagogiques en vue de répandre dans le grand public les préoccupations éducatives. Deux de ses disciples, Wollke et Campe, créèrent les *Entretiens pédagogiques*, le premier journal de ce genre qu'ait eu l'Allemagne. La littérature pédagogique populaire date donc du mouvement inauguré par lui. Une seconde idée féconde était celle de réformer les ouvrages d'enseignement en les rendant plus élémentaires et plus attrayants et en illustrant le texte de planches. La troisième consistait à créer des écoles

1. Locke, *Pensées*, section XXIII, § 150 à 158.

nouvelles où des maîtres pourraient se former à l'abri des routines. Les diverses tentatives de Basedow rencontrèrent beaucoup de sympathies et de concours [1]. Les princes allemands lui accordèrent tous des subventions pour mener à bien la composition et la publication d'un *Manuel élémentaire illustré*. Quand il voulut fonder une école modèle, le duc d'Anhalt-Dessau mit, dans sa petite capitale, un bâtiment à sa disposition. Le margrave de Bade le soutint toujours en lui envoyant des subventions et des candidats à l'enseignement à former. Mais Basedow manquait trop d'esprit pratique pour tirer parti de tous ces concours. N'eût-il pas lassé la patience de ses collaborateurs les plus dévoués, la conception même de son école expérimentale était fautive en deux points essentiels : le mode de recrutement des élèves et les méthodes. La prétention de Basedow était de former tout à la fois des gentilshommes, des instituteurs et des domestiques de bonne maison capables d'aider à l'éducation des enfants de haute naissance. De là trois catégories d'élèves inégaux et inégalement traités. Quant à la méthode, la prétention était d'instruire en amusant toujours. Rien ne lassait plus les élèves, surtout les adolescents, que ces jeux sans spontanéité ni variété réelle, et rien n'abaissait plus le maître que ce rôle d'amuseur perpétuel [2]. L'école ne fut pas prospère : ouverte en 1774, elle dut fermer en 1785. Sous la direction de Basedow, le nombre des élèves n'y avait jamais dépassé le maximum de 29. La tentative fut plus heureuse entre les mains

1. Pinloche, liv. I et II.
2. Pinloche, liv. I, chap. IV, V, VI.

de Salzmann, ancien collaborateur de Basedow, qui fonda, en 1784, à Schnepfenthal, dans le duché de Saxe-Gotha, une école modèle dont on célébra le centenaire en 1884, et qui existe encore[1].

§ 40. — Si les expériences de Basedow se rattachent aux doctrines de Locke, celles de Pestalozzi tirent plutôt leur origine des doctrines de Rousseau. Mais autant Basedow a mal compris Locke et en a exagéré les tendances, autant Pestalozzi a bien compris Rousseau et en a modéré les conclusions. Rousseau, appuyé sur une philosophie sociale *a priori* et sur une psychologie où l'observation avait moins de part que la déduction, avait conclu à une éducation négative ou sans enseignement[2]. Pestalozzi devait réhabiliter l'instruction en la faisant reposer sur la méthode qu'avaient ébauchée peu à peu Montaigne, Comenius, Locke, La Chalotais et Rousseau lui-même. Rousseau n'avait en vue que l'é-

1. Pinloche, liv. II, chap. VI et VII.

2. Nous ne voudrions pas cependant nous associer au concert de dédains et d'appréciations cavalières dont l'œuvre pédagogique de Rousseau est aujourd'hui l'objet de la part d'hommes qui n'ont pas fait une étude critique de l'*Émile* ou qui même trop souvent n'ont pas su en comprendre le texte. Meumann qualifie de fantastique la psychologie infantile de Rousseau (1). On sait comment M. Jules Lemaître traite son plan d'éducation dans ses trop célèbres conférences. Sans doute Rousseau n'avait pas observé les enfants directement. Il n'en résulte pas que les trois premiers livres de l'*Émile* ne soient pas documentés. Rousseau avait certainement mis à profit une œuvre d'un de ses compatriotes le naturaliste Bonnet, dont le *Traité de psychologie*, consacré en grande partie à l'application pédagogique, avait paru deux ans avant l'*Émile*. Un passage des *Éloges académiques* de Cuvier (2) nous montre que le fond du premier livre est emprunté au médecin Des Essarts. Le deuxième livre résume la psychologie des sens de son temps et annonce l'étude du sens musculaire.

1. *Experimentalle Pædagogik* (tome I, p. 8).
2. Tome II, pp. 61-66.

ducation de l'homme abstrait, et il avait choisi son élève idéal dans la société privilégiée. Pestalozzi a en vue l'enfant du peuple, et il agit non pas sur un élève isolé, mais sur une collection d'enfants réels. La pédagogie de Rousseau est une théorie achevée du premier coup : il faut la repousser ou l'accepter intégralement. Pestalozzi fait sans doute une place aux idées philosophiques, mais l'expérience a constamment élargi et modifié ses conceptions primitives en les adaptant de mieux en mieux à la pratique.

§ 41. — La vie de Pestalozzi se confond avec une série d'expériences éducatives qui toutes avaient pour but l'amélioration morale et matérielle de la classe déshéritée, mais qui firent une place de plus en plus grande à l'enseignement scientifique. Au moment où il terminait ses études théologiques et juridiques, l'*Émile* venait de paraître, et à sa suite les autres œuvres de Rousseau. La Suisse allemande en fut presque aussi vivement remuée que la Suisse romande, car partout la situation était la même : sous des formes républicaines survivait une société féodale très oppressive aux paysans. Quelques rares cantons, comme Appenzell, avaient seuls conservé l'égalité démocratique. Pestalozzi renonce à la carrière de pasteur, puis au barreau, et après son mariage, en 1769, il décide de vouer sa vie à l'amélioration de la condition populaire. *Il commence par fonder des œuvres de philanthropie et d'assistance et est conduit peu à peu aux œuvres d'éducation et d'enseignement.* La double expérience de la Révolution française et de la République helvétique de 1798 l'amènent à la conviction que tout changement politique qui n'est pas accompagné d'une transformation profonde des citoyens par l'éducation est vain et caduc. Pestalozzi entre dans la voie des expériences éducatives dès 1769 ; il y met fin 58 ans plus tard, en 1825[1]. Il les avait donc poursuivies infatigablement pendant plus d'un demi-siècle, sous les formes et dans les conditions les plus différentes. Il avait successivement créé les institutions qui depuis se sont appelées l'école de réforme, l'école expérimentale, l'école normale pratique. Tour à tour il avait eu pour élèves et sujets d'expériences de petits mendiants, des enfants du peuple, enfin des enfants de toute condition, mais appartenant plutôt à la classe aisée et éclairée. Il avait été conduit à reconnaître que tous les enseignements se tiennent ; qu'il n'est pas d'enseignement pratique sans enseignement théorique, et que le remède le plus sûr à la misère est dans la méthode qui éclaire la conscience individuelle.

§ 42. — Il convient de rapprocher les deux premières expériences que fit Pestalozzi à Neuhof en 1769 et à Stanz en 1799. Elles furent séparées par une longue période qui fut particulièrement rude et pénible à l'auteur ; les conditions en furent d'ailleurs assez différentes. A Neuhof, Pestalozzi agissait de sa propre initiative ; à Stanz, il était chargé d'une mission par le Directoire helvétique. Mais les deux tentatives se ressemblent en un point. Améliorer la condition sociale et matérielle d'enfants abandonnés, à l'aide d'une éducation plutôt morale qu'intellectuelle, où l'instruction ne joue aucun rôle, tel est dans les deux cas l'objet de

1. Pestalozzi, *Gertrude*. Lettres, I, II, III. Cf. Raumer, tome II, pp. 296-372 ; Herisson, chap. I. ; Jullien, *Exposé de la méthode d'éducation de Pestalozzi*, 2e édition, Paris, Hachette, 1842, pp. 9-53.

Pestalozzi. On peut donc comparer cette tentative à celle de nos modernes *écoles de réforme* [1]. Cependant entre l'expérience de Neuhof et celle de Stanz, il y a quelques différences que Pestalozzi lui-même a notées et qui intéressent l'histoire de la pédagogie expérimentale.

La seule idée qui guidât Pestalozzi au début était celle d'améliorer la condition du peuple, ou pour mieux dire de la classe rurale. Il avait conçu, un peu sur la foi de Rousseau, que le perfectionnement de l'agriculture offrait seul quelque chance de succès. Il eut donc l'idée d'ouvrir une école pratique où l'agriculteur se formerait à de meilleures méthodes. Il n'avait malheureusement aucune des aptitudes pratiques propres à assurer le succès d'un projet téméraire en lui-même. En peu d'années, sa ruine fut complète. Il se vit abandonné de sa famille elle-même et réduit à la plus noire misère. En 1774, il modifia son plan. Sa conception devint éducative, d'économique qu'elle était jusque-là. Il entreprit de transformer l'école de Neuhof en orphelinat et d'y réunir, dans son propre domicile, avec le concours de sa femme, une vingtaine d'enfants abandonnés. Son intention était de les initier à l'agriculture, au commerce et à l'industrie, et de leur fournir le moyen de s'employer utilement. C'est, on le voit, le germe de l'orphelinat, de l'école pratique et de l'école de réforme. Mais ses ressources étaient insuffisantes, en dépit des secours que pouvaient lui attirer ses appels aux « amis

1. Sur les écoles de réforme et leur objet, voir notamment : Douglas Morrison (*Juvenile offenders*, chap. XIII. Lino Ferriani (*Minorenni delinquente*, partie V) et Bœrnreither (*Jugend fürsorge und Strafrecht*, Kap. IV).

de l'humanité », et d'ailleurs rien n'est plus malaisé que d'administrer un orphelinat en raison de l'esprit des familles auxquelles les enfants appartiennent et des dispositions des enfants eux-mêmes. Les parents se plaignaient de ne pouvoir faire mendier les enfants à leur profit et réclamaient des dédommagements ; les enfants se sauvaient la nuit pour rejoindre leurs parents. Les subsides cessèrent et la dureté des créanciers fit le reste ; Pestalozzi fut saisi, et l'orphelinat fermé en 1780.

Pour atténuer sa misère, il eut l'idée d'écrire et publia un roman pédagogique, *Léonard et Gertrude*, qui eut quelque succès. Pendant quelque temps sa vocation parut modifiée. On pouvait le croire engagé dans la carrière d'homme de lettres. Mais ses convictions n'étaient pas ébranlées. Il écrivait des contes et des romans populaires ; il ébauchait une vague philosophie de l'histoire, mais il avait toujours en vue l'amélioration de la condition populaire par l'éducation. La moindre circonstance extérieure suffisait à le ramener à sa vocation première. La révolution de 1798 et l'institution d'une république démocratique et unitaire fut cette circonstance. Les cantons forestiers s'étaient insurgés contre le Directoire helvétique ; la ville de Stanz avait été incendiée. Beaucoup d'enfants se trouvaient abandonnés et sans ressources. Le président du Directoire Legrand et le ministre des Arts et Sciences, Stapfer, virent l'occasion de mettre à profit l'expérience et le zèle de Pestalozzi ; ils pensèrent qu'avec leur assistance il pourrait mener à bien à Stanz la tentative qui vingt ans plus tôt avait échoué en Argovie. Un rapport de Stapfer au Directoire helvétique montre que, loin d'avoir abandonné ses principes, Pestalozzi les avait éclairés et raffermis ; c'est toujours le reclassement de l'enfance abandonnée qu'il a en vue ; ce qu'il cherche encore dans l'éducation populaire pratique, c'est un remède à la misère [1]. Bref, l'éducation se présente déjà à lui comme un accroissement des forces individuelles et comme un exercice harmonique de toutes les aptitudes de la nature humaine. L'éducation cessait donc d'être un procédé auxiliaire de l'assistance ; elle devenait un moyen par elle-même, et c'est la misère qu'il devait considérer plutôt comme la conséquence d'une éducation insuffisante ou pervertie. Mais cette éducation qui aspirait à développer et fortifier l'homme tout entier, pouvait-elle se passer d'un enseignement ? A Stanz, Pestalozzi dit avoir vu, comme en un éclair, qu'une méthode d'instruction lui était indispensable. Dans la première des lettres à Gessner il nous expose la genèse de sa méthode et nous raconte comment cette idée lui fut inspirée : « C'était l'action d'une idée simple, qui existait dans mon esprit, mais dont je n'avais pas conscience [2]. »

§ 43. — Nous arrivons à la seconde phase des expériences, celle de l'école expérimentale proprement dite. Les incidents de la lutte entre la France et la seconde coalition mettent fin à la tentative de Stanz. Mais Pestalozzi a désormais la notion claire de sa vocation : il sait qu'il doit être maître d'école pour faire l'essai de la méthode qu'il a réussi à entrevoir. La protection de Stapfer lui permet d'enseigner dans une école de la

1. Herisson, pp. 219-221.
2. Pestalozzi, lettre I.

petite ville de Berthoud (Burgdorf). L'école comprenait les enfants non bourgeois et était dirigée par un cordonnier. C'est ce qu'il fallait à Pestalozzi. Il inaugure une méthode qui excluait les exercices de mémoire, les livres, les cahiers, l'étude littérale du catéchisme. Il triomphe des antipathies et sa méthode obtient des résultats qui frappent les yeux. L'école est agrandie ; des collaborateurs lui viennent : Kruse, Tobler, Buss, Schmidt, Niederer. La méthode est dès lors assez définie pour qu'il en donne une exposition populaire dans le seul de ses livres qui trouve aujourd'hui des lecteurs et qui est un des classiques de la pédagogie [1].

« Sans avoir conscience du principe auquel j'obéissais, je commençai dans les explications que je donnais aux enfants à m'attacher surtout à ce qui frappe habituellement leurs sens. Je voulus savoir à quel moment remonte le premier enseignement que reçoive l'enfant, et j'acquis bientôt la conviction que la première heure de l'enseignement est l'heure de la naissance. A partir du moment où ses sens s'ouvrent aux impressions de la nature, la nature l'instruit. La vie nouvelle n'est pas autre chose que la faculté venue à maturité de recevoir des impressions ; c'est l'éveil de l'animal aujourd'hui complet qui veut et qui doit être un homme... Ainsi tout enseignement donné à l'homme consiste uniquement à prêter la main à cette tendance naturelle vers son propre développement. Il y a donc nécessairement dans les impressions qui doivent lui être communiquées par l'enseignement une gradation à suivre, et le

1. *Comment Gertrude instruit ses enfants*, lettre I, traduction française, p. 10.

début et la progression de ses connaissances doivent correspondre exactement au début et à la progression de ses forces à mesure qu'elles se développent. Aussi je ne tardai pas à voir qu'il fallait découvrir cette gradation dans toutes les branches qu'embrassent les connaissances humaines, particulièrement dans les notions fondamentales d'où procède l'évolution de notre esprit, et que c'était là le seul et unique moyen d'arriver à faire de véritables livres d'école et d'enseignement, conformes à notre nature et à nos besoins [1]. »

Ce principe est celui même de Locke, de Rousseau et de La Chalotais. Où est l'originalité de Pestalozzi ? En ce que l'expérience scolaire elle-même l'a amené à le retrouver, à le vérifier, enfin à l'appliquer de mieux en mieux. Au début, son souci n'est pas d'inaugurer ou de justifier une méthode d'enseignement, mais d'améliorer la condition populaire. Il voit ensuite qu'il n'y a pas d'amélioration valable si on ne développe pas méthodiquement les aptitudes et les forces de l'individu. Enfin l'observation le conduit à renouveler l'enseignement par un développement graduel, dont l'expérience sensible fournisse le point de départ. Cette marche est vraiment expérimentale, quoique Pestalozzi ne fût peut-être pas un expérimentateur rigoureusement méthodique.

Nous n'avons pas à rappeler ici les circonstances qui amenèrent Pestalozzi à quitter Berthoud, à répondre à l'appel du canton de Vaud et à fonder une grande école à Yverdun, en 1805. C'est le troisième moment de sa grande expérience. L'école d'Yverdun ne se

1. Pestalozzi, *ibid.*, p. 23-24.

contente plus de former des élèves, mais des maîtres qui peu à peu y viennent de toute l'Europe, et surtout des pays allemands, pour étudier les nouvelles méthodes. Certains y trouvèrent plus que des suggestions pédagogiques. Karl Ritter, le créateur de la géographie humaine, reconnaît que l'idée de donner pour objet à sa science l'étude des rapports de l'homme avec la terre, lui fut inspirée en voyant Pestalozzi enseigner la géographie à ses élèves sur le terrain même. Désormais l'œuvre était achevée. L'école d'Yverdun pouvait disparaître sans que l'idée fût oubliée ; des maîtres s'y étaient formés qui pouvaient propager la méthode dans des conditions meilleures que le fondateur lui-même. Citons Schmidt, Niederer, Ramsauer, Amoros. A certains égards les désaccords qui éclatèrent entre eux et Pestalozzi et amenèrent, en 1825, la fermeture de l'école d'Yverdun furent favorables à la diffusion de la doctrine, car l'école expérimentale et normale renaquit sous bien des formes en Allemagne, en Alsace, à Paris, à Madrid même.

§ 44. — Vers le même temps une expérience d'une autre nature, plus obscure, mais peut-être plus décisive, se poursuivait dans une petite vallée des Vosges. Elle avait pour sujet une population de montagnards à demi barbares peuplant cinq villages dont l'ensemble formait le Ban de la Roche. L'auteur était un pasteur luthérien de Strasbourg, Oberlin. L'expérience commença en 1767 ; elle dura jusqu'à la mort d'Oberlin, en 1826. Le résultat fut une transformation radicale des conditions morales et matérielles de l'existence de cette population et un mouvement imprimé à la culture populaire dans toute l'Alsace, la province dont plus tard la France entière reçut le branle [1]. En 1700, les cinq hameaux avaient en tout 40 habitants. En 1828, on en comptait 5.000 à Waldersbach seulement. Le progrès de l'aisance avait été beaucoup plus grand que l'accroissement de la densité. La métamorphose était l'œuvre d'une volonté persévérante qui s'était appliquée à un seul objet pendant soixante ans, sous les régimes politiques les plus divers. Oberlin n'avait aucun système préconçu. Membre de cette fraction du luthéranisme que l'on appelle, d'un mot mal compris en France, le piétisme et qui attend de la religion l'accroissement de l'énergie morale de l'homme intérieur, il était parti, comme Pestalozzi, de l'idée que son devoir était d'améliorer la condition morale et matérielle de ses ouailles, en faisant appel à leurs efforts. Il s'était convaincu qu'un seul moyen était à sa disposition, l'éducation et l'enseignement orientés vers un but pratique. Presque sans ressources, il avait créé les trois organes essentiels de l'éducation populaire : l'école maternelle qui préserve l'enfant, perfectionne ses sens et commence à exercer son intelligence ; l'école primaire proprement dite qui distribue les connaissances élémentaires en les rattachant toujours étroitement à l'expérience de l'enfant de façon à lui donner suffisamment conscience du monde extérieur et de la société où il vit ; enfin le cours d'adultes qui confirme et développe les connaissances acquises en stimulant le désir d'en acquérir de nouvelles. Cette expérience scolaire et sociale prolongée avait conduit Oberlin à pratiquer la même méthode que Pestalozzi, en la concevant d'une

1. Parisot, *Jean-Frédéric Oberlin*, livre II.

façon moins absolue, en discernant mieux peut-être les conditions de son application. C'est ainsi que toutes les écoles du Ban de la Roche avaient leur musée scolaire bien avant qu'il en fût question en France, en Allemagne, et même dans les écoles d'origine pestalozzienne[1].

§ 45. — Les expériences scolaires ultérieures n'ont été que des effets, des contre-coups du mouvement inauguré par Pestalozzi et Oberlin. Après l'enseignement primaire est venu, mais bien lentement, l'enseignement secondaire. Les intéressantes tentatives faites après 1870 à l'école Monge par Godart, à l'école alsacienne par Rieder, sont manifestement d'inspiration pestalozzienne. Elles ont inspiré quelques réformes universitaires, fait mettre en doute quelques traditions scolaires par trop surannées, mais n'ont pu soulever une couche de préjugés vraiment trop épaisse. En dépit des assertions trop optimistes de feu Henri Marion[2], les méthodes universitaires sont restées telles que les avaient faites le cartésianisme et l'influence de Port-Royal au XVIIe siècle. Elles reposent sur une transaction entre l'appel traditionnel à la mémoire et l'exercice méthodique du raisonnement déductif. L'enseignement secondaire des filles est seul à tenir un peu plus compte de la pédagogie pestalozzienne. Il reste encore bien en arrière de l'enseignement primaire, là où celui-ci est bien dirigé.

En Angleterre et en Allemagne, l'expérimentation inaugurée par Pestalozzi a été reprise au profit des

1. Parisot, liv. II, ch. IV, pp. 209-211.
2. Marion, IIe partie, ch. X, XI et XII.

établissements secondaires avec hardiesse et méthode par Reddie à Abbotsholme, Lietz à Ilsenburg et à Haubinda en Saxe, Zuberbühler et Frei à Glarisegg, sur les bords du lac de Constance, en Suisse[1]. Le « Foyer rural d'éducation » (*Landerziehungsheim*), de l'aveu de tous ceux qui l'ont institué et qui le recommandent, procède directement de l'inspiration pestalozzienne. C'est l'école d'Yverdun reconstituée dans un milieu nouveau. Forel la recommande chaudement au nom des prescriptions de l'hygiène cérébrale et nerveuse[2]. Il dit avoir observé à Haubinda « la transformation radicale d'un élève dont le cerveau avait été complètement hébété et découragé par le système de compression encyclopédique de nos gymnases officiels ». C'est un témoignage précieux, et la preuve qu'un lien est possible entre l'art éducatif expérimental et la psychologie expérimentale objective, mais ce lien ne doit pas rester trop indirect.

Lietz assigne pour fin à l'école « d'élever les enfants de façon à en faire des hommes de caractère harmonique et indépendant, sains et forts de corps et d'esprit, habiles de leurs mains, pratiques dans leurs idées, capables au point de vue littéraire, artistique, scientifique, en état de penser clairement et logiquement, chauds dans leurs sentiments, forts, courageux et persévérants dans leur volonté[3]. » C'est postuler l'identité profonde entre l'éducation de la volonté et la culture intellectuelle. Nous avons montré que telle est

1. W. Frei, *Landerziehungsheime*, Klinkhardt, Leipzig, 1902. Cf. Contou, *loco citato*.
2. Forel (1), pp. 280 et sq,
3. Cité par Forel (1), p. 288

la conclusion de la psychologie appliquée à l'éducation ; nous devons maintenant chercher comment s'unifient les méthodes éducatives en vue de la réalisation de cette fin.

CHAPITRE IX

CONDITIONS ET ÉLÉMENTS D'UNE MÉTHODOLOGIE DE L'ÉDUCATION.

§ 46. — L'origine des expériences scolaires a été non le souci de traduire dans les faits les conclusions d'une science expérimentale et de les soumettre à une vérification nouvelle, mais la conscience de besoins sociaux urgents ; ces expériences n'étaient pas étrangères à la pédagogie, mais elles procédaient d'une pédagogie plutôt théorique qu'expérimentale, celle de Locke et de Rousseau, puis celle de Kant et de Fichte, en attendant celle de Herbart. A vrai dire, la pédagogie herbartienne avec sa division en didactique et hodégétique est, comme la philosophie dont elle est solidaire, plus ouverte que celle des écoles antérieures à la science expérimentale[1]. Postérieure aux expériences de Pestalozzi, elle les systématise ; elle les présente comme les applications d'une psychologie très positive qui n'est pas seulement mathématique, mais encore physiologique, ethnographique et sociale.

Devons-nous considérer la pédagogie expérimentale

1. Rein, 1er volume *Die Lehre vom Bildungswesen.* Herbart distingue l'éducation proprement dite du gouvernement de l'enfant, et il la ramène à l'instruction, qui est à l'éducation ce que la représentation est à la volonté. La didactique est la théorie de l'enseignement, l'hodégétique, la théorie du gouvernement.

pratique comme en grande partie fondée par les travaux concordants de l'école herbartienne et de l'école associationniste anglaise ? Devons-nous penser au contraire que dans ce domaine tout est à créer, et que toute méthode d'enseignement et de discipline qui ne portera pas l'estampille d'un laboratoire de pédologie expérimentale devra être tenue pour nulle et non avenue ? Deux attitudes sont possibles ici. Les uns estimeront que l'art éducatif est suffisamment expérimental si ses prescriptions, ses méthodes, se déduisent de sciences expérimentales ou comparatives elles-mêmes. L'avis des autres est que la méthodologie de l'éducation n'a pas encore de valeur expérimentale tant qu'elle n'a pas été contrôlée par l'étude expérimentale (ou mieux pédologique) de ses résultats et surtout de ses échecs. En d'autres termes, la méthode déduite de la science pédologique n'est encore qu'une hypothèse pratique : l'application quotidienne de cette méthode doit suggérer de nouvelles expériences de psychologie infantile, et c'est la critique de ces expériences qui fonde l'art éducatif expérimental. La première attitude a été celle de Robert Ardigò, la seconde est celle de Meumann, et à sa suite d'une école allemande dont Schuytten est en Belgique l'ardent propagateur[1].

§ 47. — Nous n'hésitons pas à préférer l'attitude d'Ardigò à celle de Meumann. La pédagogie expérimentale ménage les plus cruelles déceptions à ceux qui se confient trop à elle[2]. Ceux qui la cultivent avec un

1. Schuytten est le représentant parfait de cette pédologie qui met en doute toutes les inductions pédagogiques qui n'ont pas eu pour fondement les études psychométriques. Meumann est beaucoup moins négatif.

2. W. James (3), p. 111.

amour aveugle en viennent à la prendre pour une fin. Toujours sceptiques aux idées qu'elle n'a pas directement vérifiées, ils risquent de s'arrêter sur le seuil de la pratique, car ils ne distinguent pas assez entre l'école que doit féconder la méthodologie issue du laboratoire et le laboratoire lui-même. Une objection plus grave à leur faire, c'est que leur notion du résultat à vérifier expérimentalement reste équivoque. Quel est donc le résultat d'une méthode de l'enseignement ou de la discipline ? Est-ce l'état mental ou affectif de l'enfant, tel qu'on peut l'observer au moment même où cet enfant vient d'être soumis à un exercice inspiré par la méthode ? N'est-ce pas plutôt la régularité du développement de l'intelligence ou du caractère chez l'adolescent et le jeune homme ? N'est-ce pas surtout l'usage que fera de ses aptitudes, de son savoir, de l'énergie de ses facultés, l'adulte formé sous la direction de cette méthode ? Les pestalozziens ont toujours demandé que l'on jugeât la valeur de leurs méthodes d'après le peuple qui sort de leurs écoles [1]. Après eux, les herbartiens ont répété à satiété que la formation de l'homme est l'unique fin, et par suite l'unique critère des méthodes éducatives. Meumann lui-même en vient à reconnaître très franchement que le niveau mental atteint par l'homme fait est la véritable épreuve qui attend toute méthode éducative [2]. S'il en est ainsi, la vérification pédagogique étroitement conçue peut le plus souvent être récusée.

Le résultat d'une éducation méthodiquement conduite n'est pas un phénomène qui tombe sous les prises de

1. Jullien, IVe section.
2. Meumann, tome II, 13e leçon.

l'esthésiomètre ou de l'ergographe. Pour le juger, les tests mêmes sont des procédés trop grossiers ; avec leur aide, vous apprécierez un moment du développement, non le développement total, le seul qui compte. Le résultat de l'éducation est une transformation lente invisible, attestée seulement soit par l'intérêt pris aux études, soit par l'énergie naissante du caractère et l'aptitude au contrôle personnel. Appliqués à l'étude de la vie scolaire, les procédés pédologiques ne seront, nous le croyons, que des examens d'un genre nouveau : ils nous apprendront si, à un âge donné, un enfant apprend plus vite à lire par une méthode que par une autre ; ils permettront de juger de la rapidité de l'assimilation : résultat assez insignifiant, indications plutôt dangereuses et de nature à favoriser la passion de la précocité !

§ 48. — Attendrons-nous d'une déduction philosophique les méthodes applicables à l'enseignement et à la discipline ? Placerons-nous dans les conclusions encore précaires des sciences expérimentales qui traitent de l'enfant une telle confiance que nous puissions les prendre pour majeures de nos raisonnements ? Tel n'est pas notre avis. Nous estimons qu'il faut avoir confiance dans le raisonnement, surtout quand l'induction en a fourni les prémisses. Mais nous croyons que les conclusions pratiques du raisonnement doivent être contrôlées, quoique nous ne concevions pas ce contrôle comme les pédologistes de l'école allemande ou belge.

Nous croyons que le contrôle des méthodes éducatives appartient avant tout à la sociologie. Les méthodes scolaires ont leur histoire, et cette histoire est à elle seule une expérience décisive. On observe, en effet, une double correspondance entre l'histoire des méthodes et celle des types d'enseignement, entre l'histoire des types d'enseignement et celle des types sociaux. La méthode appliquée traditionnellement à la formation des intelligences et des caractères est la méthode d'autorité : elle a régné sur l'école aussi longtemps que l'école a été l'instrument soit du conformisme religieux, soit des fins de l'État guerrier. Le but alors n'est pas l'éveil de l'intelligence ou la formation d'un caractère actif, apte à la responsabilité personnelle ; c'est l'incorporation de l'enfant à un groupe homogène. L'éducation intellectuelle primitive n'est d'abord qu'une initiation magique, puis théologique et rituelle ; elle frappe, elle suggère, elle n'éclaire pas. L'éducation morale est un assouplissement des volontés, un dressage des muscles à l'obéissance automatique et passive. L'homme doit vivre sans jamais vouloir par lui-même, sans prendre une initiative, sans être responsable d'autre chose que de son obéissance à l'injonction d'un supérieur. Dans ces conditions, la méthode d'autorité est la seule concevable et la seule applicable. La mémoire et l'habitude en sont les ressorts.

La méthode d'autorité fait place à celles que l'on a nommées elliptiquement méthodes actives[1], à mesure qu'un état social nouveau remplace celui qui reposait sur le conformisme des croyances, la tradition des ancêtres et la stratification des classes. Quand la division du travail commence à avoir pour ressort la spécification des aptitudes individuelles, quand l'imitation des

1. Marion, 2e partie, chap. xi, p. 345 et 346.

ancêtres transige avec l'imitation des initiatives contemporaines, quand la discussion devient la condition de la formation des contrats et de la délégation des pouvoirs, on voit diminuer la confiance des éducateurs en la méthode d'autorité, quoique la tradition scolaire soit beaucoup plus vivace que la tradition politique et économique, et ne le cède qu'à la tradition religieuse dont longtemps elle relève.

Une première et immense expérience, c'est donc cette correspondance entre le succès, la méthode pestalozzienne ou herbartienne et la vie normale de ce type social qui repose sur la responsabilité de l'individu et une division du travail de moins en moins contrainte ; cette expérience, quoique faite hors du laboratoire pédagogique, n'en a pas moins de valeur ; elle nous met en présence d'une règle de conduite inévitable, si du moins nous ne voulons pas subir les conséquences douloureuses de la transgression.

L'histoire des sciences confirme d'ailleurs l'histoire sociale. Entre l'esprit de la science et la formation du professeur, entre la formation du professeur et la nature de l'enseignement qu'il donne, la correspondance est double, comme celle que nous constations entre la méthodologie éducative, le type d'enseignement et le type social. L'état de la connaissance détermine le mode de formation du professeur. Le professeur formé par la théologie scolastique ou par l'humanisme ne peut enseigner comme celui qu a formé soit la science expérimentale ou comparative, soit la critique historique et philosophique. Il y a entre eux toute la différence qu'a creusée le souci de la preuve scientifique ou de l'esprit d'examen. La didactique pestalozzienne s'est introduite dans l'enseignement des enfants et des adolescents à mesure que pénétraient dans les universités la science expérimentale et la critique. Lente, mais irrésistible en a été la marche. Aujourd'hui, l'esprit expérimental et la méthode intuitive ont pénétré jusque dans l'enseignement de la philologie et de la grammaire. Comment le professeur de l'enseignement élémentaire conserverait-il toute sa confiance dans les routines pédagogiques issues de la scolastique et du vieil humanisme ? La didactique est un guide pour lui, mais ce guide doit lui tenir le même langage que sa conscience scientifique.

Une troisième expérience générale vient contrôler les méthodes d'enseignement et de discipline déduites de la psychologie expérimentale et de la sociologie comparée : c'est l'étude d'un fait qu'il n'est que trop facile d'observer aujourd'hui, je veux parler de l'état mental et affectif des jeunes délinquants. Le jeune délinquant est d'ordinaire un enfant moralement abandonné, laissé sans culture morale ou scientifique. En l'étudiant, on constate les besoins sociaux auxquels doivent répondre l'enseignement et la discipline méthodique, et c'est là une expérience concluante quoique indirecte.

§ 49. — Insistons un peu davantage sur ce dernier moyen de contrôle. Quoique l'histoire soit une forme d'observation aussi légitime que toute autre (car l'observation scientifique ne peut jamais se passer du témoignage), quoiqu'en comparant les séries historiques on puisse arriver à des probabilités aussi fortes qu'en comparant les séries naturelles, cependant nous devons reconnaître que, dans notre pays tout au moins, le savant expérimental est enclin à se défier de l'histoire [1]. Il accorde plus de confiance au procédé comparatif, surtout quand il a pour objet les cas morbides. Or la criminalité, quoi qu'on ait pu dire, est un fait social morbide, surtout quand elle est précoce.

Les enfants et les adolescents les mieux étudiés aujourd'hui sont peut-être ceux qui ont subi une condamnation. Il n'y a rien de paradoxal à cela. On connaît plus facilement l'homme malade que l'homme bien portant, car des hommes rompus à l'usage des méthodes scientifiques se chargent d'observer le premier. De même l'enfant délinquant est plus complètement et plus facilement observé que l'enfant moralement normal : il appelle davantage l'attention ; il fait l'objet d'une instruction judiciaire, d'enquêtes, de rapports que l'on ne fait pas sur l'enfant normal vivant simplement dans sa famille. Les colonies pénitentiaires ont donc donné lieu à des études que la pédagogie doit savoir mettre à profit. Les rassemblements d'enfants dégradés mettent en lumière certains aspects de la nature humaine que l'éducation normale réussit à rejeter dans l'ombre. On peut aller jusqu'à dire que la vraie nature de l'enfant ou de l'adolescent se montrera mieux chez les jeunes délinquants que chez les enfants « bien élevés », par cela même qu'ils n'ont pas subi les modifications qu'impose une éducation bien conduite.

Une des revues sociologiques les plus sérieuses qui paraissent en France, les *Archives d'anthropologie criminelle*, ont consacré une série d'études approfondies aux colonies pénitentiaires et à leur population [2].

1. Toulouse, p. 47-48.
2. *Archives d'anthropologie criminelle*, n°s 125 et 126.

L'auteur de ces articles est M. Gromolard. Les observations portent surtout sur la colonie pénitentiaire d'Eysses (Lot-et-Garonne). C'est là que l'administration pénitentiaire réunit les élèves les plus mal notés et les plus incorrigibles des autres colonies, en leur adjoignant les récidivistes âgés de moins de vingt ans et que leur âge seul préserve de la rélégation aux colonies. Il semble impossible de concevoir une collection d'adolescents plus réfractaires à la culture sociale. Et cependant c'est beaucoup moins la socialité que l'énergie mentale et volontaire qui leur fait défaut et les place au-dessous des enfants normaux !

§ 50. — Le sentiment de la solidarité familiale est le premier germe de moralité sociale que Gromolard constate chez le détenu d'Eysses. Il ne parle jamais légèrement de ses proches et ne souffre pas d'allusions ou d'insinuations malveillantes, même quand il a compris combien la conduite de sa propre famille diffère de la morale des honnêtes gens. Dans la correspondance, on relève peu de reproches aux parents, quoique certains détenus y expriment parfois leur mécontentement d'avoir été abandonnés à la rue dès leur enfance. Ils protestent le plus souvent de leur affection, de leur repentir ; ils disent attendre avec impatience leur libération pour venir en aide à leurs parents, leur faire oublier le passé. « Tous veillent avec soin sur les photographies de famille, s'ingénient à leur faire des beaux cadres, à les bien mettre en évidence. » Ils sont exacts à donner des nouvelles et exigeants à l'égard des correspondants ; ils veulent une réponse à chaque lettre, une réponse longue, intéressante, immédiate, s'irritent des retards et y voient des preuves d'indifférence. Il en est qui écrivent jusqu'à sept ou huit lettres par mois. Celui qui ne correspond pas avec sa famille est mal vu des autres : ils sont d'ailleurs peu nombreux, sept pour cent au plus. Ainsi, loin de s'éteindre dans ce milieu dégradé, les sentiments de famille s'y réchauffent, fait d'autant plus remarquable que très souvent la famille du jeune détenu existe à peine et n'a rien fait pour lui. Nous avons donc ici la preuve que la conscience de la parenté, cette première forme du lien social, se manifeste spontanément dans la nature humaine représentée par l'enfant.

Un second germe de socialité est l'esprit de groupe, le grégarisme. Bien peu de détenus y sont réfractaires. Les isolés sont des misanthropes, des malades ou des pauvres d'esprit que l'administration doit prendre spécialement sous sa protection. « Toute agglomération de jeunes détenus est, quant au personnel, une société en réduction avec ses mœurs, ses traditions, ses usages, son langage, où les forts symbolisent le pouvoir et les faibles figurent le peuple ; société d'instinctifs où la répression des infractions à la règle seule est brutale et sans pitié.... Dans ce groupe, des sous-groupes se forment, dus aux circonstances ou aux affinités naturelles. Les membres d'un clan (?) se distingueront des autres au port de l'uniforme, à certains soins de coquetterie, à des allures, à des attitudes et même à des expressions de langage qui leur sont propres. Ils affirment publiquement leur union par des démonstrations d'amitié excessives ; ainsi ils se serreront ostensiblement la main le soir, le matin et chaque fois qu'ils se retouveront dans la journée, n'eussent-ils été séparés que quelques minutes. Ils s'obligent, se soutiennent et se défendent mutuellement... La masse fait corps contre l'autorité, et dans le clan ils trouvent protection contre la masse ou contre les individus hostiles. Entrés dans la bande, ils en épousent bien vite les amitiés, les haines et l'esprit. Ils y trouvent un semblant d'affection qui suffit à atténuer les souffrances de la captivité, une protection sous laquelle s'aliène partiellement leur liberté, mais qui leur assure la sécurité dans les conflits quotidiens et l'impunité dans l'assouvissement de leurs passions [1]. »

Cet esprit grégaire a une contre-partie d'ailleurs naturelle, la haine du délateur. Ces adolescents sont souvent en lutte avec l autorité chargée de les redresser. Ils se sentent spontanément solidaires contre les surveillants. Celui qui dénonce un camarade devient l'ennemi public. Envers lui la solidarité devient une communauté, et ainsi renforcée, la haine peut prendre une intensité inconnue ailleurs [2].

Un autre sentiment social très énergiquement ressenti chez ces adolescents est le patriotisme. Il n'est sans doute ni réfléchi ni élevé, mais c'est déjà quelque chose qu'il existe, car nous avons ainsi la preuve que les penchants égoïstes n'ont pas tout étouffé. Le jeune détenu aime son lieu de naissance. Les bandes se distinguent d'après les villes d'origine, car ce sont surtout les enfants des grandes villes qui recrutent cette triste colonie. Les Marseillais se groupent en face des Parisiens. Au-dessus de l'amour du lieu de naissance s'élève le sentiment national. Le jeune détenu a une haute idée de la France et un véritable culte de l'uniforme militaire : patrio-

1. Gromolard, *Archives*, § 125, pp. 344-345.
2. *Ibid.*, pp. 347-348.

tisme fruste, comme on peut le présumer, où il faut voir une forme de l'orgueil collectif allié aux instincts de domination et de destruction. « Tous ceux qui n'ont pas été touchés par les doctrines anarchistes conservent intact ce sentiment et rêvent d'engagements dans l'armée, dans l'infanterie de marine de préférence, — avec voyages lointains agrémentés de combats, d'assauts et de pillages. Ces héros en cage font des hécatombes d'ennemis, et se voient au retour, sous un bel uniforme galonné et constellé de décorations, l'objet de l'admiration de leurs camarades et de leurs proches. Tantôt ils font la joie de leurs parents, tantôt ils se vengent ainsi des humiliations qu'on leur a fait subir. Il y a de la naïveté, de l'orgueil et une satisfaction des instincts sanguinaires dans leurs rêves patriotiques. D'ailleurs « le jeune détenu a une haute idée du soldat ; l'uniforme, substitué à la livrée de colon, a une autre portée que le simple costume civil sans signification particulière. Endosser l'uniforme, c'est se réhabiliter [1]. »

Les grands penchants sociaux universels, l'attraction pour le semblable, la disposition à l'assistance mutuelle, se retrouvent donc chez les représentants les plus dégradés de l'enfance coupable, chez une classe d'adolescents que toutes les influences antérieures ont prédisposés à la recherche exclusive des jouissances égoïstes et matérielles.

§ 51. — Si, à l'exception des imbéciles et des idiots, tous les enfants sont aptes à recevoir une éducation sociale, quels obstacles rencontre cette aptitude à la socialité ? Quelles sont les causes corruptrices de cette

1. Gromolard, *Archives*, § 126, pp. 462

solidarité instinctive ? L'observation des colonies pénitentiaires peut encore nous servir de guide en nous présentant les défauts des adolescents sous un verre grossissant.

Les dispositions qui distinguent le jeune détenu de l'adolescent formé normalement sont, d'après l'enquête de Gromolard, au nombre de 4 : 1° le défaut d'énergie volontaire ; 2° l'excès de combattivité ; 3° l'indifférence aux connaissances et aux idées ; 4° l'impatience de l'autorité.

Le jeune détenu se montre le plus souvent incapable de persévérance, de suite dans les desseins, et plus incapable encore de se contrôler lui-même. C'est un être passif et imprévoyant. Il supporte sans grandes plaintes les petites misères de la vie quotidienne, même quand la cruauté de ses compagnons les aggrave. Il subit avec résignation la punition, même la plus sévère, quand le règlement la lui inflige, mais cette résignation n'est pas du courage. Il n'a aucune fermeté contre les maux et surtout en face de la mort. L'instinct de conservation le domine entièrement. Il n'est sensible qu'aux influences immédiates ; il est très rare qu'il soit capable de se faire un plan de conduite et de s'y conformer avec quelque fermeté. Celui qui, par exception, verrait l'avenir sous son vrai jour, qui entreprendrait de s'habituer au travail et d'améliorer son caractère, se sentirait aussitôt dépaysé au milieu des autres et devrait vivre en solitaire. Un observateur superficiel est exposé à croire que le détenu pèche par excès d'énergie ; mais l'énergie brutale dont il témoigne n'est qu'un autre aspect du défaut d'énergie volontaire. Le jeune détenu est un être impulsif. « Un fait frappe tous ceux qui l'observent : c'est la soudaineté et la violence des réactions aux moindre blessures faites à l'amour-propre. Cette nervosité ne se corrige pas toujours avec l'âge. Elle prend parfois le caractère chronique et rend le sujet hargneux, vindicatif, sauvage, impropre à la vie sociale [1]. » L'être sans volonté véritable n'a d'énergie que par accès. Cette énergie, il la gaspille à certains moments, pour retomber ensuite dans son inertie et sa torpeur. La volonté réfléchie qui nous rend apte au gouvernement de nous-même est moins une création qu'une économie d'énergie, moins une dynamogénie qu'une inhibition. C'est par une bonne distribution de l'énergie naturelle qu'elle se manifeste ; mais, ainsi entendue, la volonté ne se montre guère que chez l'homme civilisé, façonné par le travail, les transactions sociales, la culture intellectuelle, la discussion. Moins la culture a modifié la nature, plus la volonté oscille de l'agitation à la dépression sans connaître de milieu.

Une seconde disposition, liée à la précédente, est la combattivité. Le jeune détenu est extrêmement sensible au point d'honneur. L'idée morale dominante chez lui est qu'il ne doit jamais hésiter à faire preuve de force et être toujours prêt à se faire respecter par la violence. La colonie pénitentiaire est fréquemment le théâtre de rixes. « Un mot, un geste douteux, un regard de travers mettra les adversaires aux prises. On les voit apporter dans la lutte une violence, une brutalité frénétique qui rappelle les combats des sauvages. » Cette combattivité n'est pas le véritable courage. Assez brave pour faire le coup de poing et se mêler à une rixe, le jeune détenu

1. Gromolard, *Archives*, p. 464.

est faible contre le mal, même physique, sans ressort moral, asservi à l'instinct de conservation dès qu'une passion impulsive ne le soutient plus ; il n'est capable que des manifestations violentes du courage.

A la combattivité, au défaut de volonté attestant l'un et l'autre la prédominance des tendances impulsives, s'associe un grand fond d'inertie mentale. L'amour de l'étude pour elle-même est entièrement inconnu à la colonie, et l'effort mental est ce qui coûte le plus aux adolescents qui la peuplent.

La paresse n'est vaincue qu'au prix de la plus stricte discipline, mais les maîtres n'obtiennent qu'un travail passif. Il est inutile de dire que les devoirs sont copiés aussi souvent que possible. « J'en saurai toujours assez pour ce que je veux faire ! » telle est la réponse ordinaire du jeune homme au maître qui le stimule. Le savoir n'est estimé qu'autant qu'il assure une supériorité immédiate à celui qui le possède. La bibliothèque de la colonie a peu d'amateurs. Aux livres on préfère les causeries, les jeux, les exercices de force et d'adresse ; les romans et les récits de voyage sont les seuls livres demandés. Les beautés littéraires ne sont goûtées que par quelques natures exceptionnelles. Bref, sauf une petite élite qui complète volontiers son instruction primaire, « la masse est indifférente et rebelle ; elle ne donne à l'étude que la somme d'efforts exigée par des exercices scolaires purement mécaniques [1]. »

Une dernière disposition en rapport avec les précédentes est la résistance à l'autorité ou plutôt l'aversion de l'autorité. Le jeune détenu voit en elle une puissance

1. Gromolard, *Archives*, p. 369.

hostile chargée de le priver de la liberté, de lui imposer des règlements répressifs dont il ne peut concevoir les effets bienfaisants. L'autorité n'est pas pour lui une abstraction ; elle se confond avec les surveillants. Le surveillant est d'ordinaire l'ennemi. Le point d'honneur commande de lui témoigner de l'aversion et même de l'insolence. Tel est le sort de l'autorité légale, quoique la discipline pénitentiaire se soit adoucie pour devenir éducation. Mais il est une autre autorité devant laquelle s'inclinent le jugement et la volonté du jeune détenu : c'est l'opinion des camarades, et surtout celle des chefs de groupe. « Il y a dans chaque établissement pénitentiaire une manière d'interpréter les actes des camarades et des supérieurs, une vision spéciale des faits de la vie qui constitue ce qu'on appelle au dehors l'esprit public, en colonie pénitentiaire l'esprit colon [1]. » L'esprit spécial de la maison est si marqué « que le nouveau venu paraît un étranger parmi ses camarades aussi longtemps qu'il ne s'en est pas pénétré pour se fondre dans la masse et faire corps avec elle [2]. »

Il est aisé de voir que toutes ces dispositions, faiblesse du vouloir, impulsivité, combattivité, inertie intellectuelle, insubordination, font échec aux germes de moralité sociale que nous analysions tout à l'heure. *La psychologie du jeune détenu met en lumière, avec un grossissement voulu, tous les obstacles qu'une culture morale élevée rencontre dans la nature de l'enfant ou de l'adolescent le plus normal.* Il suffit d'estomper les traits, d'adoucir les contours pour avoir un tableau fidèle de

1. Gromolard, *Archives*, p. 461.
2. *Ibid.*

toute agglomération infantile ou juvénile. Sans exception, tous les enfants tiennent plus de compte de l'approbation des camarades que de l'autorité des maîtres. Tous sont capables d'être amenés à la résistance par le point d'honneur. Tous les enfants sont combattifs et vindicatifs, avec cette différence entre les sexes que les fillettes combattent avec la langue et les garçons avec les poings. La brutalité décroît ou disparaît avec la culture intellectuelle et l'affinement des manières ; mais ce progrès est le prix d'une surveillance incessante, et une excitation un peu forte suffit à le faire disparaître. Entre les sujets à demi anormaux que nous venons d'étudier et les natures vraiment saines, la grande différence est que chez celles-ci l'indolence intellectuelle est beaucoup moindre et l'énergie volontaire très supérieure. *L'enfant vraiment normal est apte à vouloir et se montre capable d'aimer le savoir pour lui-même, tout au moins de se plaire à quelque branche du savoir.* Toutefois il ne faudrait pas pousser l'optimisme jusqu'à croire ces deux aptitudes naturellement très fortes. L'enfant est moins persévérant que passionné et impulsif. Nul enfant n'apporte en naissant l'aptitude à contrôler lui-même sa conduite, si on ne l'y a pas exercé en lui donnant des occasions de se juger lui-même et d'apprécier les conséquences de ses actes. Tous les enfants, même les plus studieux, traversent des phases d'indolence intellectuelle ; il n'en est pas un seul qui ne soit prêt à négliger une étude qui lui imposerait des efforts pénibles sans promettre une satisfaction immédiate à sa curiosité.

§ 52. — Rapprochée de l'étude sociologique des types d'éducation et des données de l'histoire des sciences, l'observation des colonies pénitentiaires apporte, dans l'état présent de la science, une confirmation suffisante à la pédagogie pratique fondée par Pestalozzi et formulée par l'école herbartienne. Nous voyons ici la loi de récapitulation abrégée manifestée d'une manière éclatante. Cette loi s'impose à nous comme toutes les lois sociologiques : c'est une loi tendancielle, qui ne contraint pas notre liberté, mais qui oriente nos efforts et nous inflige les sanctions les plus cruelles quand nous ne donnons pas complète satisfaction aux besoins sociaux qu'elle fait surgir.

Cette observation criminologique porte plus loin : elle nous montre la solidarité profonde qui unit l'éducation de la volonté à la culture intellectuelle, et par suite la connexité, ou, pour mieux dire, l'unité des méthodes de l'enseignement et de la discipline. Nous comprenons aussi la nécessité d'accorder l'effort mental et l'automatisme des habitudes, tout en subordonnant le second au premier. Mais puisqu'il faut assurer la prépondérance de l'effort mental sur tout autre ressort de l'éducabilité, nous devons subordonner les méthodes de la discipline volontaire à celles qui président à l'enseignement. La didactique étant pour nous la formation de l'attention volontaire complétée par celle de la dissociation et du raisonnement, nous acceptons sans hésiter la trilogie de Herbart, méthode intuitive, méthode analytique, méthode synthétique. Là, seront l'esprit et l'unité des études qui vont suivre.

CHAPITRE IX

LA MÉTHODE INTUITIVE. SON RÔLE ET SA VALEUR DANS L'ÉDUCATION INTELLECTUELLE GÉNÉRALE.

§ 53. — L'examen qui précède nous dispense de faire un historique de la méthode intuitive. Entrevue au XVIIe siècle par Comenius [1] et Fénelon [2], ébauchée au XVIIIe siècle par les premiers théoriciens de l'éducation des sens [3], gauchement mise en pratique par Basedow et avec une intelligence déjà grande de ses conditions par Oberlin, dans ses écoles du Ban de la Roche [4], la méthode intuitive est enfin formulée et soumise au jugement de l'expérience et de la psychologie scientifique au seuil du XIXe siècle par Pestalozzi, Frœbel et Herbart.

Pestalozzi voit dans l'enseignement intuitif ou art de l'intuition non seulement le moyen de former chez l'enfant des intuitions correctes et d'en faire le point de départ de toute instruction, mais encore la méthode fondamentale de tout enseignement [5]. C'est de l'intuition qu'il faut s'élever au concept : là est la marche naturelle, normale et nécessaire de toute éducation intellec-

1. Sur Comenius voir Raumer, livre II, pp. 53-56.
2. Fénelon, *Éducation des filles*, chap. III.
3. Rousseau, *Émile*, livre II, édit. Didot, pp. 142-159.
4. Parisot, livre II, chap. III et IV.
5. *Gertrude*, lettres IV à X.

tuelle. Aussi l'art de l'intuition conduit-il naturellement à l'analyse. L'erreur de Pestalozzi est peut-être de n'avoir pas assez distingué la méthode strictement intuitive de la méthode analytique qui la complète, et d'avoir peut-être réduit en fait à trop peu de chose la part de l'expérience sensible à l'instruction des enfants.

Disciple de Pestalozzi qu'il avait connu à Berthoud et à Yverdun, Frœbel introduisit la méthode intuitive dans la vie scolaire des *Jardins d'enfants*. Son expérience et, on peut le dire, le génie pédagogique qui fit de lui le créateur véritable d'un nouveau degré de l'éducation lui permit de dépasser son maître sur plusieurs points. Pestalozzi exerçait l'attention de ses élèves à l'aide de la méthode intuitive ; mais, dédaigneux au fond de l'expérience sensible, il dirigeait trop vite cette attention sur de véritables catégories, la forme, le nombre et le nom [1]. Frœbel réhabilite l'étude des qualités sensibles. De plus, il aperçoit mieux que son maître l'apport de l'élément volontaire et musculaire à l'intuition. Aussi énonce-t-il ce principe : *ce que l'enfant perçoit intuitivement, il doit aussi pouvoir le faire manuellement*. Sous l'impulsion de Frœbel, la méthode intuitive devient, au plus haut degré, une méthode active. Le dessin, le modelage, le travail manuel, la reconstitution de l'objet perçu, en deviennent des opérations non seulement complémentaires, mais inséparables. A l'école enfantine, dont Frœbel est l'initiateur, le jeu doit être l'auxiliaire de l'enseignement, et d'ailleurs, à cet âge, l'activité des facultés serait nuisible si elle ne se tournait d'elle-meme en jeu [2].

1. Pestalozzi, *Gertrude*, lettre VII.
2. Meumann, II, p. 164-156.

Contemporain des expériences de Pestalozzi et de Frœbel, mais conduit par sa conception propre de la psychologie et de la morale à les devancer et à les dépasser, Herbart dans ses diverses œuvres, et surtout dans son *A. B. C. de l'intuition*, soumet enfin à un examen critique l'ensemble des données de la méthode intuitive. L'intuition est pour lui tout à la fois le fondement de l'enseignement formel général et l'introduction indispensable à deux enseignements réels, les mathématiques et la géographie. Sa contribution personnelle à la pédagogie est d'avoir montré comment la méthode intuitive prélude aux méthodes d'analyse et de synthèse [1].

§ 54. — La pédagogie expérimentale contemporaine, qui s'est donné pour tâche de reviser les conclusions de ce qu'elle appelle peut-être un peu dédaigneusement l'ancienne pédagogie (comme si cette désignation ne convenait pas plutôt à la routine), ne pouvait sans doute se dispenser de soumettre à un nouvel examen les conclusions des fondateurs de la méthode intuitive. Comme on pouvait le penser, cette partie de la didactique philosophique est celle qu'elle a le moins maltraitée. La valeur des formules de l'école herbartienne a été mise en doute par Messmer [2] ; il croit pouvoir y signaler de nombreuses obscurités, et même des erreurs, aussi bien dans le concept de l'aperception que dans la théorie des « formes de l'enseignement [3] ». Néanmoins l'œuvre des rénovateurs suisses et allemands de

1. Herbart, *Pæd. Schrift*, II, Band IV. — I *ter* Band, Kap. IV et V. Cf. Meumann, t. II, pp. 166-168.

2. *Kritik der Lehre von Unterrichts methode*, Leipzig, Teubner, 1905.

3. Meumann, t. II, p. 168.

la pédagogie reste intacte. La tâche de la pédagogie expérimentale, de l'aveu de son principal représentant, est seulement de mieux appuyer la théorie de l'enseignement intuitif sur la connaissance du développement psychologique de l'enfant [1]. Nous avons fait connaître notre sentiment sur les ambitions et les prétentions des purs expérimentateurs. Nous ne nous y arrêterons pas quand nous aurons à exposer les formes supérieures de la didactique et les méthodes de la discipline ou de l'éducation morale. Mais nous sommes heureux d'être entièrement d'accord avec eux sur la valeur de la méthode intuitive, et nous reconnaissons volontiers que leurs enquêtes y ont fait d'heureuses additions.

§ 55. — Dans les pays où règne encore une routine scolaire infatuée d'elle-même, la méthode intuitive a été bien souvent discréditée parce qu'on l'a confondue avec des procédés d'instruction qui en sont ou des applications téméraires ou même des déformations. Telles sont : 1° la méthode dite de redécouverte (*rediscovery*) ; 2° la méthode du jeu. Nous croyons devoir préluder à l'exposition des règles de la méthode intuitive en la distinguant de procédés dont la réfutation est trop aisée.

La méthode de *redécouverte* est en usage dans de nombreuses écoles américaines. Elle part de l'idée, juste au fond, que la science ne se transvase pas et qu'elle doit renaître en chaque esprit. On l'applique donc surtout à l'enseignement des sciences physiques expérimentales. Elle repose sur l'espoir que l'élève, convenablement dirigé, fera les mêmes découvertes

1. Meumann. t. II, XIII° leçon, p. 169 et suivantes.

que les créateurs de la science. L'élève est donc amené à expérimenter par lui-même. Il le fait, à vrai dire, sous la direction du professeur qui lui signale ses erreurs et qui les rectifie.

Nous trouvons dans le rapport de M. Lemonnier un extrait d'une enquête sur les écoles de New-York où l'application de cette méthode est clairement exposée :

« Suivons dans l'école supérieure mixte des bourgs Manhattan et Brown, à New-York, les exercices de vingt-quatre élèves, quinze filles, neuf garçons de la quatrième année (16 à 17 ans) qui se proposent de trouver la *chaleur spécifique du plomb*. Ils sont divisés en huit groupes de trois, dont chacun a sa table spéciale. Ils ont en main un texte imprimé qu'ils ont médité d'avance au point de vue de l'exécution matérielle de leur travail. Chaque groupe va prendre les instruments que le professeur a fait préparer, apporte sur sa table chaudière, thermomètre, bec Bunsen, calorimètre, balance, tare et poids, eau froide et le plomb, objet de l'expérience. Les trois camarades se distribuent l'ouvrage, les pesées, le chauffage de la chaudière, l'observation des températures. Les nombres sont notés soigneusement, les calculs faits séance tenante et soumis au professeur. Les huit groupes ont trouvé 0,033 ; 0,034 ; 0,033 ; 0,032 ; 0,031 ; 0,030 ; 0,029 ; 0,025. Le professeur, qui a surveillé l'exécution, fait rechercher la cause des plus grands écarts, rectifier, recommencer au besoin. Cette séance a duré une heure trois quarts. Celle du lendemain est de trois quarts d'heure ; les élèves y rapportent leurs notes mises au net, illustrées des dessins des appareils ; ils racontent ce qu'ils ont observé, résolvent des problèmes sur des relations établies, lisent avec leur professeur dans des livres très clairs ou répondent rapidement par écrit à des questions sur ce qu'ils ont lu. Deux séances pareilles à celles-ci se succéderont dans la semaine ; enfin une dernière fois, trois quarts d'heure seront consacrés à une conférence avec expériences sur les faits qui ne pouvaient être constatés par les élèves individuellement [1]. » Un des adeptes les plus fervents de la méthode intuitive, Ardigò, a donné les raisons les plus fortes de contester l'identité de cet enseignement et de la méthode de redécouverte [2]. Tout enseignement obéit à la loi du travail abrégé, loi sociologique aussi impérative que celle du développement mental. Prétendre astreindre l'élève à une véritable redécouverte revient donc à le priver du bénéfice des progrès acquis. Cette redécouverte est d'ailleurs un pur simulacre. L'expérience est organisée de telle façon que si l'élève n'est pas trop maladroit, le résultat en est connu d'avance.

Le terme employé par les pédagogues américains est donc à la fois ambitieux et impropre. Il risque d'amener les élèves à se faire de dangereuses illusions sur leurs aptitudes réelles, et à diminuer à l'excès la dette de reconnaissance dont ils sont redevables aux hommes de génie. Néanmoins nous ne voudrions pas condamner cette méthode. C'est, en réalité, un procédé de vérification de l'enseignement par l'élève. Elle est donc à sa vraie place dans l'enseignement supérieur et nous ne la bannirions pas des classes élevées de l'enseigne-

1. Mlle Hugoud. Cité par H. Lemonnier. Rapport sur l'enseignement secondaire à l'exposition universelle de 1900 (p. 103).
2. Voir Ire partie, ch. III, § 13.

ment secondaire. Comme toute méthode active, elle préserve l'élève de la paresse d'esprit. Elle le préserve aussi de ce scepticisme paresseux, plus fréquent qu'on ne croit et qui est le fruit trop naturel de la science livresque. Appelé sans cesse à contrôler par son travail personnel l'enseignement du maître ou celui du livre, l'élève est préservé du danger de voir dans la science une sorte de convention passagère ; il passe du doute paresseux à la certitude.

§ 56. – La confusion de la méthode intuitive avec la méthode de redécouverte est récente : plus ancienne est celle de la même méthode avec le procédé des jeux scolaires. Cette confusion a été celle des philanthropinistes allemands du XVIIIe siècle qui interprétaient mal certains passages de Locke[1]. Locke avait soupçonné la double existence de l'attention spontanée et de l'activité de jeu ; il en avait conclu que la disposition de l'enfant au jeu peut, dans une certaine mesure, être mise à profit pour son instruction ; que l'on peut ainsi vaincre la réelle difficulté qu'il éprouve à apprendre à lire en transformant l'étude des lettres en un jeu. Basedow et ses disciples conclurent que tout enseignement doit se faire en jouant et que l'effort en doit être banni. Comme les philanthropinistes associaient à leurs jeux scolaires l'étude des choses et qu'ils avaient déjà soupçonné la méthode intuitive, cette méthode a souffert de cette alliance. Il a été d'autant plus aisé de la discréditer comme héritée du philanthropinisme que dans les jardins d'enfants Frœbel avait fait une large place à

1. Locke, *Pensées*, section XXII ; § 153 à 157, etc. ; Pinloche, liv. I, chap. VII.

l'activité de jeu. Mais autre chose l'appel à cette activité, autre chose les jeux puérils des pédagogues philanthropinistes. Toute culture qui réussit doit éveiller une activité spontanée ; tout effort intellectuel doit se transformer en jeu, par là même qu'il en résulte un fonctionnement voisin de l'automatisme. Il n'est pas de culture esthétique qui n'ait pour résultat un jeu de l'imagination ; à plus forte raison en est-il ainsi de l'observation des phénomènes sensibles. Mais l'excitation de l'activité de jeu n'est que le résultat commun à la méthode intuitive et aux autres méthodes d'enseignement quand elles sont bien pratiquées.

§ 57. — Ainsi distinguée des autres procédés pédagogiques avec lesquels elle a pu être confondue, la méthode intuitive a deux aspects ou présente deux applications. Au point de vue matériel, c'est la méthode propre à l'enseignement des choses, à l'enrichissement de la connaissance concrète ; au point de vue formel, c'est la méthode qui forme l'attention réfléchie, préludant ainsi à l'analyse et à la synthèse.

Il n'est pas besoin d'une longue démonstration pour prouver que l'on attachera à la méthode intuitive une valeur tout autre selon que l'on y verra une méthode *formelle*, indispensable à la formation de l'attention, à l'évolution de l'attention spontanée vers l'attention réfléchie ou qu'on en réduira l'emploi à la connaissance concrète du monde extérieur. En France une association invétérée s'est formée entre la notion de la méthode intuitive et celle de la *leçon de choses*, et comme la leçon de choses est tenue souvent pour une étude de faible intérêt, au moins pour les enfants qu'on croit destinés à pousser assez loin l'étude des sciences physiques et naturelles, la méthode intuitive n'a jamais été chez nous la méthode la plus générale de l'enseignement comme elle l'est chez beaucoup de peuples étrangers.

Toutefois nous n'attacherons pas une importance exagérée à cette opposition du point de vue formel et du point de vue matériel. Nous estimons que la portée de la méthode intuitive est générale, mais qu'elle doit commencer par l'observation des faits concrets, des choses. La psychologie générale nous a d'ailleurs montré que l'exercice de l'attention et la formation des souvenirs sont des opérations indissolublement unies dans l'activité de la conscience, au point que l'analyse psychologique peut seule les séparer.

Quant au terme même de *méthode intuitive*, il est trop usité pour que nous songions à le remplacer. Il présente l'inconvénient de paraître réduire l'observation aux données immédiates de la vue ; et il n'est pas besoin de dire que l'attention de l'enfant doit être dirigée sur les perceptions auditives, tactiles, thermiques, kinesthétiques et même olfactives et gustatives comme sur les perceptions visuelles. Encore n'est-ce là qu'une faible partie du domaine de cette méthode : elle exerce la perception et l'attention pour provoquer l'activité. L'objet perçu doit être reproduit par le dessin d'abord, et si la chose est possible, par une opération manuelle. Percevoir, dessiner, modeler, telles sont les trois opérations qui constituent la méthode intuitive convenablement comprise.

§ 58. — Il est aisé de montrer que cette méthode est la seule qui permette d'accorder l'activité spontanée de l'enfant avec l'action directrice de l'adulte.

L'enfant a une expérience du milieu physique et du

milieu social qui l'entourent : expérience vague mais bien réelle, et à laquelle aucune instruction ne pourrait suppléer. Il est curieux, et le premier objet proposé à sa curiosité, c'est l'ensemble des phénomènes naturels et des choses au milieu desquelles il vit. Mais le milieu est trop compliqué et trop changeant pour que l'enfant puisse bien le voir si sa curiosité n'est pas sollicitée et dirigée vers un petit nombre de faits dominateurs. Considérons un enfant vivant dans le milieu qui semble le plus simple et le plus uniforme, un petit paysan dont la famille habite une ferme isolée. En fait, le milieu naturel qui l'entoure est déjà si compliqué et si variable que son attention ne peut manquer de s'y perdre. Les champs, les prairies et les bois où il s'ébat lui présentent des milliers d'espèces végétales de tout aspect et de toute grandeur ; chacun des spécimens de ces espèces est toujours en voie de changement. Selon les saisons, les animaux sauvages se succèdent et se remplacent devant lui. Les phénomènes atmosphériques ne sont jamais constants. L'activité de la ferme varie elle-même avec les saisons. Tout concourt, en somme, à dissiper l'attention de cet enfant et à le faire vivre dans une sorte de vertige. A plus forte raison en est-il ainsi de l'enfant des villes.

Or l'attention du petit enfant est déjà naturellement très instable, parce qu'elle est toute spontanée. Elle n'obéit pas seulement à la curiosité, mais aussi à l'instinct de jeu ; plus souvent encore elle est excitée par la crainte ou par la conscience d'un besoin. Pour le jeune enfant comme pour l'animal, le monde se partage d'abord en choses qui se mangent et en choses qui ne se mangent pas, puis en choses qui font mal et en choses qui ne font pas mal. Les propriétés vraiment instructives n'intéressent qu'en second lieu.

Si l'enfant forme seul son expérience, inévitablement sa pensée présentera une extrême confusion ; les seules idées directrices seront celles qui sont liées à des émotions vives, c'est-à-dire à des satisfactions et à des souffrances d'origine égoïste.

Le premier moment d'une éducation mentale est donc une éducation de l'attention. Il faut que l'attention cesse d'être instable. Ce n'est pas par l'emploi des châtiments et des récompenses que l'on peut corriger cette instabilité ; il faut que la curiosité devienne plus forte que les autres mobiles ; il faut donc que le maître sollicite la curiosité de l'enfant, la dirige vers des objets réellement instructifs et la retienne en faisant surgir, dans un certain ordre, les questions auxquelles l'existence et les propriétés de l'objet peuvent donner lieu.

Telle est la méthode intuitive : elle peut s'appliquer tour à tour à un phénomène atmosphérique, à un minéral, à un végétal, à un animal, à un produit de l'industrie ou de l'art humain. Elle se proposera toujours trois fins immédiates qui, réunies, constituent l'éducation de l'observation.

§ 59. — Tout d'abord elle perfectionne la perception sensible. On a dit que nos sens peuvent être des instruments de précision ou des instruments très grossiers selon l'usage que nous savons en faire. Le danger de la civilisation est d'affaiblir la puissance de l'organe sensoriel, notamment l'acuité visuelle ou auditive. Or la perception est sous l'influence de l'attention, comme le prouve l'éducation du peintre, du musicien, du dégustateur et, dans un autre ordre, celle de l'astronome, du météorologiste, du botaniste. L'aptitude à bien faire usage des sens est particulièrement nécessaire aux enfants des classes laborieuses. La vie et l'intégrité physique des ouvriers sont constamment exposées aux risques les plus graves. Leur première sauvegarde est la puissance de l'attention, l'esprit d'observation. Il faut qu'il leur aît été inculqué dès l'enfance pour que le maniement de l'outillage industriel contemporain ne leur impose pas un vrai surmenage cérébral ; c'était d'ailleurs à eux que pensait Pestalozzi en créant et en propageant sa méthode.

En second lieu la méthode intuitive fixe les images dans l'esprit des enfants. Le maître ne doit pas seulement montrer les choses ou même les faire discerner clairement, ce qui est déjà mieux ; il doit les faire décrire. L'application complète de la méthode de Pestalozzi conduit même à demander un dessin sommaire, en utilisant ainsi une aptitude très générale chez les enfants.

Enfin la méthode intuitive fait surgir les idées, et par là elle prépare à l'usage des méthodes supérieures. A mesure que l'esprit des enfants a progressé, le maître est naturellement porté à le diriger des choses sur les propriétés et des phénomènes sur les relations. Il les prépare ainsi à concevoir les deux notions d'*attribut* et de *loi* sur lesquelles repose, en somme, toute la culture scientifique et philosophique.

§ 60. — Loin de souffrir de la prépondérance de cette méthode, la mémoire peut en retirer plus de profit que d'aucun exercice de récitation. Si la mémoire doit être exercée, rien n'y est plus propre que la méthode intuitive, précisément parce qu'elle perfectionne les sens et forme l'attention. Si l'on a pu penser le contraire, c'est que trop souvent l'on s'est fait une conception fausse de la mémoire, une conception en contradiction avec toutes les données de la psychologie. On l'a conçue comme un vaisseau dans lequel l'enfant emmagasinerait des matériaux bruts destinés à être utilisés plus tard.

Une certaine pédagogie que l'on ne défend plus guère mais qu'on applique encore paraît reposer sur l'analogie de la mémoire de l'enfant et de l'estomac du ruminant. La mémoire serait une sorte de panse où s'accumuleraient au cours des années d'enfance et d'adolescence des notions brutes destinées à être assimilées plus tard.

Nous nous servons de cette analogie un peu grossière pour en bien montrer l'erreur. La panse du ruminant conserve l'herbe, mais la mémoire de l'enfant ne conserve pas les notions verbales confuses qu'on lui confie hâtivement. Il n'y a dans la mémoire que des images, et toute image a d'abord été une perception. Pour se souvenir d'un fait, il faut l'avoir perçu et bien perçu ; il faut y avoir donné son attention. Réciproquement, tout ce qui a été bien observé, perçu attentivement, subsiste en traits ineffaçables dans la mémoire de l'enfant normal. Le secret pour former la mémoire est de ne laisser jamais pénétrer dans l'esprit que des images claires, en les substituant aux images confuses que laisserait derrière elle une observation incomplète. Autant la récitation des textes, des formules et des nomenclatures est stérile, autant est efficace la perception des choses.

D'ailleurs, n'est-ce pas encore sur l'intuition que l'on compte quand on essaie de perfectionner la mémoire par la récitation ? L'enfant qui a laborieusement appris une leçon s'est gravé dans la mémoire l'image visuelle d'une page imprimée. Sa mémoire est obsédée d'images typographiques, mais si rien n'y correspond dans l'expérience, ce sont les plus vides des symboles.

Au cours des classes dites secondaires, on peut constater la réelle supériorité des résultats que donne l'étude des langues comparée à celle de l'histoire. Observez les élèves d'une classe qui ont laborieusement étudié durant toute une année, une période de l'histoire : les vacances passées, leur mémoire est comme un tableau noir sur lequel on aurait passé l'éponge. Au contraire, si l'élève moyen apprend bien l'orthographe de sa langue maternelle, s'il s'assimile le vocabulaire latin commun, c'est que l'usage répété des dictionnaires, les dictées, puis les versions et les explications de textes, ont formé chez lui la mémoire typographique.

C'est donc à l'intuition qu'est toujours due la formation d'une mémoire tenace et prompte au rappel ; mais, puisque l'organisation de la mémoire typographique ne peut suffire à l'éducation d'un être intelligent, il faut bien préluder à l'étude des textes par l'intuition des choses et des phénomènes.

§ 61. — La méthode intuitive n'est pas propre seulement au développement de l'attention et de la mémoire ; elle seule permet de remédier aux défauts inhérents à la pensée enfantine, et c'est surtout à ce point de vue que la pédagogie expérimentale doit la considérer.

La pensée de l'enfant n'est, à proprement parler, ni concrète, ni abstraite, ni particulière, ni générale : elle est indéfinie ; elle pèche par absence de précision, et par là surtout ressemble à la pensée des races incivilisées. L'enfant ne sait pas bien distinguer ses rêves de ses perceptions ; il ne sait pas non plus tracer une ligne de démarcation entre ce qu'il observe et ce qu'il imagine ; il juge et il pense par analogie ; le terme auquel spontanément il compare tout, c'est lui-même ; c'est surtout sa vie affective.

Aucune condition n'est plus favorable à la naissance des erreurs et ne leur permet mieux de pousser leurs racines. La pensée de l'enfant est un sol où surgissent les hallucinations, les illusions sensorielles et les sophismes verbaux.

L'hallucination n'est pas nécessairement le symptôme du délire. En fait, elle ne semble pas se distinguer radicalement du rêve et peut se produire chez les sujets les plus normaux. Toute conception, toute image un peu intense tend à reprendre les caractères d'une sensation, si le jugement n'y fait inhibition. Or l'imagination de l'enfant est vive et constamment en activité ; l'enfant est donc enclin à projeter hors de lui ses constructions intérieures, surtout quand une émotion en est l'origine. A plus forte raison l'enfant est-il exposé aux illusions des sens. L'illusion diffère de l'hallucination en ce qu'elle a pour point de départ une perception vraie, mais que fausse une interprétation du jugement. L'interprétation ne pourrait être correcte que si l'attention était stable et si le contenu de l'expérience était riche. Mais l'enfant interprète avant d'avoir donné son attention, et son expérience est faite surtout d'émotions.

On voit donc quelle est l'importance d'une méthode qui lui apprenne à *percevoir correctement* en donnant toute l'attention dont il est susceptible à la forme des objets et à leurs qualités distinctives. La perception correcte rend elle-même l'image nette, et par suite elle fait obstacle aux associations d'idées confuses.

Nous n'allons pas jusqu'à dire que l'esprit d'un enfant formé par la méthode intuitive ne sera jamais exposé à l'hallucination et à l'illusion, mais nous pensons que dans sa vie mentale elles seront de plus en plus rares, car le maître lui aura mis entre les mains l'instrument qui lui permettra de rectifier ses opérations spontanées.

§ 62. — La pensée enfantine est exposée à un autre risque, le sophisme verbal, né de la disposition à prendre les mots pour des réalités. Les logiciens qui ont souvent noté la gravité de cette erreur, si féconde elle-même en autres erreurs, n'en ont pas assez indiqué la racine : le défaut de correspondance entre le vocabulaire abstrait que la civilisation communique à l'enfant et la richesse très exiguë de son expérience. Le langage est sans doute un stimulant de l'activité mentale, mais à la condition que le mot pose une question à l'esprit et que l'expérience y apporte une réponse. Si le vocabulaire est riche et l'expérience pauvre, les équivoques, les amphibologies, les ambiguïtés dans les termes et les constructions grammaticales, en un mot tous les sophismes verbaux sont inévitables : deux hommes ne peuvent plus causer sans s'induire mutuellement en erreur.

On peut dire que ce risque grandit avec la civilisation urbaine. L'expérience personnelle d'un petit paysan est facilement plus riche que celle d'un enfant des villes. La conversation des adultes lui communique une langue où la part des termes abstraits est réduite au minimum. La vie rurale met à sa disposition les matériaux d'une expérience peut-être trop riche pour les facultés d'observation dont il dispose. Au contraire, le petit citadin ne voit réellement rien en dehors des produits variés de l'industrie humaine dont il ignore profondément l'origine.

Des statistiques très probantes ont été dressées sur ce point aux États-Unis et en Allemagne. La concordance en est parfaite.

Un médecin de Boston, Stanley Hall, avait fait une enquête pour savoir si les enfants de six ans *connaissent réellement les choses dont les noms leur sont familiers*. Il est arrivé aux résultats suivants : Sur 100 enfants examinés, 14 n'avaient jamais vu une étoile, et 5 n'avaient jamais été à la campagne, 20 ignoraient que le lait provient de la vache, 50 que le bois à brûler provient des arbres, 15 ne connaissaient aucune différence entre le vert, le bleu et le jaune, 4 ignoraient l'existence du porc [1].

Boston est une grande ville, peuplée de plusieurs centaines de milliers d'hommes, mais on se tromperait si l'on attribuait aux enfants des petites villes une expérience beaucoup plus riche. Karl Lange, en Allemagne, a dressé une statistique portant sur 500 enfants de diverses écoles. Sur 100 enfants, 82 n'avaient pas vu le lever du soleil et 77 son coucher; 49 ignoraient ce qu'est un étang, 37 ce qu'est un champ de blé, 82 ce qu'est un chêne, 80 ce qu'est une alouette; 37 n'avaient jamais été dans une forêt; 52 n'avaient jamais vu de montagne; enfin, chose plus extraordinaire, 72 ignoraient comment le pain provient du blé [2] !

Ne croyons pas les petits Français plus favorisés que

1. Cité par Hanns Gross, p. 494.
2. Hanns Gross, p. 495.

leurs camarades d'Allemagne et d'Amérique. Il y a quelques années je rencontrais dans les Vosges, à Mandres, près de Contrexéville, une caravane scolaire logée dans un ancien château sur les bords de la petite rivière du Vair. C'étaient des écoliers du onzième arrondissement de Paris, quartier exclusivement ouvrier. Un de leurs instituteurs me dit que la plupart d'entre eux voyaient la campagne pour la première fois, et que quelques-uns n'avaient même jamais vu la Seine. La rue entre l'école et le domicile paternel était tout leur horizon !...

On voit donc à quel point est nécessaire un enseignement intuitif si l'on veut prémunir la mémoire de l'enfant contre l'accumulation des images verbales, sa pensée contre la confusion des idées et contre l'équivoque. Il faut préluder à l'abstraction et au raisonnement par une perception claire et distincte ; sinon, on échoue à peu près infailliblement.

La méthode intuitive combine l'énergie du travail utile portée au maximum avec la plus grande économie de la fatigue. Elle rend l'enfant observateur en prenant pour ressort sa curiosité naturelle ; or l'aptitude à l'observation est le point de départ de toute méthode, et sans elle l'aptitude au raisonnement est stérile pour la vérité. L'enseignement intuitif ne fait connaître que des vérités de fait, relatives la plupart au monde extérieur, mais c'est par ces vérités qu'il faut commencer ; elles ne sont ni les plus élevées ni les plus importantes, mais elles servent de critère aux autres. La marche de la pensée individuelle reproduit normalement celle de la pensée du genre et c'est en connaissant de mieux en mieux le monde extérieur que l'homme s'est affranchi graduellement des erreurs que son imagination enfantait sous l'impulsion des sentiments.

§ 63. — D'ailleurs l'enseignement intuitif n'est pas sans effets moraux : il est le plus sûr remède à la paresse. Qu'est la paresse sinon l'inertie de la pensée? La pire paresse est celle des bons élèves sans initiative, modèles de docilité, mais ne cherchant jamais rien par eux-mêmes et prenant l'habitude de compter toujours sur l'activité d'autrui. L'enseignement verbal multiplie les paresseux de ce genre ; il dispose même le maître à n'apprécier que ces paresseux supérieurs, en refusant son estime aux esprits actifs suspectés d'indocilité. L'enseignement intuitif remet toutes choses en l'ordre. Il ne permet pas d'estimer ceux qui ne savent être que des échos ; il établit une collaboration incessante entre le maître et les esprits actifs et curieux ; c'est un enseignement interrogatif, qui provoque à voir, à chercher, qui ne communique pas la vérité toute faite, mais s'ingénie à la faire trouver. La raison de cette supériorité est qu'il s'appuie sur l'intérêt et réduit au minimum le rôle de l'autorité. Qu'appelons-nous intérêt, sinon la satisfaction de la curiosité à laquelle on ne permet pas de s'assoupir? On compte ici sur l'attention spontanée plus que sur l'attention contrainte, et c'est ainsi qu'on forme peu à peu l'attention volontaire digne de ce nom.

Ceux qui dédaignent l'enseignement intuitif ne peuvent recourir qu'à deux procédés quand ils veulent fixer l'attention instable des enfants : l'un est l'usage des châtiments, l'autre l'appel à l'émulation. Le premier a été le ressort de la pédagogie du moyen âge ; l'émulation a remplacé les châtiments dans une pédagogie plus moderne, mais de ces deux procédés, il est difficile de dire lequel est le plus mauvais. L'appel aux châtiments associe l'idée de l'instruction à celle de la souffrance ; le risque est alors de rendre la science odieuse. Ajoutons que l'habitude, l'auxiliaire ordinaire de l'action du maître, travaille en ce cas contre lui. L'endurcissement à la punition est le résultat redoutable et inévitable de cette façon de procéder. Quant à l'émulation, elle n'agit guère sur la moyenne. Elle stimule les intelligences déjà actives, mais au prix de graves inconvénients moraux ; elle fait pis que d'exciter la vanité ; elle présente aux enfants la conquête de la vérité non comme un but, mais comme le moyen d'affirmer leur supériorité et elle exalte le penchant à la domination. Au contraire, une méthode qui excite l'intérêt, qui stimule la curiosité désintéressée, a déjà une valeur morale ; elle donne un prix à la vérité, dispose à la chercher pour elle-même, à être heureux de l'avoir trouvée et de pouvoir la mettre en pratique non pour soi seul, mais pour tous les autres.

CHAPITRE XI

COUP D'ŒIL SUR LES APPLICATIONS DE LA MÉTHODE INTUITIVE.

§ 64. — La pédagogie expérimentale met fin à l'équivoque qui longtemps nous a conduits à confondre la méthode intuitive avec la leçon de choses telle qu'elle peut être donnée à l'école maternelle ou dans les premières classes de l'école primaire. La méthode intuitive est la plus générale et la plus certaine des applications de la pédagogie expérimentale à la didactique. Elle doit cette généralité à ses rapports avec la source même de l'expérience, à la diversité des opérations qu'elle met en œuvre et qu'elle combine : la description, le dessin, le modelage ; à l'étendue de ses applications qui sont scientifiques, esthétiques te pratiques ; enfin à la souplesse qui lui permet de se régler sur l'évolution mentale tout entière, depuis la sensation la plus concrète jusqu'à une première aptitude à schématiser.

Ardigò note, en effet, avec raison que la méthode intuitive a des degrés, et qu'à côté de l'intuition directe ou concrète il est une intuition indirecte ou schématique, celle qui fait usage d'images, de globes, de cartes, etc. [1]. La méthode intuitive convient donc à l'instruction des adolescents et des adultes comme à celle des

1. Ardigò, Ire partie, ch. v.

plus jeunes enfants, à l'enseignement secondaire et supérieur comme au degré primaire. Sans doute elle n'a pénétré que difficilement dans la pratique scolaire. Elle rencontre très souvent d'aveugles résistances et n'a reçu encore que des applications partielles. Chose étrange ! elle a eu plus de succès dans l'enseignement des adultes ! La conférence avec projections, l'enseignement par l'aspect, objet d'une si grande faveur, n'est en effet qu'une application détournée de l'enseignement intuitif. Attribuerait-on aux enfants une attention stable dont leurs parents se montrent incapables ?

La raison de ce contraste énigmatique, c'est que les conférenciers qui s'adressent aux adultes n'ont pas les mains liées par des programmes circonstanciés et par des traditions héritées du XIIIe siècle. La situation du professeur et de l'instituteur est malheureusement tout autre que la leur. Les programmes qu'ils doivent parcourir sont minutieux, infiniment étendus, et il s'en faut qu'ils aient toujours été inspirés par des études pédologiques. Il n'est pas étonnant que les maîtres se voient amenés à préférer souvent la méthode stérile à la méthode féconde, l'enseignement verbal à l'enseignement intuitif. A la superstition des programmes ajoutons un esprit d'économie souvent sordide, le dédain scolastique de l'expérience et de l'induction, enfin le souci du succès à tout prix dans les examens et les concours, souci favorable à la méthode mnémotechnique, et nous aurons le secret des résistances que la méthode intuitive rencontre encore parfois dans un corps où elle devrait être populaire et préférée à tout autre mode d'enseignement. Une exposition de la pédagogie expérimentale doit donc contenir une comparaison de la valeur des enseignements donnés avec le concours de la méthode intuitive ou sans elle.

§ 65. — Les sciences de la nature forment le premier domaine de la méthode intuitive. De la leçon de choses faite à l'école primaire jusqu'aux exercices de l'enseignement scientifique supérieur, c'est l'intuition qui domine, en botanique, en zoologie, en géologie, en minéralogie. Elle pourrait aussi dominer dans l'enseignement de la physique et de la chimie. Qu'on ne s'arrête pas à l'objection trop classique de la dépense occasionnée par l'application d'une telle méthode ! Que d'expériences, que d'observations utiles n'exigent ni collections coûteuses ni longues préparations, et peuvent cependant familiariser l'enfant avec les grands phénomènes de la nature et avec leurs lois ! Diriger l'attention des enfants sur les différentes formes des nuages et leur apprendre à bien distinguer un cumulus d'un stratus ou d'un cirrus ; profiter d'une matinée brumeuse pour leur expliquer la formation des brouillards ; les amener à concevoir l'identité du nuage et du brouillard et élever leur esprit jusqu'aux lois générales de l'évaporation ; leur faire noter par une journée d'été la formation des nuages d'orage et les rapports qui l'unissent à l'état général de la température ; enflammer une allumette et appeler leur attention sur la différente coloration des trois flammes du phosphore, du soufre et du bois pour leur apprendre que tous les corps peuvent passer à l'état gazeux et que chacun d'eux brûle avec une couleur qui lui est propre ; par un temps froid, placer deux bougies allumées à la porte d'une pièce chauffée, l'une à la partie inférieure, l'autre à la partie supérieure, leur demander ensuite en quel sens ils voient les flammes se diriger, provoquer de leur part l'explication des mouvements contraires qu'ils observent, leur parler à ce propos du poids de l'air à différentes températures et leur expliquer l'origine des brises de mer, celle des vents alizés ainsi que leurs rapports avec les différents climats, autant d'expériences aussi simples et aussi gratuites qu'elles sont fécondes.

Cependant il est triste de constater que, dans les classes secondaires surtout, l'enseignement des sciences physiques reste trop souvent abstrait et livresque ; que le professeur y montre avec trop de complaisance sa virtuosité mathématique et traite trop tous ses élèves comme de futurs candidats à l'École polytechnique. L'enseignement des sciences naturelles elles-mêmes est loin de faire à la méthode intuitive la place à laquelle elle a droit. Les vrais musées scolaires sont encore rares et insuffisants. On n'entend guère parler d'herborisations ou de promenades géologiques. En vain le jardin botanique et le muséum zoologique ouvrent leurs portes en face de celles d'un lycée : si quelque rare écolier les visite, c'est sur le conseil d'un père de famille. Les règlements retiennent le professeur entre les murs de sa classe et n'admettent pas qu'il puisse enseigner utilement ailleurs. Quant à interroger des candidats au baccalauréat dans un muséum ou un jardin botanique, quant à les placer en face de collections géologiques ou d'instruments de physique, cette idée seule est trop contraire aux traditions des jurys scientifiques pour qu'il soit possible de l'exprimer même timidement. Le tableau noir et la craie sont les seuls auxiliaires de l'examinateur.

§ 66. — Les fondateurs de la méthode intuitive, Pestalozzi et Herbart, la jugeaient applicable à l'enseignement des vérités mathématiques les plus élémentaires. A l'origine de l'arithmétique est le dénombrement d'une collection ; à l'origine de la géométrie est l'intuition de la figure. Si cette double intuition fait défaut, l'application des idées pures d'unité, de divisibilité, de continuité, de rapport et de proportion sera impossible. Les procédés primitifs du calcul semblent donner raison aux partisans de la méthode intuitive. Au moyen âge, l'arithmétique s'appelait l'*art de jeter*, de compter avec des jetons [1] ; c'est ce procédé que Molière met encore sur le théâtre dans la première scène du *Malade imaginaire*. Les Chinois n'en connaissent pas d'autres ; c'est aux négociants chinois qu'on attribue l'invention du boulier-compteur que les Tatars ont porté en Russie d'où il a passé dans les écoles européennes. Beaucoup de maîtres jugent cet auxiliaire indispensable à l'étude des éléments de la numération. Quant à la géométrie, Rousseau avait démontré l'applicabilité de la méthode intuitive dans un célèbre passage de l'*Émile* : « Ce qui devient pour nous l'art de raisonner ne doit être pour les enfants que l'art de voir. Au lieu de leur donner notre méthode, nous ferons mieux de prendre la leur, car notre manière d'apprendre la géométrie est bien autant une affaire d'imagination que de raisonnement... Faites des figures exactes, combinez-les, portez-les l'une sur l'autre, examinez leurs rapports : vous trouverez toute la géométrie élémentaire en marchant d'observation en

1. Franklin, ch. III, § 2.

observation, sans qu'il soit question ni de définitions, ni de problèmes, ni d'aucune autre forme démonstrative que la simple superposition. Pour moi, je ne prétends point apprendre la géométrie à Émile : c'est lui qui me l'apprendra ; je chercherai les rapports et il les trouvera, car je les chercherai de manière à les lui faire trouver. Par exemple, au lieu de me servir d'un compas pour tracer un cercle, je le tracerai avec une pointe au bout d'un fil tournant sur un pivot. Après cela, quand je voudrai comparer les rayons entre eux, Émile se moquera de moi et il me fera comprendre que le même fil toujours tendu ne peut avoir tracé des distances inégales, etc. La géométrie n'est pour mon élève que l'art de se bien servir de la règle et du compas [1]. »

Rousseau préjuge trop de l'aptitude de l'élève à passer de l'observation au raisonnement. L'enseignement des mathématiques est avant tout une éducation de l'esprit analytique, et l'intuition n'y suffit pas. En résulte-t-il que l'application de la méthode intuitive aux mathématiques doive consister seulement en quelques exercices sur le boulier-compteur, sans lien aucun avec l'étude ultérieure de l'arithmétique et de la géométrie ? Nous voudrions donner très brièvement nos raisons de croire le contraire.

Chacun sait combien la statistique est réputée aride et rebutante Exposez des colonnes de chiffres à un public intéressé aux questions sociales et vous êtes certain de le mettre en fuite. Donnez-lui à lire des œuvres où les tableaux statistiques servent de base aux inductions, il est à craindre qu'il ne les ouvre pas. Cepen-

1. *Émile*, livre II, édition Didot, pp. 151 153.

dant le dénombrement des cas observés est une opération sans laquelle aucune induction n'est possible. Toutes les sciences y ont recours, et d'autant plus qu'elles peuvent moins faire usage de l'expérimentation artificielle. La statistique au sens propre est un essai de mesure des forces sociales par certains de leurs effets, et sans cette mesure la sociologie ne peut faire un pas en avant. Il faut pourtant constater cette aversion commune des colonnes de chiffres : elle dénote une répugnance qui atteste la fatigue de l'attention.

Le statisticien a cependant un moyen d'atténuer cette répugnance : c'est de substituer aux tableaux statistiques les courbes, les graphiques et, si possible, les reliefs. L'effort de l'abstraction devient moindre, la fatigue de l'attention décroît, et avec elle l'aversion.

Il y a là une donnée dont la didactique des sciences mathématiques doit tenir grand compte. L'arithmétique est sans conteste une science plus abstraite que la géométrie, et rien n'impose à l'attention de l'enfant une fatigue plus grande que le maniement des signes numériques. De la fatigue naît la répugnance qui de l'arithmétique s'étend à toutes les études mathématiques, puis à l'ensemble des sciences positives. Notre enseignement traditionnel des mathématiques oppose le plus grand obstacle à une pénétration profonde de l'esprit scientifique dans l'ensemble de la nation [1]. Le produit le plus remarquable de cet enseignement est le

1. N'est-il pas remarquable que l'objection couramment faite à l'introduction de la représentation proportionnelle dans notre système électoral soit que la masse n en peut comprendre le mécanisme ? Or il ne s'agit que de la théorie du plus grand commun diviseur !

polytechnicien ; nous n'en méconnaissons pas la grande valeur si tout produit vaut ce qu'il coûte.

Les sciences mathématiques ont pour objet les rapports entre les nombres et les grandeurs [1]. Leurs données concrètes sont d'un côté des collections discontinues, de l'autre des grandeurs continues. Si l'enfant devait s'arrêter à l'étude des nombres entiers et à la pratique des quatre règles, les méthodes encore en usage ne donneraient peut-être pas lieu à de trop vifs reproches. Mais il doit encore étudier la divisibilité, les rapports, les fractions et les nombres fractionnaires, les quantités négatives, etc. Le professeur doit l'élever de la représentation concrète de la collection (représentée par exemple par le boulier-compteur) à la notion rationnelle du nombre ; or elle présuppose celle de la grandeur. C'est la ligne indéfiniment divisible qui nous donne la notion du nombre fractionnaire [2] ; l'intuition de la ligne droite ou courbe doit donc précéder tout raisonnement sur les propriétés des nombres. A cet égard, Rousseau a pleinement raison contre les partisans des méthodes qui ont trop longtemps présidé à notre enseignement traditionnel des mathématiques [3].

Intuition, analyse, synthèse, telle est la marche naturelle de l'esprit humain, et tel est le progrès normal de l'esprit de l'enfant. En dépit de quelques réformes introduites dans les classes élémentaires par le programme de 1902, notre enseignement des mathéma-

1. Couturat, IIe partie, livre IV.
2. *Id.*, *ibid.*
3. Aurait-on adopté ces méthodes vicieuses si l'on était resté plus fidèle à la tradition euclidienne ? On a fait remarquer que l'arithmétique abstraite est exposée dans trois livres des Éléments d'Euclide. (Livres VII, VIII, IX.)

tiques enfreint systématiquement cette loi. Non seulement il néglige le concours que pourrait lui apporter l'intuition, mais on peut dire qu'il n'applique même pas la méthode analytique. Il fait étudier l'arithmétique, y compris la théorie de la divisibilité et des rapports, avant la géométrie et la géométrie plane avant toute intuition des solides. Il présuppose l'aptitude à la synthèse avant d'avoir rien fait pour la cultiver, et nous voyons les maîtres toujours prêts à imputer à un défaut d'aptitudes naturelles la responsabilité d'échecs dont une méthode vicieuse est l'unique cause.

Nous convenons que la méthode des mathématiques est essentiellement analytique, et que la principale fonction de cette science est de cultiver chez les jeunes gens l'aptitude à l'analyse abstraite. Mais le point de départ de l'analyse doit être l'intuition de la collection et de la figure ; la marche normale doit se faire des mathématiques concrètes aux mathématiques abstraites. L'étude de la géométrie doit précéder non seulement celle de l'algèbre, mais encore la théorie arithmétique de la divisibilité, des rapports et des fractions. Aussi longtemps que l'enfant est hors d'état d'étudier les éléments de la géométrie, il faudrait se contenter, d'après la méthode américaine, de l'exercer au calcul mental et de l'y rendre habile.

Faut-il préluder au calcul pratique lui-même par des exercices d'intuition ? Faut-il généraliser l'usage du boulier-compteur ou proscrire de toutes les écoles ce vieux reste de l'art de « jeter » ? Les opinions sont partagées, et nous voyons un partisan fervent de la pédagogie expérimentale, Schuytten, estimer qu'en ce cas la notion abstraite du nombre se forme plus facilement sans l'intuition d'une collection concrète. Nous pensons qu'il faut se garder ici de toute solution trop générale. Si l'intelligence de tous les enfants appartenait au type abstrait, le retour à l'intuition des collections serait inutile ou même nuisible. L'enfant qui a besoin du boulier-compteur pour recevoir les notions de la numération et de l'addition ne sera jamais un mathématicien. Mais l'enseignement des mathématiques s'adresse-t-il uniquement à des mathématiciens-nés ? Ne faut-il pas aider les intelligences réfractaires au raisonnement quantitatif abstrait à cultiver les mathématiques assez du moins pour en comprendre la méthode et pour aborder l'étude des sciences physiques et de la statistique ? Si la méthode intuitive aide à vaincre les premières difficultés que le calcul oppose à la moyenne des enfants, on ne doit pas hésiter à l'appliquer. La raison humaein n'est pas arrivée d'emblée à notre numération décimale écrite ou même parlée. Le Mélanésien ne connaît pas d'autre unité que le doigt, pas d'autre multiple que la main et 100 est pour lui la limite de la série des nombres.

§ 67. — Reproduire par le dessin ce qu'on a observé par la vue était, aux yeux de Frœbel, une opération essentielle à la méthode intuitive bien comprise. Pestalozzi pensait de même. A Berthoud et à Yverdun les exercices de dessin accompagnaient les exercices de langue et de calcul. Sur ce point encore, Rousseau avait devancé les créateurs de la méthode intuitive et noté la tendance qui porte les enfants, « grands imitateurs », à tenter de reproduire par le dessin l'image de tout ce qui les frappe[1]. Il avait distingué entre un exercice

1. *Émile*, livre II, édit. Didot, p. 114.

élémentaire et général qui, partant d'un simple jeu, fait l'éducation de la vue et de la main et l'initiation à la technique d'un art. Il se garde de donner à son élève « un maître à dessiner, qui ne lui donnerait à imiter que des imitateurs ». Il veut qu'il n'ait « d'autre maître que la nature ni d'autres modèles que les objets. Je veux qu'il ait sous les yeux l'original même, et non pas le papier qui le représente, qu'il crayonne une maison sur une maison, un arbre sur un arbre, un homme sur un homme, *afin qu'il s'accoutume à bien observer les corps et leurs apparences*... Je sais bien que de cette manière il barbouillera longtemps sans rien faire de reconnaissable, qu'il prendra tard l'élégance des contours et le trait léger des dessinateurs, peut-être jamais le discernement des effets pittoresques et le bon goût du dessin ; *en revanche il contractera certainement un coup d'œil plus juste, une main plus sûre, la connaissance des vrais rapports de grandeur et de figure qui sont entre les animaux, les plantes, les corps naturels, et une plus prompte expérience du jeu de la perspective. Mon intention n'est pas tant qu'il sache imiter les objets que les connaître*[1]. »

Pestalozzi voyait aussi dans le dessin un auxiliaire de la connaissance, un moyen de faire l'éducation de l'attention et de passer de l'intuition à l'analyse. « Nous n'avions, dit son élève Ramsauer, ni modèles ni conseils, mais seulement des crayons rouges et des ardoises. Et pendant que Pestalozzi nous répétait des phrases tirées de l'histoire naturelle, nous devions dessiner ce que nous voulions. Mais nous ne savions par où com-

1. *Émile,* livre II, édition Didot, pp. 149 150

mencer ; les uns dessinaient de petits hommes, de petites femmes, d'autres des maisons, des traits, des ornements, des arabesques et tout ce qui leur venait à l'esprit[1]. » Plus tard, à Yverdun, quand Pestalozzi adapta sa méthode à l'enseignement secondaire, le dessin devint plus analytique et se rapprocha de la géométrie. Les élèves étaient exercés à combiner des lignes droites, horizontales, obliques, perpendiculaires, puis des triangles, des carrés, des parallélogrammes, enfin des courbes ; jamais ils ne devaient faire usage de la règle ni du compas.

L'enseignement des écoles américaines paraît avoir conservé la tradition de Pestalozzi, ou pour mieux dire avoir distingué, selon le conseil de Rousseau, entre l'éducation de l'œil et de la main et la formation technique du dessinateur. « Le dessin y intervient constamment, non seulement dans les devoirs d'histoire naturelle et de physique, où il a plutôt le caractère scientifique, mais même dans les devoirs d'histoire et de littérature… Par exemple un sujet est donné : Annibal franchissant les Alpes, Washington passant la Delaware, le charme d'une matinée de printemps. L'écolier le développe et joint à sa rédaction un croquis à son choix, une vue des Alpes, un portrait de Washington, les bords de la Delaware, un soleil levant, des fleurs du printemps, etc. Il voit ainsi ce qu'il raconte et exerce l'habileté de sa main[2]. » Ailleurs, le dessin est resté presque partout une spécialité isolée de la culture générale. On a transporté à l'école élémen-

1. Ramsauer cité par Hérisson, p. 185, et par von Raumer, t. II, p. 335.
2. Dreyfus-Brisac, t. II.

taire et au collège les procédés en usage dans les écoles des beaux-arts ; on a tout sacrifié à l'espoir d'éveiller quelques vocations artistiques ; le résultat ordinaire a été d'annihiler chez le plus grand nombre l'activité de jeu qui se portait d'elle-même sur les lignes et les couleurs ; tel enfant qui dessine avec amour dans sa famille manifeste la plus vive aversion pour les exercices en usage à l'école ou au lycée.

Herbert Spencer a noté avec force le contresens sur lequel repose, en Angleterre et en France, l'enseignement officiel du dessin. On a voulu en faire « une grammaire de la forme avec exercices. Le système qui consiste à faire une sèche analyse des éléments au début d'une étude, système banni de l'enseignement des langues, reparaît dans l'enseignement du dessin. Nous commençons par le défini au lieu de commencer par l'indéfini ; l'abstrait précède encore une fois le concret, la conception scientifique les expériences empiriques. Nous n'avons pas besoin de répéter que c'est là renverser l'ordre naturel[1]. »

En France, où l'aptitude aux arts plastiques est si grande et si générale, la pédagogie du dessin semble en être à ses premiers balbutiements. C'est encore une hardiesse d'y revendiquer les titres de la méthode intuitive. Nous en donnerons comme preuve la série de discussions et de conférences organisées en 1908 au *Musée pédagogique* par M. Langlois sous l'inspiration de M. Liard et la présidence effective de M. Bayet. On y a entendu de nombreux orateurs attaquer et défendre la tradition nationale ; controverse qui atteste moins le

1. Herbert Spencer, chap. II, traduction fr., pp. 97-98.

mouvement des idées que la résistance énergique encore opposée par la « tradition » à la pénétration des idées les plus évidentes [1]. Certains orateurs y ont exposé des vues très justes mais qui datent de l'*Émile* et de la *Gertrude* de Pestalozzi. Notons-les cependant, car peut-être inspireront-elles quelque jour une réforme des procédés de l'enseignement. 1° La méthode actuelle ne tient pas compte de la psychologie de l'enfant, qui est né observateur. 2° L'enfant n est pas seulement dessinateur, mais coloriste ; la boîte à couleur est l'un de ses objets préférés ; or la méthode actuelle interdit à l'élève de toucher à un pinceau. 3° L'enfant obéit à la loi du moindre effort ; il se plie vite aux exigences d'une technique particulière. Le rôle du maître est de l'amener à bien voir pour le détourner de la routine ; on l'exercera à reproduire de mémoire des modèles qui seront soustraits à sa vue après qu'il les aura contemplés attentivement. 4° Le dessin linéaire et géométrique a sa valeur éducative ; ce serait une erreur de le bannir entièrement de l'enseignement ; il faut seulement le remettre à sa vraie place.

Si des idées aussi judicieuses avaient toujours présidé à l'enseignement du dessin, peut-être aurions-nous moins d'artistes médiocres, mais l'éducation de l'attention, et celle de l'esprit d'observation auraient eu un succès plus général. L'échec de la méthode intuitive est dû à la confusion persistante de la forma-

1. Voici la liste de ces conférences : M. Guélin : *Sur l'importance de l'étude du mouvement* ; M. Keller : *Sur les rapports entre le choix de la méthode et la tradition nationale* ; M. Quémoux : *Sur les titres de la méthode intuitive* ; M. Cathoire : *Sur la formation des Maîtres* ; M. Franck : *Sur les arts du dessin comme facteurs de la culture.*

tion de l'artiste avec l'éducation de la vision. Selon une observation judicieuse de Meumann [1], peu d'hommes ont les aptitudes de l'artiste peintre, mais tous peuvent tirer parti des exercices du dessin. Nul ne peut espérer devenir peintre s'il n'a une certaine mémoire de la forme et de la couleur ; mais chacun est né avec l'aptitude à reproduire des contours. En dehors des arts plastiques, le dessin a bien des applications ; il fortifie la mémoire, exerce l'attention, facilite l'abstraction sans la laisser se perdre dans le psittacisme ; il est indispensable aux sciences de classification et aux études géographiques. Une mauvaise méthode dans l'enseignement du dessin est une cause d'arrêt pour la culture tout entière ; elle s'oppose même au développement moral du peuple, car c'est surtout à l'aide du dessin que l'on peut amener les élèves des écoles primaires à goûter les émotions supérieures et désintéressées [2].

§ 68. — En apparence, la méthode intuitive a conquis un domaine qui pendant de longues années lui avait été impénétrable, l'enseignement des langues [3]. La pédagogie expérimentale doit-elle se réjouir de cette victoire ? Nos enfants passent pour étudier aujourd'hui les langues vivantes intuitivement. Sans parler du rôle joué presque dès le berceau par la *governess*, ce personnage devenu indispensable à tant de familles bourgeoises, on sait quelle place tiennent les exercices de conversation qui eux-mêmes roulent, au moins au

1. Meumann, II, pp. 366-376.
2. *Ibid.*
3. *Plan d'études,* pp. 33-41, 63-65, 111-115.

début, sur l'intuition d'images concrètes. Ne nous hâtons pas de croire que la méthode intuitive ait vraiment gain de cause. Faire décrire oralement des choses concrètes en une langue étrangère est peut-être une application très gauche de cette méthode à l'étude des langues.

D'ailleurs pourquoi la nouvelle méthode, jugée si féconde dans l'étude des langues vivantes, l'est-elle si peu dans celle des langues classiques ? Est-il donc deux façons de s'assimiler un idiome étranger ? L'origine de l'antithèse est facile à trouver ; dans un cas, tout est sacrifié à l'intelligence de la grammaire, sans nul souci de l'acquisition et du maniement aisé du vocabulaire ; dans l'autre, c'est du vocabulaire qu'on se préoccupe exclusivement. On tient une réponse toute prête à l'usage de ceux qui manifesteraient à ce propos quelque étonnement : la langue « morte » est faite pour être lue (sinon pour être oubliée) ; la langue vivante est destinée à la conversation, au commerce des hommes. Or il y a là toute une famille de sophismes pédagogiques qu'il serait un peu long d'exposer, mais dont on peut trouver l'origine dans une méconnaissance profonde de toute psychologie expérimentale.

On réserve l'étude du latin et du grec « à la culture supérieure » ; l'étude de l'allemand, de l'anglais et des langues romanes à l'utilité, à la commodité des commerçants et des voyageurs ; mais on ne cherche pas si ces applications différentes de la connaissance des langues doivent modifier profondément les conditions normales de leur assimilation.

La distinction des langues destinées à l'usage et des langues destinées à la culture intellectuelle est sans valeur pédagogique. Le maître et le règlement scolaire ignorent quel parti l'écolier d'aujourd'hui tirera un jour de sa connaissance des langues étrangères. Vous le condamnez à ne s'en servir jamais que pour la correspondance commerciale et les voyages ? Peut-être en fera-t-il un instrument de ses recherches scientifiques, et même un moyen d'élargir sa culture personnelle, de dépouiller un étroit nationalisme, de se faire vraiment une âme d'homme. Il n'est pas aujourd'hui de langues plus humaines, plus largement ouvertes sur l'avenir, plus riches de poésie, de science, d'idéalisme moral et religieux que l'anglais et l'allemand. En France, nous avons besoin de les connaître moins pour exporter et importer que pour nous mettre en contact avec une culture moins unilatérale que la nôtre, moins imprégnée de matérialisme religieux et scientifique. Nous devons donc aspirer à bien connaître le génie de ces langues sans nous contenter d'en assimiler empiriquement le vocabulaire usuel.

D'autre part, où prend-on que l'étude du latin et du grec doive commencer par une sèche analyse des formes grammaticales, ou que la récitation des déclinaisons, des conjugaisons et des règles de syntaxe y soit mieux à sa place que dans l'étude des langues étrangères modernes ? Ce sont des langues *mortes* : en résulte-t-il qu'elles doivent *mortellement* ennuyer les élèves qui y cherchent un moyen de culture ?

Une méthode générale est donc nécessaire à l'étude des langues étrangères, quelles qu'elles soient. Nous n'avons pas la prétention de la définir en quelques lignes, mais seulement de montrer la part qu'y peut tenir la méthode intuitive.

La distinction radicale de la langue maternelle et de la langue étrangère est notre point de départ : c'est, en effet, une vérité sociale autant que psychologique. *Quand on prétend amener un élève à penser dans l'idiome d'un autre peuple, on se heurte aux lois du langage intérieur.* Le résultat ainsi recherché ne serait obtenu que si l'enfant confié presque dès sa naissance à une famille étrangère était dénationalisé. Sans doute on ne veut pas atteindre ce but ; la connaissance des langues étrangères serait alors payée d'un trop haut prix ! Dès que nos états de conscience sortent de la sphère des processus élémentaires, ils sont immédiatement associés à des images verbales : là est la grande différence entre l'enfant normal et le sourd-né. Mais ces images verbales, qui les fournit si ce n'est la nation au milieu de laquelle nous sommes nés et dont nous vivons la vie ? L'association entre l'état mental et l'image verbale est si intime qu'elle en devient souvent subconsciente. La langue maternelle n'aura-t-elle pas toujours à cet égard une immense supériorité sur toute langue apprise plus tard ? Sans doute on espère vaincre cette difficulté en confiant l'enfant dès le berceau à la *governess*, de quelque nationalité qu'elle soit. Mais si on ne réussit pas complètement à le dénationaliser, c'est-à-dire à faire de sa langue maternelle une langue étrangère et *vice-versâ*, on le condamne à parler mentalement une sorte de *lingua franca* ou de *pigeon-english* et à perdre à jamais le sens de l'harmonie et de la beauté d'une langue.

On ne peut donc pas éviter à l'enfant élevé normalement l'obligation de traduire sa langue maternelle, c'est-à-dire le langage intérieur inséparable de son activité consciente, dans la langue ou les langues qu'il doit s'assimiler par l'usage. Mais on peut l'amener à une traduction rapide, presque spontanée, telle que le terme étranger s'associera instantanément au terme national, comme celui-ci à l'idée ou à l'image. L'étude des langues anciennes vise ce but tout autant que celle des langues modernes. On ne parle pas ces langues, mais on les lit, du moins quand on les sait, et vraisemblablement on les étudie en vue de les savoir.

L'étude des langues étrangères doit faire appel à la méthode intuitive, au début tout au moins. Mais est-ce bien y faire appel que de mettre, pendant toute une année, deux ou trois dessins sous les yeux d'un enfant et de les lui faire décrire à l'aide d'un livre ? C'est confondre la méthode intuitive avec la description orale qui en est un simple auxiliaire.

Si vous placez sous les yeux des élèves d'une classe d'allemand l'image d'un lion ou d'une maison, ils savent déjà que vous allez leur parler d'un lion ou d'une maison. Leur attention est dirigée dans un certain sens. Mais vous n'avez encore fait qu'une application toute formelle de la méthode intuitive. L'intuition commence au moment où l'enfant entend prononcer nettement les mots *Lœwe* et *Haus*, où il est appelé à les répéter et à les écrire lui-même. L'objet de l'intuition n'est pas ici, pour parler comme Pestalozzi, la *forme*, mais le *mot*. Cette intuition est double : c'est celle du son et celle du signe écrit, car tout comme la langue morte, la langue dite vivante est pour celui qui l'ajoute à sa langue maternelle une langue écrite autant qu'orale.

Le vocabulaire d'une langue est pour une très petite part une désignation de choses concrètes et des qualités purement sensibles ; une langue est chose sociale ; elle exprime des actions et des idées. La confusion qui règne actuellement ici entre l'intuition des formes et l'intuition des mots conduit à ce résultat que l'élève a la mémoire pleine des signes des choses matérielles et des qualités sensibles, et qu'il ignore longtemps ceux qui servent à désigner les idées morales, les actes, les relations sociales, etc.

L'usage d'une langue est autre chose que la simple aptitude à comprendre un vocabulaire et à l'employer soi-même ; c'est le maniement correct et intelligent des flexions, c'est la connaissance de la syntaxe. Ici, rien de plus défectueux que la prétendue méthode intuitive introduite brutalement dans notre enseignement en dépit de la résistance éclairée de beaucoup des maîtres qui le donnaient.

Si nous voulons enseigner à un enfant la déclinaison du mot *Haus* et lui faire connaître l'usage du génitif, il suffit que nous lui fassions entendre distinctement une phrase telle que celle-ci : *die Tür des Hauses* : il est vraisemblable qu'il connaît déjà les choses elles-mêmes.

Pour être fidèle à la méthode intuitive, il faut sans doute aller de l'usage à la connaissance de la règle, mais il faut que l'usage soit connu et que la règle soit enfin formulée, car on sait combien la connaissance d'une formule épargne l'effort de la mémoire. La méthode qui a été imposée d'en haut aux professeurs de langue vivante et dont un ministre gascon, M. Georges Leygues, vantait les résultats après un an d'application nous semble, ici encore, aller au rebours des exigences de la méthode intuitive.

L'application intelligente de la méthode intuitive

exige la gradation réfléchie des exercices, dans l'étude des langues étrangères comme en toute autre. On ne doit enseigner aucune connaissance nouvelle sans s'assurer qu'elle se rattache aux connaissances déjà acquises ; celles-ci, au début du moins, ne peuvent être que très élémentaires. *La plus grave et la plus ridicule des erreurs pédagogiques est celle qui consiste à croire l'élève parvenu d'emblée au terme de l'étude qu'on lui fait commencer.* Nous croyons discerner cette erreur dans la prétendue méthode qui préside actuellement à l'enseignement des langues vivantes.

Deux axiomes ont été posés. 1° La classese fait dans la langue même qu'il faut apprendre ; il ne doit pas y être prononcé un seul mot en français, 2° Les livres élémentaires doivent être rédigés dans la langue étudiée. On ne tolère aucun dictionnaire qui ne soit écrit en cette langue. La règle de la gradation pourrait-elle être plus outrageusement méconnue ? Devenir capable d'entendre ou de comprendre une conversation en langue étrangère, de lire un livre écrit en cette langue, c'est le fruit même de l'enseignement, c'est la preuve du succès obtenu. Encore, remarquons-le, peut-on savoir déjà lire et comprendre une publication étrangère, sans être capable de lire et d'entendre une grammaire. Il n'est rien de plus abstrait qu'un traité de grammaire, rien qui soit plus éloigné de l'usage courant.

On le voit, les partisans de la méthode intuitive n'ont guère à se féliciter des progrès apportés récemment à l'étude des langues vivantes. En réalité, ils doivent y voir un retour au moyen âge et à l'ancien humanisme. Alors, sous peine d'être fouetté, l'élève devait parler latin, n'étudier les règles de la grammaire latine qu'en latin. Nous avons, à vrai dire, supprimé la sanction, mais à cela près, nous avons tout restauré, comme au temps où le fils de la comtesse d'Escarbagnas récitait dans le salon de sa mère les règles de Jean Despautère. A quel nouveau Molière est-il réservé de mettre cet enseignement au théâtre ?

§ 69. — Il n'y a pas deux façons de bien enseigner une langue étrangère. La méthode intuitive, telle que nous l'avons définie, convient donc à l'étude du latin et du grec comme à celle des langues germaniques ou romanes. C'est à tort que l'on proscrirait l'étude des textes dans l'enseignement des langues modernes ; c'est à tort aussi qu'on réduit à presque rien la méthode orale dans l'enseignement des langues classiques. L'intuition du mot n'est complète que si elle est double ; c'est celle du son et celle du mot écrit et imprimé. Les deux intuitions doivent être tantôt unies, tantôt séparées. Un jeune homme ne sait ni latin ni grec s'il n'est pas capable de dégager le sens d'une phrase à la simple audition. Tel est cependant le cas de beaucoup de bons élèves que l'on voit désorientés dès qu'ils n'ont plus sous les yeux un texte manuscrit ou imprimé.

On nous objectera que le professeur de littérature classique ne peut tenter d'enseigner le latin ou le grec par la conversation, car ce serait revenir à l'usage des universités du moyen âge. Aussi n'est-ce pas ce que nous lui demandons. Nous voudrions qu'il exerçât l'oreille autant que l'œil. Nous imaginons un professeur qui à chaque classe lirait lentement et distinctement quelques phrases d'un texte facile, et se ferait ensuite rendre compte du sens de ce qu'il a lu, en graduant les difficultés et en exigeant une précision de plus en plus grande. Ce professeur pratiquerait la méthode intuitive sans avoir besoin de mettre des textes illustrés entre les mains de ses élèves.

Notre enseignement des langues classiques est excellent dans l'ensemble, mais il est affecté d'un grand défaut : le souci excessif de la correction grammaticale. Le *solécisme* est resté un objet d'horreur pour nous comme pour les régents du XVIe siècle, et pourtant la connaissance approfondie des textes classiques et l'histoire de la langue montrent combien est relative la notion du solécisme ! L'effet de cette superstition est que de très jeunes enfants pâlissent encore sur l'étude abstraite et analytique de la syntaxe. C'est ici que la méthode intuitive est méconnue et les règles de la gradation violées. Une grammaire latine à l'usage des écoliers ne devrait comprendre que les tableaux des déclinaisons et des conjugaisons ainsi qu'une étude historique des origines et des transformations de la langue. La syntaxe devrait être apprise par l'usage des auteurs. Il suffirait que le professeur donnât les notions indispensables à l'intelligence de la construction ; elles ne seraient pas bien nombreuses. L'avantage qu'il y aurait à procéder ainsi est que l'on pourrait faire l'économie des classes dites de *grammaire* (des deux premières années tout au moins) et coordonner exactement l'enseignement primaire et l'enseignement secondaire, au grand avantage de ce dernier.

Depuis trente ans l'Université, sous la pression d'une opinion publique justement irritée, a aboli chez nous les exercices surannés que nous tenions de l'ancien humanisme. La composition latine et les vers latins ont disparu. Cependant nous avons conservé le thème, qui n'était qu'un exercice préparatoire à la composition latine, et c'est en vue du thème que nous conservons l'étude minutieuse de la syntaxe ; c'est le souci du thème qui entretient cette horreur du solécisme dont nous parlions. Cet exercice a, nous le savons, ses partisans qui y voient un moyen de fortifier l'attention. Ils oublient que l'éducation de l'attention peut se faire à l'aide d'autres procédés plus sûrs et portant des conséquences moins dommageables. Si le thème présente encore quelque avantage, c'est à la condition qu'il se fasse oralement et sous la direction constante du professeur.

L'étude des langues latine et grecque a une double fin éducative ; la première et la principale est l'intelligence, disons mieux la lecture des grands classiques, et avec elle la formation du goût ; l'autre est l'éducation du sens historique qui se fait excellemment par l'étude génétique et comparative de quelques langues. C'est ainsi que l'étude du latin est le meilleur complément de l'étude du français. Il est trop visible que l'on atteindra cette double fin sans faire naître chez les bons écoliers la hantise de la correction grammaticale. Celui à qui l'usage aura rendu familières les œuvres de Cicéron, de César, de Tite-Live et de Tacite aura le sentiment spontané de l'incorrection à éviter, et d'ailleurs il ne cherchera pas à rivaliser avec ces modèles.

Nous ne jugeons pas l'étude de la grammaire inutile. On verra plus loin que nous y voyons une application indispensable de la méthode analytique. Mais c'est la grammaire de la langue maternelle qui seule y convient. La langue maternelle se prête seule à l'étude analytique de la proposition.

En résumé, la méthode intuitive n'a pas encore conquis le domaine linguistique, mais elle peut et doit le conquérir. L'intérêt de la culture littéraire et philosophique l'exige, et sans cette culture il n'y a pas d'éducation.

§ 70. — L'enseignement actuel de la géographie donne plus de satisfaction aux partisans de la méthode intuitive. Les instituts géographiques fondés dans les principales universités forment peu à peu une génération de professeurs qui voient dans la géographie autre chose qu'une annexe de l'histoire politique. De la conférence populaire, de l'enseignement par l'aspect, les *projections* ont passé dans les classes des lycées (des lycées de jeunes filles tout au moins). Nos meilleurs instituteurs savent faire étudier à leurs élèves la géographie locale. Néanmoins le progrès est lent. De malheureux enfants sont encore condamnés à réciter la liste entière des sous-préfectures ! D'autres, sous prétexte d'étudier la géographie économique, doivent charger leur mémoire de souvenirs beaucoup mieux à leur place dans l'*indicateur des chemins de fer*. C'est toujours la notion de gradation qui fait défaut.

Quoique nos géographes tendent à se diviser en géologues et en économistes (sinon en sociologues), il est aisé de voir ce que représente la géographie dans l'enseignement secondaire : *c'est l'étude de l'adaptation humaine*, c'est un anneau entre les sciences physiques et biologiques d'un côté, l'histoire et la philosophie de l'autre [1]. Elle résume la connaissance du monde

1. C'est ainsi notamment que l'a comprise et exposée dans différents ouvrages M. Camille Vallaux, professeur à l'École navale. Voir notamment

extérieur ; elle introduit à l'étude de la civilisation et de l'État. On peut dire que cette science oriente l'enseignement tout entier, car elle a un caractère éminemment synthétique. Un peuple qui ignore la géographie est voué aux défaites militaires et économiques. On ne lui enseignera jamais la sociologie, et par suite, en politique, il sera toujours égaré par les utopistes et les charlatans.

La routine dans l'enseignement géographique est plus redoutable encore qu'ailleurs, mais la routine ne peut être chassée que par la méthode intuitive. Le créateur de la géographie moderne, Karl Ritter, était un élève de Pestalozzi. C'est à l'institut d'Yverdun qu'il avait conçu la première idée de ses études. Quel était donc le secret de Pestalozzi pour former de tels disciples ? La lecture de *Gertrude* nous montre qu'il avait confondu d'abord la géographie avec une simple nomenclature de noms propres [1]. Mais peu à peu, en appliquant la méthode intuitive, il en avait vu le champ s'élargir ; il avait compris que l'étude du sol et des rapports entre le sol et l'homme est un des meilleurs moyens de former des esprits observateurs. « Les premiers éléments de la géographie, dit Vuillemin, un des anciens élèves de l'institut d'Yverdun, nous étaient enseignés sur le terrain. On commençait par diriger notre promenade vers une vallée resserrée des environs d'Yverdun où coule le Buron. *On nous la faisait contempler dans son ensemble et ses détails jusqu'à ce que nous en eussions l'intuition juste et*

le livre qu'il a fait paraître dans la bibliothèque sociologique de l'Encyclopédie scientifique, Géographie sociale : *la Mer* (1 vol. in-12, Doin, 1909).

1. *Gertrude*, lettre VII°, trad. fr., p. 127-130.

complète. Alors on nous invitait à faire chacun notre provision d'une argile qui reposait en couche dans un des flancs du vallon, et nous en remplissions de grands papiers que nous avions apportés pour cet usage. De retour au château, on nous partageait de longues tables et *on nous laissait, chacun sur la part qui lui était échue, reproduire en relief le vallon dont nous venions de faire l'étude*. Les jours suivants, nouvelles promenades, nouvelles explorations faites d'un point de vue toujours plus élevé, et à chaque fois nouvelle extension donnée à notre travail. *Nous poursuivîmes ainsi jusqu'à ce que nous eûmes achevé l'étude du bassin d'Yverdun*, que, du haut du Montéla qui le domine tout entier, nous l'eûmes embrassé dans son ensemble et que nous eûmes achevé notre relief. *Alors, mais alors seulement, nous passâmes du relief à la carte géographique devant laquelle nous n'arrivâmes qu'après en avoir acquis l'intelligence* [1]. » Telle est l'application de la méthode intuitive à l'enseignement géographique : aller de la géographie locale à la géographie générale, apprendre à retrouver sur la carte la physionomie même du terrain, savoir s'y orienter, apprendre enfin à saisir les rapports entre la nature du sol, l'activité humaine et la distribution de la population.

Objectera-t-on que la méthode intuitive ne permet pas d'aller bien loin et que si l'on s'obstine à l'appliquer seule, on ne dépassera jamais la topographie? Nous rappellerons, avec Ardigò, que la méthode intuitive dispose de deux procédés, l'un direct, l'autre indirect. Là où cesse l'application du premier, le second devient utilisable.

1. Vuillemin, cité par Hérisson, chapitre x, p. 191.

Il faut faire comprendre ce que sont les grands phénomènes géographiques avant de les considérer dans leur répétition et leur distribution sur la surface de la terre. Pour en donner l'intelligence aux écoliers, il faut mettre sous leurs yeux des représentations caractéristiques de ces phénomènes, montrer un glacier, un pic, un défilé, une cataracte, un estuaire, une falaise. Il faut encore mettre sous les yeux les principales plantes et les principaux animaux de chaque région terrestre. Quelques photographies ou photogravures suffisent. C'est en ce cas surtout que l'appareil à projection pourra être utilisé.

C'est ainsi que l'on peut créer des idées claires et des associations d'idées stables. L'Australie, par exemple, semble bien peu faite pour intéresser un écolier de nos pays. Si l'Australie lui est nommée dans une série d'îles, de mers et de continents, il y a bien des chances pour qu'il en ait oublié l'existence au bout de quelques jours. *Mais l'enfant s'intéresse aux animaux et aux plantes, surtout s'ils diffèrent de ceux qu'ils voient d'habitude*. Si donc l'idée de l'Australie est associée à l'image d'un animal extraordinaire tel que le kanguroo, ou d'une plante étrange telle que l'araucaria, elle sera fortement fixée dans le souvenir et elle y éveillera un intérêt. Cette méthode n'a rien d'artificiel : la géographie, comme étude de l'adaptation, a été l'œuvre des géologues, des botanistes et des zoologistes avant d'être celle des économistes et des ethnographes. L'erreur a été longtemps de l'enseigner par les mêmes procédés que la grammaire.

§ 71. — Quand l'enfant a des notions scientifiques et géographiques assez claires et complètes, l'étude de l'histoire peut être abordée. *L'intermédiaire est la géographie historique*. Mais la méthode intuitive est-elle encore applicable ?

Dans l'enseignement historique élémentaire, la grande difficulté est de donner aux enfants le *sentiment du passé*. Il leur est impossible le plus souvent de concevoir que les hommes aient jamais vécu autrement que ceux qui les entourent. Il faut donc leur faire concevoir le passé sans leur en donner le mépris ; il convient même de les élever graduellement jusqu'à la véritable idée du progrès, à la connaissance des efforts pénibles des générations qui ont préparé la civilisation actuelle sans en jouir et sans même toujours l'entrevoir. Or il serait impossible d'évoquer ainsi le passé devant l'esprit des enfants si l'on n'avait pas les ressources de l'*archéologie*.

Enseigner l'archéologie au lycée ou même à l'école primaire, voilà qui peut sembler paradoxal, et cependant, si l'on y réfléchit, l'on voit que c'est là une marche beaucoup plus naturelle et beaucoup plus facile que celle qui consiste à débuter par l'histoire des rois mérovingiens. En France, peu de villes manquent de ces monuments qui rappellent le passé, qui rattachent la civilisation présente à ses origines médiévales et romaines. Beaucoup de villes ont une partie haute et ancienne, une partie basse et récente dont la comparaison atteste à elle seule la marche de la civilisation des luttes guerrières à l'exploitation pacifique des ressources naturelles. Un minimum d'archéologie locale permet de passer à l'archéologie nationale. Les grands spécimens de l'architecture sont les symboles de la civilisation d'une période ; ils parlent aux yeux comme à l'intelligence. Est-il impossible de former dans toutes les écoles et surtout dans tous les lycées une collection de planches ou de photographies représentant tout au moins la série des principaux monuments de la Gaule et de la France, depuis le temple d'Auguste et de Livie à Vienne jusqu'au palais de Versailles, et de les mettre sous les yeux des élèves en groupant les traits principaux de la civilisation que chacun de ces monuments caractérise ? De cette façon, on donnerait, comme dans l'enseignement géographique, des idées fortes ; on formerait des souvenirs ineffaçables. Des œuvres dues à de véritables savants, telles que la *Gallia* de M. Camille Jullian, indiquent la voie à suivre [1].

§ 72. — Il n'est pas une étude où le succès soit possible sans la gradation et la combinaison des exercices ; mais la difficulté est de savoir graduer et combiner. On y échoue souvent, faute de connaître assez la psychologie de l'enfant et de l'adolescent. C'est l'excellence de la méthode intuitive de contraindre en quelque sorte tous ceux qui l'emploient à bien graduer les efforts de leurs élèves et à bien combiner les leurs propres. En l'appliquant avec discernement, le maître voit à quel moment l'étude du concret a donné ses principaux résultats et doit faire place à celle de l'analyse. Plusieurs maîtres qui appliquent cette méthode à des objets différents voient leurs opérations se combiner d'elles-mêmes en quelque sorte. Ils voient, comme le leur avait annoncé Pestalozzi, le dessin, enseigné intuitivement, concourir à l'intelligence des éléments des sciences naturelles, celles-ci faciliter l'étude de la géographie qui fournit à son tour un point d'appui aux études histo-

1. Camille Jullian, *Gallia*, ch. xx à xxiv. (2e édition Hachette, 1902).

riques. Les langues, enseignées de même, développent le sens de l'histoire, et l'histoire facilite la culture littéraire et la culture morale.

Une application plus hardie de la méthode intuitive y associerait le travail manuel. Le vœu de Frœbel était que l'élève dessinât ce qu'il avait observé et modelât ce qu'il avait dessiné. Il est difficilement réalisable, mais tout au moins un enseignement intuitif complet réagirait-il contre une séparation excessive de la culture intellectuelle et du travail manuel. Les traditions de la cité esclavagiste, de la scolastique et de la société féodale nous ont imposé cette séparation, mais elles ne sont pas conformes à la marche réelle de l'activité humaine, et l'éducation de la femme moderne a pu s'élever intellectuellement sans les conserver [1]. Rousseau et Proudhon les ont dénoncés, avec leur éloquence passionnée [2]. Paul Natorp, un des représentants les plus connus de l'école pédagogique fondée par Kant, montre comment le travail peut être associé à la culture la plus libérale, sans aucun préjudice pour celle-ci [3]. Certaines universités de l'Ouest américain ont réussi à rattacher étroitement un travail manuel productif à l'étude du monde extérieur [4]. Entre le maniement de l'outil et le travail de la pensée, la différence s'efface à mesure que l'industrie est davantage une physique appliquée. Toute opération agricole peut être considérée comme une expérience biologique, si toutefois elle est méthodiquement dirigée. La séparation

1. Strowski, *Montaigne*, ch. v, p. 255.
2. *Émile*, livre III, éd. Didot, p. 210 sq.
3. Paul Natorp, *Sozial pædagogik*, III^tes Buch, § 26.
4. Guyau, *Éducation et hérédité*, ch. x.

radicale de l'étude et de la vie est le pire héritage de la scolastique, un héritage que nous pouvons repousser à la condition d'appliquer les méthodes actives dont la méthode intuitive est la première.

CHAPITRE XI

LA MÉTHODE ANALYTIQUE

§ 73. — La méthode intuitive ne peut faire autre chose que de réunir les matériaux de la connaissance ; elle ne permet pas de les élaborer. Mais l'esprit d'un élève convenablement préparé par l'enseignement intuitif peut recevoir d'assez bonne heure une méthode plus parfaite, la méthode analytique, qui dirige le travail de pensée abstraite.

Plus l'esprit de l'enfant a acquis d'idées claires sur les faits, plus il éprouve le besoin de classer ses idées et de découvrir les rapports qui les ordonnent : tel est l'office de l'abstraction.

Mais la formation de la pensée abstraite doit être aidée par l'enseignement. L'éducation doit éviter deux erreurs d'une égale gravité ; l'une est de croire l'enfant totalement incapable d'abstraire ; l'autre consiste à lui attribuer un ensemble de connaissances abstraites innées, indépendantes de l'expérience, et sur lesquelles l'enseignement s'appuierait sans en avoir constaté l'existence.

Selon M. Ribot, chez l'enfant comme dans l'espèce, l'esprit va de l'indéfini au défini [1] ; mais sa loi n'est pas

1. Th. Ribot (3), p. 38-40.

d'aller de l'une à l'autre par la ligne la plus courte et la plus directe. En même temps que la pensée abstraite s'éveille l'imagination, et pendant les années de l'enfance et de l'adolescence, c'est à l'imagination qu'appartient la prépondérance.

Ajoutons que la pensée abstraite est inévitablement une pensée symbolique. Pour classer les faits et se représenter les relations qui les unissent, il faut substituer à la description des faits des représentations abrégées, des signes, des schèmes, des symboles. Or le danger est que l'imagination ne s'empare de ces représentations abrégées et ne les traite comme des réalités.

Il faut donc que la pensée abstraite soit formée méthodiquement ; là est la tâche de tout enseignement qui dépasse le degré le plus élémentaire : nous avons en vue celui qui peut se donner au cours des deux ou trois dernières années de l'enseignement primaire, ainsi qu'au cours de l'enseignement secondaire tout entier.

Mais la marche de la pensée de l'indéfini au défini exige au moins deux opérations successives et complémentaires, l'analyse et la synthèse. Nous devons donc, comme l'a fait Herbart le premier[1], distinguer deux enseignements, l'un proprement analytique, l'autre synthétique, dont le premier enseigne à classer et à abstraire, le second à raisonner.

A vrai dire, l'enseignement analytique ne peut jamais être donné isolément. S'adresse-t-il aux enfants ? il doit être combiné avec l'enseignement intuitif ; s'adresse-t-il aux adolescents ? il doit leur être donné concurremment

1. Herbart, *Allgemeine Pædagogik*, II^tes Buch, V^tes Kap., § II et III (*Pæd. Schrif.*, I^tes Band).

avec l'enseignement synthétique, car l'abstraction pure, séparée à la fois de l'observation et du raisonnement, est une impossibilité psychologique. Cependant la pédagogie doit traiter de la méthode analytique comme si elle pouvait être appliquée isolément et sans le concours des deux autres.

§ 74. — La psychologie n'a pu que tardivement montrer le lien entre cette méthode et les lois de l'activité mentale. Le rôle de la méthode analytique n'a pas été compris aussitôt que celui de la méthode intuitive. Cette dernière a été recommandée aux éducateurs dès la naissance de la psychologie. Sans parler du baconien Comenius [1], les deux écoles qui au XVIIIe siècle ont préludé à la psychologie moderne, l'école de Condillac et l'école associationniste, étaient portées l'une et l'autre à donner l'intuition du fait comme origine à la connaissance. Mais ni les sensualistes français ni les associationnistes anglais ne pouvaient rendre compte de la pensée abstraite. On peut dire qu'ici c'est la pratique pédagogique qui a réagi sur les systèmes psychologiques et contraint les psychologues à reconnaître qu'il faut, pour expliquer la formation de la pensée, autre chose que des sensations et des associations.

Il est digne de remarque que la théorie de l'enseignement analytique ait été ébauchée par Herbart, c'est-à-dire par le psychologue qui a inauguré la seconde phase de la psychologie scientifique. Herbart, en effet, est le premier qui ait montré combien la théorie de l'association des idées est insuffisante et superficielle. Les idées ne s'associent pas le plus souvent, mais elles se

1. Sur Comenius voir Raumer, t. II, pp. 39-82.

modifient réciproquement ; tantôt elles se combinent, tantôt elles se font opposition et se repoussent. Le seul tort de Herbart a été de vouloir traduire les vérités psychologiques en formules algébriques. Encore concevait-il la psychologie quantitative avec plus de profondeur que les psychomètres et les psychophysiciens des laboratoires contemporains.

§ 75. — Aussi longtemps que l'associationnisme expliquait l'abstraction par l'oubli, il était impossible d'avoir une bonne théorie psychologique des fondements de la méthode analytique. Il en a été autrement quand on a reconnu que la dissociation est un fait aussi général que l'association.

Nous savons pourquoi et comment l'aptitude à dissocier les groupes d'images est une conséquence de l'attention volontaire et réfléchie. Quand l'enseignement intuitif a pendant plusieurs années fortifié l'attention, deux opérations nouvelles deviennent faciles : l'une est la comparaison, l'autre la .réflexion. La comparaison n'est, en effet, qu'une attention redoublée, donnée simultanément à deux perceptions ou à deux groupes de perceptions. La réflexion est l'attention portée sur des états intérieurs, sur les émotions, puis sur les images, enfin sur les idées et leurs symboles. Savoir réfléchir est évidemment le meilleur fruit de l'éducation : c'est là que la pensée et la moralité s'identifient, car celui qui sait réfléchir a cessé de vivre toujours et tout entier dans le monde sensible. Mais la réflexion se forme par degrés ; il est déjà impossible d'initier un enfant à la solution des problèmes élémentaires d'arithmétique sans lui enseigner à recueillir son attention et à la ramener sur des rapports abstraits et sur leurs symboles.

La réflexion est-elle même précédée par la comparaison, qui est la forme supérieure de l'observation. On ne peut donner son attention alternativement à deux objets présentant des caractères communs sans concevoir un type général dans lequel rentrent ces deux objets singuliers. Or ce type est déjà représenté à l'esprit par une idée consciente, en sorte que la comparaison s'achève par la réflexion.

Ainsi la pensée abstraite est éducable, non seulement chez l'adulte, mais chez l'enfant. Elle peut être exercée graduellement et préservée des illusions qui risquent de l'égarer, quand elle se développe spontanément et sans guide. Si avant la dixième année tous les exercices doivent être combinés en vue de fortifier l'attention et l'esprit d'observation, un exercice n'a vraiment de valeur au cours des années qui suivent que s'il met en œuvre la pensée abstraite et la préserve du symbolisme vide. Dans la direction du travail mental des très jeunes enfants, la méthode intuitive devait prévaloir, mais pendant les dernières années de l'enseignement primaire, elle doit céder peu à peu la place à la méthode analytique qui doit présider, à peu près seule, à la direction du travail des adolescents.

§ 76. — Il est aisé de conclure que la méthode analytique doit enseigner : 1° à classer les choses, les êtres d'après leurs attributs communs, 2° à simplifier les rapports et à les représenter symboliquement, 3° à décomposer les difficultés pour les mieux résoudre.

Elle peut ainsi élever graduellement l'esprit individuel de l'analyse concrète à l'analyse abstraite, en lui faisant suivre la même marche que l'esprit humain.

Toutefois il n'en résulte pas que l'enfant doive être

exercé d'une manière exclusive à la classification d'abord, puis à l'intelligence des rapports, enfin à la décomposition des problèmes. Les trois opérations marchent de pair. Il n'est pas évident que la classification soit en elle-même une opération plus aisée que la décomposition analytique des données d'un problème mathématique. Néanmoins un esprit déjà riche de notions concrètes et de souvenirs précis éprouve le besoin de classer les faits avant d'être apte à se poser des problèmes généraux et à les décomposer.

Nous devons tenter de montrer le rapport de chacune de ces opérations avec l'éducation de la pensée abstraite et avec la destruction préventive de l'erreur.

§ 77. — La méthode analytique enseigne d'abord à classer les choses, êtres ou phénomènes. La classification est, en effet, le premier remède à l'incohérence, à l'indétermination de la pensée ; nos idées générales représentent des classes bien ordonnées, à moins qu'elles ne soient rien que des mots. Réciproquement nos idées de classes représentent des attributs communs à des groupes d'êtres qui peuvent indéfiniment se renouveler, à des séries de phénomènes qui peuvent indéfiniment se répéter.

L'esprit tend naturellement à créer des classifications ; il y est déjà porté par les exigences de l'activité et celles de la conversation. En effet, nous ne pouvons agir sur le monde extérieur si nous n'avons réparti les êtres en groupes définis et si nous ne distribuons en classes les produits de notre activité. Ceci est surtout vrai de l'activité divisée entre plusieurs agents. Le moindre commerce, la moindre industrie est impossible sans une classification plus ou moins artificielle des produits et sans une distribution, dans le temps et l'espace, des opérations entre les agents qui doivent les accomplir. Pour parler, il faut aussi diviser les êtres et les actions en grandes classes exprimées chacune par un signe qui est ou doit être le même pour tous.

La vie sociale et la vie pratique contraignent donc l'homme à analyser sa pensée, à dissocier les images concrètes et à y substituer la notion des qualités et des attributs.

L'attribut a cette double vertu de distinguer les classes les unes des autres et d'économiser l'effort de la mémoire en tenant lieu de la représentation des êtres individuels. La représentation de l'attribut peut être une idée claire, tandis que le souvenir simultané d'un grand nombre d'événements, de faits ou d'êtres individuels est nécessairement confus.

On voit donc quel intérêt capital il y a à diriger la formation des idées d'attributs ; il faut, en effet, qu'elle soit dirigée : les vices et les équivoques qui remplissent les langues formées spontanément suffisent à le prouver. L'imagination s'associe toujours aux opérations de la pensée abstraite ; la conséquence est que l'esprit infantile et juvénile fait un extrême abus de l'analogie. Les ressemblances les plus superficielles se transforment en analogies et ces analogies sont traitées elles-mêmes comme des identités : le mythe et la magie n'ont point d'autre origine. Mais alors aucune classification rationnelle n'est possible ; on ne peut dépasser l'horizon du mythe. Or l'esprit de l'enfant est exposé à abuser de l'analogie tout comme y était exposé l'esprit des hommes primitifs.

Quelle direction faut-il donner à l'esprit pour qu'il

apprenne à bien classer ? Ici l'indécision n'est pas permise : *il faut suivre la voie que l'esprit humain a découverte au prix de bien des tâtonnements quand il a fondé les sciences de classification.* M. Ribot a même pu, en étudiant l'histoire des classifications zoologiques, découvrir une des lois qui règlent la marche de la pensée abstraite. L'histoire sommaire de ces classifications lui montre : « le passage progressif des notions concrètes abstraites à des concepts de plus en plus abstraits, de la constatation des ressemblances grossières à la recherche des ressemblances subtiles, de la période de l'assimilation à celle où la dissociation prédomine [1]. » L'étude des classifications zoologiques depuis les livres sacrés de l'Orient jusqu'à la phase actuelle, en passant par Aristote, Linné, Cuvier, Oken, montre à l'aide des faits : 1° « comment une hiérarchie de concepts se constitue et, par le travail des siècles, passe de la période des images génériques à l'idéal de l'unité embryologique commune à tous les êtres ; 2° comment le travail de dissociation et d'analyse a été toujours en augmentant, en quête de ressemblances de plus en plus difficiles à découvrir — souvent même fragiles ou douteuses — pour ne s'arrêter qu'à l'unité, abstraction suprême [2]. »

Un moment décisif en ce progrès de la classification est l'énonciation du principe de la subordination des caractères, la séparation nette des caractères dominateurs et des caractères subordonnés [3]. Ce principe correspond à l'opération qu'une série d'exercices bien

1. Ribot (3), p. 118.
2. *Ibid.*, p. 124.
3. *Ibid.*, p. 122.

gradués doit rendre familière à chaque esprit. Il comprend abréviativement toute la logique spontanée qui gouverne la pensées normale, celle de l'enfant comme celle du savant. La difficulté, en effet, est moins de concevoir des attributs que de les bien séparer et les bien ordonner, d'en concevoir la hiérarchie. L'esprit de l'enfant n'y peut réussir d'emblée à lui seul. Les classifications que, livré à lui-même, il formerait seraient encore plus pauvres et plus confuses que les classifications primitives. Mais il ne suffit pas de lui faire connaître le principe de la subordination des caractères, à la fin de ses études, au cours d'une leçon de zoologie ou de logique appliquée ; il faut qu'il ait appris aussitôt que possible à classer des êtres d'après des caractères de plus en plus généraux et prépondérants. L'étude élémentaire de la botanique est extrêmement propre à remplir cette fin.

§ 78. — Après avoir classé les êtres, il faut simplifier les rapports : opération déjà plus difficile, car elle exige le bon usage des symboles. Aussi, pour la tenter, devrait-on attendre que la croissance cérébrale fût plus avancée et l'expérience organisée grâce au travail de la classification. Toutefois d'assez nombreuses applications du symbolisme sont accessibles aux enfants dès l'école primaire.

Nous avons dit que la pensée abstraite est une pensée symbolique. La pédagogie doit être bien convaincue qu'une vérité générale n'est pas une accumulation inorganique de vérités particulières, comme l'ont pensé les écoles symboliques : elle se compose de rapports conscients entre vérités particulières, puis de rapports entre rapports ; les intuitions concrètes forment toujours le sous-sol de la vérité générale, car sans elles la pensée abstraite s'effondrerait dans le vide.

Le risque de la pensée abstraite pure qui représente des rapports entre rapports est de s'effacer de la conscience. Pour qu'elle y demeure, il faut qu'elle soit remplacée par la représentation de symboles.

En cela consiste le principal service rendu par les sciences mathématiques à la formation d'un esprit : elles enseignent à manier des symboles clairs et définis. Considérons par exemple le cercle comme le symbole du temps. Nous pouvons sans doute nous faire une double représentation du mouvement de rotation de la terre sur elle-même et du mouvement de la terre autour du soleil et en concevoir le rapport. Mais cette double représentation exige un effort pénible dont le résultat n'est qu'une pensée évanescente qui s'efface bien vite de la conscience. Rien n'est plus simple et plus clair au contraire que la représentation du cercle ; elle économise tout effort pénible ; sa division en degrés lui permet de représenter les années, les jours, les minutes. Disons-le en passant : enseigner aux enfants à bien lire les heures à l'horloge et à savoir à quel moment de l'année astronomique ils se trouvent est le premier pas à faire dans l'éducation de la pensée symbolique. M. Jourdain n'était pas si mal avisé quand il voulait que son maître de philosophie lui enseignât d'abord l'almanach.

Voici maintenant un cas où l'abstraction est d'un ordre plus élevé. Nous avons besoin de connaître le rapport de la circonférence au diamètre pour résoudre une foule de problèmes relatifs à la mesure des surfaces et des volumes. Nous n'y arrivons qu'approximativement, en négligeant la différence entre la longueur de la circonférence et celle du périmètre d'un polygone d'un nombre indéfini de côtés. Nous obtenons approximativement le nombre fractionnaire 3,1416. Mais il nous faut faire un effort pénible pour penser le rapport entre ce nombre et d'autres quantités ; s'il faut, par exemple, le faire entrer dans la formule du volume de la sphère, le symbole π lui est substitué pour la plus grande commodité de la connaissance abstraite.

La géométrie, l'arithmétique et l'algèbre sont donc les éducatrices de la pensée symbolique comme la botanique peut être celle de l'aptitude à classer.

§ 79. — La méthode analytique doit encore nous apprendre à décomposer les difficultés pour les mieux résoudre ; elle est alors plus qu'une simple méthode d'enseignement ; elle devient une méthode de recherches. Mais le véritable enseignement étant celui qui provoque et dirige l'activité spontanée de l'esprit, il doit apprendre à chercher la vérité autant et plus qu'à la recevoir toute faite.

La solution des problèmes élémentaires d'arithmétique ou de géométrie remplit cet office. Le maître peut faire passer graduellement l'élève des applications les plus simples du calcul mental à celle des théorèmes sur les quantités proportionnelles. Si le souci de la virtuosité mathématique ne prédomine pas ici à l'excès, l'esprit apprendra ainsi à dégager une inconnue, à manier la logique des signes : c'est le plus élevé des résultats auxquels peut conduire la méthode analytique.

§ 80. — Applicable à l'enseignement des sciences

naturelles, physiques et mathématiques, la méthode analytique l'est-elle aussi à l'enseignement littéraire ? Telle est l'objection que nous fera peut-être un humaniste. La réponse est aisée : il n'est pas de méthode propre à former l'aptitude à la phraséologie. L'aptitude à composer avec goût relève de la méthode synthétique. Mais outre la rhétorique des anciens, les lettres comprennent l'enseignement grammatical, historique et philosophique. Certains enseignements sont même associés soit à l'histoire comme la géographie, soit à la philosophie comme la psychologie.

La méthode analytique n'aurait pas une portée suffisante si elle ne pouvait pas éclairer ces différentes branches de l'enseignement et en tirer parti pour la formation et la direction de la pensée abstraite.

Écartons toutefois l'enseignement moral et philosophique, car il relève de l'esprit d'ensemble et par suite de la méthode synthétique. Nous devons nous borner à étudier l'application de la méthode analytique à la grammaire, à la géographie et à l'histoire. Ces trois études sont, en un point, notablement inférieures aux sciences et surtout aux mathématiques : elles ne peuvent guère proposer aux élèves de problèmes à résoudre, leur enseigner à décomposer une difficulté ; mais elles peuvent enseigner à classer les idées et à schématiser les faits ou les rapports ; elles concourent donc à la formation de la pensée abstraite et symbolique. C'est à cette condition qu'elles sont vraiment fécondes et se distinguent de simples exercices de mémoire verbale.

§ 81. — La grammaire est tout entière une analyse du langage, même quand elle expose les règles de la syntaxe. C'est à bon droit que cette étude a toujours joué un rôle capital dans l'éducation intellectuelle. Elle constitue une excellente initiation aux études scientifiques, historiques et philosophiques. Le langage est à la fois un produit naturel de l'esprit humain opérant collectivement et une manifestation des lois logiques de la pensée. La linguistique décrit et classe les langues comme la botanique les plantes ; la philologie, les compare et en fait l'histoire ; la grammaire proprement dite est une analyse de la proposition qu'elle ramène des formes compliquées aux formes les plus simples ; elle applique donc directement la réflexion à l'une des créations les plus spontanées de l'activité mentale.

L'enseignement de la grammaire donne lieu à deux exercices analytiques élémentaires, l'analyse grammaticale et l'analyse logique ; l'une distingue les parties du discours, l'autre les éléments de la proposition ; excellent moyen de perfectionner l'attention déjà formée par l'enseignement intuitif et de la transformer en réflexion ! Avant de diriger la réflexion sur des idées pures ou des symboles généraux, il faut la diriger sur des images, et les images verbales sont parmi les plus importantes. L'homme normal ne pense pas sans parler ; c'est là sa grande supériorité sur le sourd-né ; mais le plus souvent il parle intérieurement ; aux souvenirs et aux idées sur lesquels la pensée s'exerce, il attache des images verbales. Ces images nous conduisent bien souvent à notre insu, surtout quand la réflexion ne les a jamais séparées des états intellectuels avec lesquels elles sont combinées. Or la double analyse grammaticale et logique appelle la réflexion sur ces images. L'esprit qui y a été suffisamment exercé est beaucoup plus apte à faire usage des mots et des images verbales sans risquer d'être constamment leur dupe.

A l'école primaire, on ne peut guère étudier qu'une grammaire, celle de la langue maternelle. L'enseignement primaire supérieur y joint celle d'une langue vivante, l'enseignement secondaire celle de langues anciennes. La grammaire peut donc devenir comparative et même historique. On peut perfectionner ainsi la connaissance du procédé qui permet à l'esprit de penser les attributs. On sait que pour la philologie comparée, tous les mots, y compris les noms propres et les verbes, sont des adjectifs plus ou moins transformés. Le langage est donc relativiste ; il ne vise pas à exprimer la substance des choses, mais les rapports entre le phénomène et le sujet qui le sent et le pense. Le jeune homme auquel la grammaire comparée aurait fait comprendre cette vérité serait déjà bien près d'être initié à la critique philosophique et d'être affranchi des illusions métaphysiques les plus graves.

§ 82. — La méthode analytique est encore applicable à la géographie et à l'histoire, au moins sous la forme schématique. Cette question mériterait d'être traitée plus longuement que nous ne pouvons le faire ici. Comme notre but est moins de faire une exposition complète des méthodes de l'enseignement que d'étudier les conditions de l'éducabilité de la pensée, nous nous contenterons de quelques constatations très simples.

Qu'est-ce qu'un atlas ? rien autre chose qu'une série d'images schématiques destinées à mettre sous les yeux de l'élève un nombre immense de faits concrets et de rapports qu'aucune mémoire ne pourrait évoquer simultanément.

Qu'est-ce qu'un globe terrestre ? une représentation schématique beaucoup plus abrégée encore qui nous met sous les yeux en un seul instant tous les schémas dispersés dans un atlas des cinq parties du monde.

Le danger serait que le globe et les cartes fussent pris pour autre chose que pour des représentations schématiques. Nous savons que la méthode intuitive peut et doit pourvoir à ce risque. Mais le bon usage de ces schémas que nous appelons cartes exige du maître d'abord, de l'élève ensuite l'aptitude à la méthode analytique.

L'instituteur doit faire étudier en une ou deux années la géographie de la France. C'est dire qu'entre un nombre indéfiniment grand de représentations concrètes exprimées par des noms propres, il doit faire choix d'un petit nombre de représentations dominantes, relatives, les unes à l'orographie et à l'hydrographie, les autres à la production agricole ou industrielle et à l'activité commerciale, d'autres enfin à l'organisation politique ou administrative de l'État. L'instituteur doit donc se livrer à un travail d'analyse ayant pour terme une série de représentations abrégées ou schématiques ; ces schémas sont les cartes qu'il fait dessiner et étudier par les élèves après les leur avoir expliquées.

L'histoire peut-elle être traitée ainsi ? Un des maîtres qui ont le plus fait pour en perfectionner l'enseignement à tous les degrés, M. Lavisse, estime que le professeur d'histoire peut, lui aussi, schématiser son objet. Il bannira les nomenclatures, mais retiendra quelque personnage ou événement représentatif sur lequel il appellera et retiendra l'attention de ses élèves. Dans un ouvrage très élémentaire, destiné aux enfants des écoles primaires, on le voit remplacer les vagues considérations traditionnelles sur les guerres privées au moyen âge par le tableau très vivant de la lutte de deux seigneurs et de l'assaut d'un château féodal. C'est ainsi qu'il faut enseigner l'histoire : un petit nombre de faits et de noms, mais étudiés avec précision et souvent rappelés à la mémoire.

Évidemment l'usage des schémas est en histoire plus laborieux qu'ailleurs, en raison même du caractère très concret des faits étudiés. A trois conditions cependant il est possible, dès l'école élémentaire : 1° il faut préluder à l'histoire proprement dite par la géographie dite historique, qui suppose déjà suffisamment connue la géographie physique, économique et politique. L'esprit de l'enfant ne peut guère aller autrement du passé au présent. Par exemple on fera étudier attentivement sept ou huit cartes représentant les diverses phases de la vie de la France depuis les invasions barbares jusqu'à l'époque actuelle. Voilà déjà une série de schémas proposés à l'attention et gravés par la mémoire ; 2° il faut diviser l'histoire que l'on étudie en un petit nombre de grandes périodes présentant des phases de civilisation distinctes et susceptibles d'être elles-mêmes résumées en quelques tableaux représentant les mœurs, l'industrie, l'armement, les principales institutions ; 3° enfin on peut choisir pour chaque phase quelques hommes représentatifs et raconter leur vie en traits aussi vifs que possible, en insistant sur celles de leurs actions qui correspondent le mieux à l'esprit du temps où chacun d'eux vivait et qui en expriment le plus parfaitement la civilisation.

En résumé, la méthode analytique convient à l'enseignement tout entier et non pas seulement à celui des sciences naturelles et mathématiques. Le but visé est toujours le même : c'est de former la pensée abstraite en l'empêchant de tomber dans un symbolisme vague qui ne serait plus qu'un jouet de l'imagination. Comme la méthode intuitive, mais à un plus haut degré, la méthode analytique fait trouver la vérité ; elle ne communique jamais un résultat sans stimuler un nouveau travail de l'esprit qui se l'assimile.

CHAPITRE XIII

LA MÉTHODE SYNTHÉTIQUE.

§ 83. — L'observation et l'abstraction ne sont que des opérations préparatoires à une opération plus importante qui en combine les résultats. Cette opération est le raisonnement ; la méthode qui y correspond est la méthode synthétique.

L'intelligence ne se manifeste jamais sans raisonner. Selon M. Binet, le raisonnement est tout entier dirigé vers l'action ; il nous sert à éviter des risques auxquels nous échappons en combinant des perceptions de façon à suppléer à l'insuffisance d'un sens par l'interprétation des données d'un autre. On peut dire que le raisonnement élémentaire et primitif consiste à aller des sens qui servent à appréhender immédiatement les objets à ceux qui perçoivent de loin les manifestations des objets, du tact à la vue, du sens musculaire à l'ouïe ; on contrôle ensuite les inductions tirées de l'ouïe et de la vue par une contre-épreuve fournie par le tact et le sens musculaire. Tous nous raisonnons de cette façon quand nous cherchons à retrouver notre chemin dans les ténèbres. Le raisonnement a été d'abord imposé à l'homme par les difficultés de l'existence matérielle, un darwiniste dirait par la lutte pour la vie.

Nous pouvons conclure de cette première constatation que le raisonnement est éducable comme la perception et comme la pensée abstraite, car il n'est que l'application de l'une et de l'autre. L'éducation du raisonnement ne nous serait-elle pas imposée par le souci de la science, il faudrait encore la faire en vue de l'action. Si nous savons qu'il y a déjà un raisonnement implicite dans l'adaptation de nos mouvements musculaires à nos perceptions visuelles, nous sommes conduits à penser que nous ne pouvons pas délibérer sur les fins de notre conduite sans raisonner au moins implicitement. Or pour délibérer rapidement sans de trop grandes chances d'erreur, il faut avoir méthodiquement exercé la fonction du raisonnement dès le jeune âge.

Sans doute la méthode intuitive et la méthode analytique nous disposent déjà à raisonner beaucoup mieux que nous ne le ferions spontanément. Il n'en résulte pas qu'elles puissent suffire et dispenser d'une méthode propre, Le raisonnement est une synthèse, une unification. En tout raisonnement même élémentaire s'ébauche une tendance à systématiser toute la connaissance en vue de l'action. Le besoin d'unité y est déjà attesté. Il n'est pas purement spéculatif, car il tend à harmoniser les croyances en vue de rendre l'action meilleure. Or ni la méthode analytique, ni la méthode intuitive n'enseignent à synthétiser ; elles tendraient plutôt à diviser la connaissance, à la réduire à une multitude d'idées claires qui pourraient se faire échec les unes aux autres. Une méthode supérieure doit les compléter : c'est la méthode synthétique.

§ 84. — L'objet de la méthode synthétique est de former, d'exercer l'esprit d'ensemble. Elle ne peut consister dans l'application de quelques règles logiques :

c'est une éducation, au sens le plus élevé et le plus complet du mot. Les logiciens qui ont étudié les causes des erreurs de raisonnement ont été unanimes à reconnaître que, pour éviter l'erreur, la connaissance des règles de la logique aide peu si toute l'éducation intellectuelle n'a préparé l'esprit à se conformer à ces règles. Il ne suffit pas, en effet, de mettre l'esprit en garde contre les sophismes ; il faut encore qu'il soit exercé à faire un bon usage du raisonnement déductif ou inductif, à appliquer correctement les principes généraux aux problèmes particuliers et à généraliser correctement les rapports entre les phénomènes observés.

§ 85. — A vrai dire, les synthèses auxquelles nous conduit le raisonnement méthodiquement dirigé ne sont jamais que partielles. L'imagination complète l'œuvre inachevée du raisonnement. Elle peut créer des synthèses totales qui rendent possible l'unité des croyances. Ce sont des hypothèses philosophiques ou, quand un sentiment profond s'y joint, des actes de foi. Mais autant ces états généraux de la croyance ont d'importance pour la vie idéale intime de la personne, autant elles échappent à la démonstration de la méthode.

Ce que peut faire l'éducation méthodique, c'est créer des synthèses partielles aussi stables et vérifiées que possible. Telles sont les différentes connaissances scientifiques. Chacun des ordres de connaissances, depuis la théorie mathématique des nombres et des grandeurs jusqu'à la connaissance psychologique et historique de l'homme, est une synthèse opérée par la voie du raisonnement inductif. Ces synthèses contiennent encore une part d'erreur que la méthode permet de réduire constamment. Dès lors l'imagination, en construisant la synthèse totale dont s'alimentera la vie propre de chacun, y fera entrer quelques matériaux d'une solidité éprouvée. Sa construction idéale sera encore hypothétique, mais l'hypothèse n'est pas nécessairement la fiction. D'ailleurs il n'est pas indifférent à la vie de l'âme et à son activité que les hypothèses directrices de la croyance contiennent ou non un élément positif : cet élément qui exprime et reflète l'ordre universel ne peut jamais corrompre ou altérer la vie affective. On n'en pourrait dire autant des hypothèses fictives. L'éducation du raisonnement est donc l'éducation même de l'esprit ; n'hésitons pas à dire l'éducation de l'âme dans le sens le plus élevé du mot.

§ 86. — L'éducation du raisonnement par la méthode synthétique peut mettre à profit l'enseignement scientifique et l'enseignement philosophique. La culture philosophique couronne l'enseignement tout entier ; elle y met la dernière main, et ce n'est pas trop dire qu'elle lui donne son orientation. L'aptitude à la synthèse doit être le fruit de l'intuition et de l'analyse, mais la philosophie peut seule donner pleine carrière à l'esprit de synthèse.

Mais l'enseignement philosophique doit être préparé par des applications plus élémentaires de l'esprit synthétique. On ne saurait tenter d'enseigner les éléments de la philosophie, même les plus rudimentaires, à un esprit qui n'aurait jamais raisonné méthodiquement. L'intelligence humaine ne fonctionne jamais sans raisonner, même dès l'âge le plus tendre. Quand l'enfant ne raisonne pas pour comprendre, il raisonne pour ruser. Toute la question est de savoir si pendant de longues années on laissera cette aptitude en friche ou si on ne l'utilisera pas graduellement autant que le permettra le développement de l'attention et de la pensée abstraite. Aucun éducateur n'hésitera à répondre que le raisonnement et l'esprit de synthèse sont ainsi éducables dès l'école primaire. Les deux études qui permettent (ou permettraient) cette éducation sont les mathématiques et la morale.

§ 87. — Il n'est pas douteux que la géométrie ne puisse donner une éducation à peu près parfaite au raisonnement et à l'esprit de synthèse. Ce sont les géomètres qui les premiers, en Grèce même, ont donné une direction méthodique à l'esprit humain. Mais peut-on enseigner la géométrie aux enfants et, si la réponse est négative, l'arithmétique ne peut-elle suppléer à la géométrie ?

Rousseau [1], Pestalozzi [2] et Herbart [3] ont pensé que la méthode intuitive peut conduire directement du dessin linéaire à la solution des problèmes géométriques. Leur argumentation est peu convaincante. Sans doute on peut exercer un enfant à faire des dessins schématiques de tous les objets, à en simplifier peu à peu les formes et les réduire enfin à une figure élémentaire unique, le carré ou le triangle. Mais il ne faut pas croire ou lui laisser croire qu'il a fait de la géométrie. Herbart reconnaît lui-même que si l'on n'applique l'idée de proportion on ne peut résoudre la question géométrique la plus simple. Sans doute cette idée existe dans l'esprit humain à l'état implicite ou enveloppé, et un

1. Rousseau, *Émile*, liv. II.
2. Pestalozzi, *Gertrude*, tr. fr., p 144 et suiv.
3. Herbart, *Pestalozzi Idee eines ABC der Anschauung*, IIer Abschnitt, (Pæd. Schrift., IIter Band, pp. 110-133).

enfant dont l'intelligence est déjà exercée peut être amené à la dégager peu à peu de la considération de figures géométriques telles que les triangles semblables. Mais il y réussirait difficilement sans l'étude arithmétique des rapports. Les géomètres anciens allaient laborieusement de la théorie des figures à celles des nombre en suivant la méthode analytique et inductive. La mathématique moderne va de l'arithmétique à la géométrie et de la géométrie à la mécanique, en appliquant une véritable méthode synthétique. Il est reconnu, en effet, que les figures peuvent être considérées comme des illustrations des notions quantitatives qui doivent être conçues finalement sous la forme numérique pour être comprises clairement et distinctement. L'arithmétique, suffisamment généralisée, contient la mathématique tout entière [1].

§ 88. — C'est donc à l'enseignement de l'arithmétique, puis de l'algèbre, qu'il faut demander l'éducation élémentaire du raisonnement. A l'école primaire, l'enfant apprend à raisonner en cherchant la solution des problèmes. Il est visible toutefois que cette éducation de l'esprit de synthèse serait insuffisante si elle était seule. En effet, la logique mathématique, même sous sa forme la plus rudimentaire, a ses exigences. C'est une *logique des signes*, comme l'a bien caractérisée Auguste Comte [2]. La proposition mathématique remplace le verbe par le signe de l'égalité. On est amené à enseigner aux enfants aussitôt que possible à mettre les problèmes en équation. C'est à cette condition qu'ils apprennent à dégager une

1. Couturat, Ire partie.
2. A. Comte, *Système*, Introduction fondamentale, ch. 1er (tome I).

inconnue. Mais cette logique des signes exerce la pensée symbolique plus que l'esprit de synthèse. L'arithmétique et, en général, la culture mathématique ménagent une transition indispensable entre la méthode analytique et la méthode synthétique, mais cette dernière exige une autre application.

L'enseignement de la morale est l'application indiquée, car, quoi que l'on ait pu dire, on ne peut enseigner la morale en se bornant à exciter les sentiments sympathiques et en refusant de provoquer le raisonnement. A l'école primaire et dans les premières classes des lycées, on ne doit pas soumettre encore les principes à la discussion, mais l'on doit déjà montrer comment les principes s'appliquent aux cas particuliers. On ne peut le faire sans raisonner.

Quand l'enseignement mathématique a suffisamment fortifié l'aptitude spontanée au raisonnement, l'enseignement de la morale offre la meilleure occasion de passer de la logique des signes à la logique des concepts, car un enfant normal de douze ans, de treize ans, se montre déjà très capable de dégager des idées générales, d'en prendre conscience et de les enchaîner méthodiquement. Faire cela, c'est raisonner.

La morale est donc un des meilleurs et des plus sûrs moyens de la culture générale. Mais pour que l'enseignement de la morale donne une culture à l'esprit de synthèse, il faut que le maître ne soit pas seul à penser et à parler. Selon les conseils qu'un éminent inspecteur général, M. Evellin, donnait au personnel enseignant, le maître ne doit se réserver que l'exposition des principes, mais il doit savoir poser aux élèves des problèmes pratiques, tirés des exemples de la vie quotidienne, privée ou publique, et se réserver la tâche de rectifier les solutions que proposent les élèves [1].

§ 89. — Quelle que soit l'importance des études que nous venons de considérer, la philosophie sera toujours la grande école du raisonnement et de l'esprit synthétique, pourvu qu'on ne l'aborde pas sans préparation. On l'enseigne, en général, à un âge où la pensée abstraite est normalement parvenue à une certaine maturité. L'esprit est déjà pourvu de notions sur le monde extérieur, les êtres vivants, sur l'histoire de l'activité humaine et sur le théâtre extérieur de cette activité. Sous la forme religieuse ou sous la forme séculière, il a reçu la notion du devoir ; son goût a été formé par l'étude de plusieurs littératures et d'un ou deux arts. L'esprit du jeune homme est donc riche de plusieurs synthèses partielles et dominé par une aspiration très forte à la synthèse totale, avec l'illusion ordinaire qu'il est très facile de la trouver.

Le rôle du professeur est de mettre ces dispositions à profit et de les entretenir tout en les rectifiant graduellement. Il doit être convaincu qu'il n'est pas un spécialiste entre beaucoup d'autres, chargé de communiquer une technique spéciale, à l'aide d'un vocabulaire spécial qui en impose aux naïfs. Il doit former l'aptitude à l'esprit d'ensemble d'une manière critique. Son rôle est de collaborer méthodiquement au travail personnel de l'élève, non de chercher à conquérir d'emblée les esprits à ses solutions propres.

Je ramènerais l'œuvre éducative du professeur de philosophie à l'accomplissement d'une triple tâche :

1. Evellin, pp. 13-15.

1° faire surgir clairement la conscience des problèmes dans l'esprit des élèves ; 2° exercer le raisonnement à la découverte ou au choix des solutions ; 3° faire découvrir les racines des erreurs de raisonnement commises par l'élève.

§ 90. — La première tâche consiste à amener l'élève à concevoir les problèmes philosophiques, à les distinguer des problèmes scientifiques et à en prendre bien clairement conscience. Le danger serait que le jeune homme pût croire que la philosophie lui est enseignée en vertu d'une sorte de convention. Ce danger est grand aujourd'hui sous la double influence d'un esprit utilitaire qui répudie les connaissances dont l'application n'est pas immédiate et d'un esprit scientifique unilatéral, portant à croire que les sciences et l'histoire peuvent donner une réponse suffisante à toutes les questions.

A cet âge, on est déjà loin des « pourquoi » de l'enfant, qui souvent exprimaient la conscience des problèmes d'origine et de fin. Il faut donc réveiller progressivement cette curiosité d'ordre général. Comment y réussir ?

La première condition sera d'être, non pas dédaigneux, mais suffisamment détaché des programmes officiels pour n'y voir qu'un catalogue de problèmes, que le professeur peut poser et résoudre dans l'ordre qui lui semble le meilleur. La seconde est de s'appuyer sur le savoir acquis des élèves, de voir par exemple comment ils conçoivent une explication scientifique, quelle idée exacte ils se font soit d'une loi physique, soit d'un rapport mathématique, soit d'un type naturel. On constatera le plus souvent qu'ils n'en ont pas une idée claire ; on se préoccupera donc de la leur faire acquérir.

Le moyen le plus sûr est d'appeler leur attention sur les notions scientifiques qu'ils ont chance de posséder mieux que les autres, c'est-à-dire sur les notions mathématiques. On peut leur montrer que les sciences physiques cherchent leurs explications dernières dans la mécanique, qui n'est elle-même qu'une extension de la géométrie. On peut les amener à comparer les notions géométriques et les notions arithmétiques et leur faire prendre conscience des idées de proportion, de grandeur et de nombre. Alors on fera surgir dans leur esprit cette question nouvelle : *Comment avons-nous acquis ces notions directrices ?* On les conduit à reconnaître que les idées directrices de la science sont les créations d'une activité intellectuelle qui domine l'expérience, qui l'organise et qui la juge. Dès ce moment le problème philosophique est posé et la connaissance proprement scientifique est dépassée.

L'élève est conduit à penser que l'esprit a créé les sciences pour agir autant que pour comprendre et que, par suite, il n'y a pas d'explications scientifiques absolues, mais seulement approximatives. Il comprend encore que si la science part des mathématiques et y revient, elle est avant tout un *système de symboles*, qu'elle ne conduit qu'à des synthèses partielles et qu'elle doit être interprétée et complétée. Il aperçoit alors la raison d'être d'un enseignement philosophique.

Le professeur provoque alors le retour de l'esprit sur lui-même. Les questions ont pour fin de dévoiler à l'élève l'existence d'un monde auquel il n'a jusque-là jamais pensé. Il l'amène ainsi à poser les problèmes de la psychologie et ceux de la logique.

Il peut ensuite faire surgir le problème de la seule

synthèse qui soit vraiment réalisable, celle du savoir et de l'action. Le rapport de la morale et des études logiques lui en donne l'occasion. Il peut montrer comment nous allons du jugement à l'action et des fins de l'action aux connaissances positives qui nous permettent de les atteindre.

Cette marche que nous venons d'indiquer pour initier l'adolescent aux problèmes philosophiques est-elle la meilleure ? On peut sans doute en trouver d'autres. L'important est que le professeur ne prétende pas apporter la vérité philosophique toute faite sans l'avoir fait chercher, sans en avoir fait naître le besoin. Il doit exciter l'esprit de synthèse avant de le satisfaire ; sinon, il risque de former des esprits passifs, répétant la leçon du maître parce qu'ils sont sous son autorité, mais prêts à répéter des formules différentes ou même opposées si le maître vient à changer.

§ 91. — Le professeur ne doit pas se contenter d'amener l'élève à poser les problèmes en se réservant d'apporter lui-même les solutions : il doit exercer le raisonnement de l'élève de telle façon qu'il trouve ces solutions, ou que du moins il choisisse entre celles qui lui sont proposées.

Le moyen traditionnel est ici la composition des dissertations ; il n'y a pas lieu, croyons-nous, d'en chercher un autre. Une dissertation philosophique doit être considérée comme un exercice de raisonnement. Vérité bien banale ! et que cependant il faut rappeler, car aujourd'hui encore, dans la majeure partie des dissertations faites à l'examen du baccalauréat, on ne trouve pas trace de raisonnement. Les habitudes de la rhétorique ont trop persuadé à l'élève qu'écrire, c'est amplifier un thème ; il croit à la valeur des mots et ne croit guère à autre chose. Tout rhétoricien est comme Figaro : il cherche quelque chose de brillant, de scintillant qui ait l'air d'une idée ; il est donc bien surpris quand on lui demande d'enchaîner ses idées et de tirer une conclusion de prémisses bien exposées. Dans l'état présent des choses, le professeur de philosophie est comme le médecin d'une maladie mentale que l'on a artificiellement développée, *d'une exagération du psittacisme que l'on pourrait qualifier d'onomatomanie oratoire.* Il doit passer une partie de son année à rectifier l'idée fausse que ses élèves se font de la dissertation. Mais quand même une réforme profonde de l'enseignement littéraire et esthétique lui donnerait des élèves autrement formés, sa tâche resterait laborieuse : il devrait enseigner à des adolescents à raisonner avec des idées alors que les mieux préparés d'entre eux, c'est-à-dire les esprits scientifiquement cultivés, n'ont encore raisonné qu'avec des signes.

On peut donc dire que le professeur agit sur ses élèves beaucoup plus par l'esprit qu'il apporte dans le choix et la correction des dissertations que par l'exposition dogmatique des connaissances philosophiques. En faisant ses leçons, il leur montre surtout comment on peut poser un problème, réunir les éléments de la solution, écarter les solutions verbales ou illusoires, et se laisser conduire à une conclusion satisfaisante par un raisonnement tantôt inductif comme en psychologie, tantôt déductif comme en morale. Mais il doit laisser beaucoup de questions ouvertes et les proposer à l'examen de ses élèves quelquefois sous la forme d'expositions orales, le plus souvent sous celle de dissertations écrites.

Chaque dissertation sera pour lui une expérience lui permettant d'apprécier l'influence que ses leçons ont exercée sur l'esprit de ses élèves, j'entends sur la direction de la pensée, non sur la mémoire. La tendance de l'élève moyen est de répéter au professeur ce qu'il lui a entendu dire : il faut le convaincre au plus tôt que l'on attend de lui autre chose et que la trop grande fidélité de la mémoire n'est que paresse intellectuelle. De même qu'on a fait naître en lui le besoin d'une synthèse générale, il faut le convaincre de son aptitude à trouver par voie de raisonnement la solution de problèmes philosophiques appropriés à son âge et à sa culture. Le professeur qui veut y réussir se gardera, en formulant ses questions, de laisser entrevoir la réponse qu'il attend. L'énoncé de la dissertation affectera la forme non seulement interrogative, mais dubitative, et laissera le choix entre deux ou plusieurs réponses possibles ; si l'on veut enseigner aux jeunes gens à bien raisonner, on les exercera d'abord à douter méthodiquement.

Le professeur appréciera les travaux des élèves d'après les qualités logiques qu'ils dénotent ; d'ailleurs les qualités logiques s'accompagnent toujours de certaines qualités littéraires, telles que la correction grammaticale, la propriété des termes, l'élégante simplicité des tournures. Il proscrira absolument la recherche des effets oratoires, l'appel à l'émotion ou même l'abus de l'esprit, l'usage complaisant de l'ironie. En rendant compte des devoirs, on fera apprécier la valeur des conclusions réellement démontrées, des thèses vraiment prouvées. L'originalité des aperçus, la subtilité des arguments, ne doivent être estimés qu'en second lieu, si l'on veut former des esprits vraiment maîtres de leurs pensées et aptes à enchaîner leurs idées. On mettra ainsi l'élite des classes en garde contre le risque fréquent de prendre l'obscurité pour la profondeur ; on la convaincra que la pensée obscurément formulée est celle qui n'est pas arrivée à la pleine maturité et qu'elle correspond toujours à quelque incohérence dans les idées.

§ 92. — La tâche du professeur de philosophie ne serait pas entièrement remplie s'il n'exerçait pas ses élèves à se préserver des sophismes inhérents à la marche spontanée de la pensée. Il les amènera donc à la pleine conscience de l'erreur et leur en découvrira la racine. Il peut et doit le faire en leur rendant compte de leurs travaux, car c'est une cruauté inutile d'appeler l'attention des élèves sur leurs fautes si on ne leur apprend en même temps comment ils y sont tombés et comment ils pourront éviter d'y retomber.

Là cependant n'est pas la seule occasion qu'ait le professeur de s'entretenir sincèrement avec ses élèves. Il doit les initier à la discussion, en mettant en œuvre au moins trois exercices. L'un consiste à se faire interroger par ses élèves sur les parties de ses leçons qui sont restées obscures. L'élève qui n'aurait aucune question à poser prouverait par là même qu'il n'a ni étudié ni réfléchi. Ces demandes d'éclaircissements sont d'abord puériles le plus souvent ; elles portent sur des expressions, des termes techniques. Mais elles deviennent de plus en plus intelligentes. Le professeur y trouve l'occasion de montrer aux élèves les obscurités de leur propre pensée, l'insuffisance de leur réflexion, et de leur en faire prendre clairement conscience.

L'occasion d'un autre exercice est donnée par la lecture et l'explication des auteurs philosophiques. Le professeur demandera à un élève s'il approuve sincèrement telle pensée de Descartes ou de Leibniz, telle doctrine de Montesquieu ou de Rousseau ; il lui fera donner les raisons de son approbation ou de sa désapprobation et les soumettra à l'appréciation de quelque autre élève. Puis il cherchera avec eux si l'auteur peut être vraiment convaincu d'erreur et comment il a été conduit à errer.

L'exercice le plus difficile et le plus fructueux consiste à amener les élèves à penser sur une matière du programme avant que le professeur la traite lui-même. C'est la méthode proprement socratique, avec cette différence que l'on ne s'adresse pas comme Socrate à des esprits encore frustes, mais à des intelligences déjà munies d'un trésor abondant de connaissances. Contestée parfois pour des raisons peu sérieuses, cette méthode a pour elle toutes les analogies pédagogiques. De deux choses l'une, en effet : ou l'élève ne peut pas tirer de son expérience acquise les éléments de la solution des questions traitées devant lui, ou il les possède, au moins à l'état implicite. Dans le premier cas, que comprendra-t-il à la leçon du professeur ? Tout au plus chargera-t-il sa mémoire de quelques formules verbales destinées à l'oubli. Dans le cas opposé, il devra se livrer d'une façon ou d'une autre au travail qui consiste à faire passer les idées de la forme implicite à la forme explicite. Ne vaut-il pas mieux que ce travail se fasse en présence du professeur et sous sa direction ?

§ 93. — Retenons avant tout que la méthode synthétique ne serait pas applicable à la direction intellectuelle d'un adolescent si celui-ci n'avait pas été initié d'abord à la méthode intuitive et à la méthode analytique. Réciproquement, l'initiation à ces deux méthodes ne porterait pas tous ses fruits si elle ne conduisait pas à quelque application, au moins élémentaire, de la méthode synthétique. Il ne peut suffire de communiquer aux esprits des connaissances ou de faire naître en eux des idées claires ; il faut que ces idées s'unifient, que ces connaissances se coordonnent, se transforment en un système de croyances bien liées, vivantes, capables d'inspirer et d'éclairer la conduite.

En effet, les trois méthodes n'en font qu'une. L'observation, l'abstraction, le raisonnement, éclairés tour à tour par l'intuition, l'analyse, la synthèse, ne sont que des noms différents et des applications diverses de l'activité d'un même esprit, activité qui constitue la vie consciente, la pensée elle-même. Si elle se développe spontanément et sans aucun guide, il est à peu près inévitable qu'elle tombe dans l'erreur ; la méthode peut seule la préserver et l'affranchir.. La méthode est, comme l'étymologie l'indique, la *route*. La mieux dessinée des routes ne nous fait pas marcher si nous sommes inertes et infirmes. Nous pouvons au contraire cheminer sans suivre aucune route. Mais la route, aujourd'hui bien tracée, résume l'expérience des voyageurs qui l'ont suivie et elle épargne aux autres tout tâtonnement. Initier un esprit à la méthode, c'est donc lui donner la conscience de l'erreur sans enchaîner son activité. Plus la méthode est élevée, plus elle donne cette conscience de l'erreur : la méthode analytique la donne plus que la méthode intuitive, la méthode synthétique plus que la méthode analytique.

L'éducation par l'emploi successif et combiné des trois méthodes a donc pour objet et pour effet d'accroître sans cesse la confiance de l'élève en l'énergie de ses facultés sans jamais lui inspirer la présomption ridicule de ceux qui croient avoir reçu la vérité absolue. Celui qui applique avec persévérance une méthode, ne serait-ce qu'à la classification de quelques plantes et à la solution de quelques problèmes sur la règle de trois, sait qu'il lui arrive de se tromper comme on s'est trompé avant lui : il sait aussi qu'il rectifie ses erreurs. Un esprit ainsi formé ne peut être étranger à l'idée de progrès ; il ne peut non plus ignorer le sentiment de la tolérance, car il sait que la vérité n'a de valeur que pour ceux qui l'ont cherchée personnellement au risque de se tromper.

L'esprit humain s'est montré, dans son ensemble, éducable par la méthode et par la méthode seule. C'est la formation laborieuse mais ininterrompue des méthodes qui a peu à peu distingué la civilisation occidentale de celle de l'Orient, plus brillante au début. Or ce qui s'est opéré dans l'esprit de la race peut et doit se répéter dans la formation de l'intelligence individuelle.

CHAPITRE XIV

MÉTHODE APPLICABLE A L'ÉDUCATION DE LA VOLONTÉ.

§ 94. — L'unité profonde du développement de la volonté et du développement de l'intelligence est une des conclusions les mieux justifiées de la psychologie contemporaine ; l'unité de l'éducation de la volonté et de l'éducation intellectuelle en est la conséquence. Une pédagogie qui s'arrêterait aux méthodes de l'enseignement serait à bon droit qualifiée de superficielle. L'enseignement doit conduire à la croyance et la croyance doit conduire à l'action, ou pour mieux dire à la réaction d'un caractère uni et stable. La méthodologie de la volonté est le couronnement de la pédagogie scientifique[1].

Elle en est aussi l'écueil. La difficulté de cette question est aggravée le plus souvent par la confusion de deux idées fort différentes, l'idéal de l'énergie volontaire et l'idéal d'une bonne direction de la volonté. Cette direction peut coexister avec des degrés d'énergie inégaux. On rencontre parfois la bonne volonté, la volonté de coopérer au bien social, chez des hommes très faibles contre les obstacles et les résistances et parfois aussi les égoïstes portent l'énergie volontaire au maximum.

1. Natorp. Voir le premier livre tout entier et notamment les pages 3 à 5.

Cependant il est difficile d'admettre qu'une volonté débile dans l'action et la résistance puisse être moralement bonne. Un homme sans fermeté contre lui-même et les autres, sans persévérance dans ses projets, ne sera jamais, au jugement du sens commun, un homme de bonne volonté. Il pourra sans doute faire preuve de la plus grande bonté pour ceux qui l'entourent et pour la totalité de ses semblables, mais dans l'atelier social, sa bonté est une non-valeur. La bonne volonté doit se manifester par l'effort, le travail et le résultat, sinon nous sommes autorisés à douter de son existence.

§ 95. — Cependant l'énergie volontaire n'est pas éducable par les mêmes méthodes et les mêmes influences que la qualité morale de la volonté. L'énergie dépend en grande partie du bon état de l'appareil nerveux et musculaire, en partie des exemples d'activité réglée et persévérante que la famille et la société civile donnent de bonne heure à l'enfant [1]. Au contraire, une mauvaise alimentation, et en général une mauvaise hygiène, l'irrégularité dans les occupations, le spectacle d'une existence dissipée et orientée tout entière vers le plaisir immédiat, sont des obstacles qu'aucune méthode éducative ne pourra surmonter.

Il est légitime de penser que l'enfant normalement constitué, né d'une famille normale elle-même, disposera d'une énergie volontaire suffisante si la famille, l'école, le milieu en général ne le soumettent pas à une discipline débilitante. L'enfant vient au monde en France avec autant d'énergie qu'en Allemagne, en Angleterre, en Suisse ou même en Amérique et chez les peuples

1. Toulouse, pp. 110-113. Cf. Forel (1), ch. xi, § 3.

scandinaves ; mais le plus souvent ou s'attache à atrophier chez lui la volonté. Tout en lui inculquant l'habitude d'obéir à l'ordre social, il faudrait laisser de bonne heure à sa volonté une sphère d'action qui suffise à lui faire acquérir la conscience d'être un agent libre et responsable ; il faudrait aussi qu'avec l'âge on élargît la sphère laissée à sa volonté et à sa responsabilité. Mais pour que ce résultat fût possible, il faudrait que l'on cessât d'accorder à l'obéissance cette estime exagérée que nous a léguée un type social inférieur. L'obéissance n'est, en somme, qu'un moyen qu'il faut savoir économiser, car l'écueil de l'obéissance, c'est la peur de la responsabilité, c'est la disposition à la fuir et à la rejeter toujours sur autrui.

Nous étudierons au chapitre suivant le problème de la valeur et des limites de l'obéissance ; concluons ici que l'éducation de l'énergie volontaire est surtout négative. L'énergie volontaire, qui a certainement une base organique, se développe par l'exercice, comme toutes les facultés. Celui qui n'est jamais appelé à vouloir par lui-même ne peut avoir d'énergie. Le précepte provisoire serait donc, tout en exigeant dans l'école et la famille l'obéissance nécessaire au maintien de l'ordre, de laisser à la décision personnelle toutes les occasions de se manifester.

§ 96. — La qualité de la volonté doit être distinguée, au moins abstraitement, de l'énergie avec laquelle l'agent volontaire réagit personnellement. A côté de la persévérance et de la fermeté que l'on apporte à l'exécution d'un plan, à côté de la vigueur avec laquelle on écarte les obstacles, sont le plan lui-même et les motifs qui l'inspirent. Le plan peut être absurde, le motif peut être criminel et la volonté énergique.

Il est donc aisé de voir en quel sens et en quelle mesure l'agent volontaire est *positivement* éducable. Il est apte à former plus ou moins bien ses plans de conduite, à former et à juger plus ou moins bien ses motifs d'action. Bref, c'est l'aptitude à délibérer qui est éducable, bien plus que l'aptitude à agir. Or la psychologie comparée ne permet plus de voir dans la délibération une disposition primitive, mais une aptitude acquise et sujette à se perdre. L'enfant, pendant les premières années de sa vie, ne délibère pas ; le maniaque, l'épileptique ne délibère plus. L'aptitude à délibérer a pour condition un pouvoir d'inhibition, d'arrêt ou de contrôle, c'est-à-dire un pouvoir de maîtriser les manifestations des tendances, de faire obstacle à une réponse trop immédiate à l'excitation.

C'est sur cette forme de l'activité volontaire que repose la vie morale tout entière. Elle n'est pas la manifestation première et originale de la volonté. Selon M. Ribot, la première forme du vouloir, celle qui précède et conditionne les autres est l'activité *idéo-motrice* ; c'est là qu'est, même dès le bas âge, la différence initiale entre l'animal et l'homme. L'animal répond aux excitations par des actions réflexes ; chez les espèces supérieures, les excitations sensibles peuvent être remplacées par des images qui d'ordinaire sont associées à d'autres [1]. Là est la racine de l'activité idéo-motrice. Mais chez l'animal l'intelligence est purement réceptive ; la mémoire a peu d'ampleur ; les images sont concrètes, à quelques

1. Ch. Richet, chap. IX.

rares exceptions près. L'excitation par les images ne diffère pas réellement de l'excitation sensible.

Chez l'homme, le pouvoir d'acquérir des idées générales, quelle que soit d'ailleurs la nature de ces idées, transforme entièrement le rapport entre l'activité et la sensation ; mais il faut distinguer ici entre la généralité de l'idée et l'étendue du cercle des idées.

Concevons par hypothèse un esprit qui n'aurait acquis qu'une seule idée générale ; l'activité idéo-motrice serait encore très pauvre chez lui ; elle ne serait qu'à l'état de germe. Néanmoins cet homme serait déjà capable de délibérer, car il pourrait opposer son idée aux sensations, du moins dans certains cas et en une certaine mesure. Son activité aurait déjà perdu le caractère réflexe et instinctif. Plus l'idée sera générale, mieux elle résumera l'expérience antérieure, et plus elle sera féconde pour l'activité, car elle sera une source d'actes distincts des réflexes.

On conçoit maintenant que si le cercle des idées, pour parler comme Herbart, s'élargit et s'enrichit, le pouvoir de délibérer se développera. Chaque idée est en effet l'origine d'une action possible ou même d'une série d'actions. On peut même dire que chaque idée est toujours en voie de se réaliser, de se transformer en actes, consciemment ou non.

Mais les différentes idées se font échec les unes aux autres ; elles donnent naissance à des mouvements différents et qui peuvent être opposés ; or la délibération n'est d'abord que la conscience de ce partage de la tendance à l'action. On n'en est pas encore à la délibération vraiment réfléchie, car la délibération véritable a pour condition la réaction de la personnalité sur les tendances en lutte. (Nous devons faire usage ici d'expressions empruntées à la mécanique ; elles sont métaphoriques et en grande partie impropres. Le terme de délibération lui-même est métaphorique et assimile l'agent volontaire à un tribunal ou à une assemblée.)

§ 97. — Nous comprenons toutefois à quel point l'éducabilité de la volonté dépend de l'intelligence. Le problème est, en effet, de perfectionner l'activité idéo-motrice en sorte qu'elle se transforme en pouvoir de contrôle. La perfectibilité de l'agent volontaire se confond ici avec la perfectibilité du sujet pensant. Or l'éducation intellectuelle perfectionne de trois façons l'aptitude à délibérer. Elle cultive l'attention ; elle forme des motifs idéaux ; elle fait (ou peut faire) la synthèse des croyances. C'est ainsi que l'éducation méthodique de l'intelligence est le meilleur obstacle préventif que l'on puisse opposer aux maladies de la volonté.

Nous devons maintenant étudier chacun de ces rapports un peu plus en détail.

§ 98. — Toutes les méthodes de l'enseignement travaillent à développer l'attention réfléchie ; elles en corrigent l'instabilité ; elles en dirigent la marche des sensations vers les idées, les notions d'attributs et de rapports. Il y a donc lieu de chercher si l'éducation de l'attention n'est pas, au meilleur sens du mot, une éducation du vouloir ou de l'aptitude à bien délibérer.

Délibérer est donner alternativement son attention à deux motifs différents. La fin de cette opération est de placer les deux motifs dans la pleine lumière de la conscience, en sorte que les fins ou les moyens d'agir qu'ils représentent puissent être jugés avec connaissance. La délibération a donc pour condition d'abord la stabilité de l'attention, puis sa concentration. Le sujet qui est toujours distrait et dissipé ne peut pas délibérer, et l'instabilité de son attention se réflète dans sa conduite. Il n'agit pas sous l'empire de motifs contrôlés, mais seulement d'excitation d'origine extérieure. Le sujet capable d'attention stable, mais incapable de concentrer son attention sur une idée, ne délibère pas non plus ; il obéit à une image fixe et d'autant plus impulsive qu'elle est plus fixe.

On voit donc dès maintenant la valeur morale d'une éducation méthodique de la pensée, indépendamment d'ailleurs de la nature des connaissances acquises.

Le problème posé par la psychologie consiste à savoir comment l'on peut transformer une activité idéo-motrice impulsive en un pouvoir de contrôle.

L'enfant n'a d'abord aucun empire sur lui-même. Les excitations extérieures se manifestent à lui par des souffrances qu'il veut écarter ou prévenir ou par des plaisirs dont il souhaite le prolongement ou la répétition. L'émotion occupe d'abord le champ entier de la conscience et dirige toute la réaction de la conduite ; elle s'associe à des images qui elles-mêmes s'enchaînent à d'autres, en sorte qu'un souvenir ou un raisonnement peut provoquer une série d'actions réflexes sans que l'impulsivité ait disparu.

Il faut donc amener l'enfant à un minimum de *recueillement*, en sorte que l'excitation, ou le souvenir de l'excitation ou la prévision de l'excitation ne soit pas l'unique ressort de son activité. Il faut l'amener à apercevoir en lui-même les causes qui le font agir d'une façon plutôt que d'une autre. Mais comment y réussir?

Par des exhortations morales ? Elles ne pénètrent guère dans la conscience si elles s'adressent à un esprit dissipé. La dissipation, l'étourderie, en langage psychologique, l'*instabilité de l'attention* est un obstacle qu'aucun éducateur moral ou religieux ne peut vaincre s'il n'est pas aidé par l'éducation intellectuelle ou si lui-même ne fait pas œuvre d'éducateur intellectuel. Il est en effet inutile de répondre que l'éducation morale ou religieuse s'adresse au sentiment et non à l'intelligence ! Les émotions morales que l'on voudrait communiquer à l'enfant rencontrent toujours la résistance d'autres émotions inférieures. L'enfant s'aime lui-même avant tout, puis il aime, à titre de moyen de bonheur, ses proches et les objets sur lesquels son action s'exerce. Si l'on veut tenter de lui faire aimer un idéal plus élevé, il faut agir sur son activité mentale et d'abord fixer son attention.

On objectera peut-être que sans avoir reçu une culture intellectuelle méthodique, beaucoup d'hommes savent délibérer et réfléchir sur les fins de la conduite. Il faut reconnaître que l'action du maître n'est pas la seule qui forme l'attention. Le travail manuel a agi dans le même sens que l'instruction et avant elle (Ribot). Mais le travail manuel exige toujours un minimum d'apprentissage, et l'apprenti est contraint de former son attention par des procédés souvent fort rudes. Cette méthode pratique est plus lente, plus onéreuse que la méthode intellectuelle, mais au fond elle est de même nature. Nous en dirons de même d'une autre initiation des hommes à la délibération réfléchie, celle qui est due aux épreuves de la vie. On voit des hommes très frivoles devenir réfléchis à la suite de quelque grand malheur, surtout s'il est la conséquence de leurs fautes. L'éducation n'est-elle pas destinée à rendre inutile une initiation de ce genre? L'école de la douleur sera toujours ouverte, et la douleur courageusement supportée ennoblira toujours l'homme, mais la douleur agira toujours assez. Il ne faut pas que l'école de la douleur soit la seule ou la principale, car il faut éviter avant tout l'association si fréquente entre la réflexion et la tristesse, entre le bonheur et l'insouciance.

§ 98. — L'éducation de l'attention ne suffit pas à la formation de la volonté. Condition nécessaire, elle n'est pas suffisante. En effet, une attention stable et réfléchie nous permet de délibérer sur des motifs d'ordre sensible, mais elle ne peut faire plus ; elle ne nous fait pas sortir du cercle des intérêts personnels. Le domaine de la délibération resterait donc très borné. La fin serait toujours la même, la satisfaction du désir, et l'enfant ne délibérerait que sur les moyens d'y atteindre. Dès lors, une fois l'expérience de la vie acquise et les habitudes prises, la délibération deviendrait inutile. Il faudrait une circonstance extraordinaire, un renversement de l'ordre accoutumé pour que l'individu eût occasion de réfléchir sur les motifs qui le feraient agir.

Il n'en est plus de même si l'agent peut opposer des motifs de nature idéale aux motifs d'origine sensible. En ce cas il y a toujours lieu de délibérer non seulement sur les moyens d'agir, mais sur les fins de la conduite. *Ici encore nous pouvons voir que l'éducation de la volonté réfléchie est une éducation de la pensée.*

Les motifs idéaux ne se présentent pas d'eux-mêmes à la conscience. On peut admettre que l'homme a toujours une aptitude spontanée à idéaliser l'objet de la conduite, mais toute l'histoire des idées morales, juridiques, religieuses, prouve que la manifestation de cette aptitude à l'idéal est très souvent une aberration monstrueuse. Il ne faut pas compter sur la collectivité pour rectifier la spontanéité de l'individu. Les aberrations collectives sont aussi fréquentes que les aberrations individuelles ; elles sont plus graves ; elles sont plus difficiles à redresser.

Il est d'ailleurs facile de comprendre cette parenté de l'idéal et de l'erreur. La représentation d'un idéal est d'abord une opération de l'imagination. Par suite, le motif idéal est une construction subjective faite avec des matériaux empruntés à l'expérience sensible et à l'expérience sociale. Mais la qualité de ces matériaux n'est pas en rapport avec la difficulté du problème moral à résoudre. Par exemple, les mythes des peuples sauvages et de la plupart des peuples primitifs en apportent la preuve. Ces peuples idéalisent leur propre histoire et le milieu physique dans lequel ils vivent ; ils créent ainsi des figures héroïques et divines qui n'ont pas toujours une valeur morale très supérieure à celle de l'homme réel.

Les motifs idéaux ne peuvent être que des symboles ; il faut donc que l'aptitude à la pensée symbolique ait reçu une culture méthodique, en sorte que l'imagination créatrice ne la domine pas exclusivement. Remarquons-le : le problème n'est pas de détruire ou d'étouffer l'imagination ; cette œuvre serait irréalisable ; c'est de la discipliner.

Or l'imagination collective, comme celle de l'individu, est disciplinée par la pensée abstraite. La construction idéale qui donne à la conduite des motifs supérieurs aux motifs sensibles est toujours en dernière analyse une œuvre d'imagination, mais les éléments de la construction imaginative peuvent avoir été élaborés et épurés par tout un travail critique et rationnel. Au fond, l'éducation morale de l'humanité n'a pas été autre chose. Là où ce travail d'épuration n'a pas été fait ou a été mal fait, dans l'Inde notamment, la conscience morale a été étouffée par toutes les divagations de l'imagination mystique la plus déréglée.

On voit donc ainsi quelle est la valeur morale de la méthode analytique : elle fait l'éducation de la pensée symbolique ; elle fortifie la tendance à l'abstraction ; elle exerce l'esprit à dissocier les groupes d'images qui se succèdent automatiquement et communiquent à l'imagination le caractère fatal et impulsif de l'association. L'éducation donnée à l'esprit par la méthode analytique n'étouffe pas l'imagination, mais la contient et la discipline ; elle prévient donc l'adoption d'un idéal de conduite entièrement chimérique et sans rapport avec l'énergie dont la volonté peut disposer.

Le plus grand risque qu'ait à courir la volonté morale est, en effet, la confusion de l'idéal et du chimérique ; il est facile de célébrer l'enthousiasme qui s'éprend de l'impossible et de l'opposer à l'énergie persévérante qui marche au but pas à pas. Je pense ici à un poème dramatique où un poète contemporain célèbre comme l'unique vertu concevable l'enthousiasme dont nous sommes saisis quand nous imaginons une beauté lointaine et inaccessible. Mais on ne peut voir là que la confusion de l'idéal esthétique et de l'idéal pratique. Présentée au théâtre, en beaux vers, cette thèse peut y être tolérable ; mais le danger serait que la volonté ne se donnât une fin impossible que pour s'excuser de ne pas persévérer dans la poursuite de cette fin, car l'enthousiasme et la persévérance sont rarement compatibles.

Pour être capable de concevoir un véritable idéal, l'esprit doit avoir acquis un minimum d'aptitude à la critique, savoir distinguer le possible de l'impossible. Cette distinction est le fruit de l'esprit scientifique, tandis que la pensée mythique et magique représente l'impossible toujours mêlé à la marche des faits dans la nature et la vie. Initier l'esprit à la recherche de la vérité est le moyen le plus sûr d'incliner la volonté vers l'idéal [1].

§ 99. — Les méthodes intuitive et analytique concourent à former l'aptitude à la délibération, mais moins directement que la méthode synthétique. L'éducation donnée à la pensée par la double méthode intuitive et analytique ne peut être que scientifique ; au contraire, la méthode synthétique s'applique à la culture morale. Son rôle sera de rendre possible l'*harmonie des croyances*. Avec elle, l'éducation de la pensée se transforme en éducation de la croyance.

Ce terme doit être défini. Dans le langage courant, la croyance s'oppose à la connaissance ou plutôt à la science. On tient pour accordé que le domaine de la croyance est celui des vérités idéales et que la science a pour domaine sinon le réel, au moins le phénomène. On admet aussi que la formation de la croyance réclame le concours du sujet beaucoup plus que celle de

1. Hamelin (Octave), pp. 24 et suivantes.

la science. La grande différence résiderait dans la nature des preuves. On estime que le savant doit être à l'égard des vérités scientifiques dans un état de non-croyance, et que son esprit doit être littéralement *convaincu*, vaincu par des preuves qui le contraignent à accepter la vérité, sauf à reprendre la lutte contre l'hypothèse qui y est mêlée. Mais à l'égard de l'idéal moral et religieux, la disposition serait inverse. Sans exiger de preuves, on adhérerait en principe à l'idéal, en vertu d'un élan de l'amour et de la volonté. Le souci de la preuve ne surgirait que s'il fallait décider du choix entre plusieurs formules de l'idéal. Encore s'agirait-il de prononcer sur la valeur de la foi historique plutôt que sur la foi morale.

Or cette théorie, dont on attribue à tort la paternité à Emmanuel Kant, repose sur une notion surannée des rapports de la science et de l'action. On part de deux suppositions incompatibles avec une psychologie un peu clairvoyante. Les vérités scientifiques posséderaient une évidence qui les imposerait à nous malgré nous ; le même esprit pourrait recevoir deux sortes de vérités contradictoires, les vérités idéales qu'il consulte pour agir, les vérités scientifiques, imposées par leur évidence, mais sans rapport avec l'activité.

A ces deux suppositions, la psychologie et la critique opposent deux principes bien appuyés sur l'analyse de l'esprit humain et l'observation de l'activité. La première est que notre activité est toujours, directement ou indirectement, *sous l'influence de toute notre connaissance*. La seconde est que nous adhérons à une preuve scientifique en conséquence de notre adhésion tacite ou expresse à un postulat plus général qui est une *croyance*. Telles sont la réalité de l'espace à trois dimensions et la causalité naturelle des phénomènes. Un esprit qui refuse son adhésion aux postulats de la géométrie et de la physique générale ne peut plus être convaincu par la preuve scientifique.

Ainsi donc la dualité de la science et de la croyance est sans valeur. Ce qui subsiste, c'est l'opposition des croyances fortes, valides, et des croyances faibles, illusoires. Les croyances faibles sont les produits d'une synthèse dont l'imagination fait tous les frais ; elles ont eu pour type le mythe et la légende. Les croyances fortes sont construites avec des matériaux éprouvés ; elles consistent en une construction où l'imagination a sa part, mais dont les fondations reposent sur le sol de l'expérience interne ou externe.

On voit donc ce que nous entendons par l'éducation de la croyance et par la constitution de l'harmonie des croyances. La science est à la base ; la morale rationnelle en formerait la seconde assise ; la croyance en l'idéal religieux en serait le sommet ; mais le faîte ne se construit pas avant les fondations et les étages.

Si les croyances sont harmoniques, elles se renforcent : si elles sont contradictoires, elles s'annulent réciproquement. Il n'est pas de volonté forte, stable, persévérante qui puisse reposer sur des croyances faibles ou croulantes. Or l'écueil menaçant que rencontre l'éducation contemporaine du vouloir n'est-il pas le défaut d'harmonie entre les croyances ?

Laissons de côté le problème proprement religieux en vue d'éviter toute controverse irritante. Aussi longtemps que le problème religieux sera mêlé au problème ecclésiastique, la pédagogie devra, en France au moins, conserver le principe de laïcité, si équivoque qu'il soit en lui-même. Mais la question ecclésiastique est peu de chose à côté de celle qui préoccupe tous les esprits réfléchis, laïques ou religieux. Y a-t-il dans notre éducation contemporaine une harmonie suffisante entre l'enseignement scientifique et l'enseignement des vérités morales? Non sans doute, car la science repose sur le déterminisme, et trop souvent l'on a fait reposer toute la morale sur une définition du libre arbitre qui n'est pas autre chose qu'une négation de tout enchaînement entre les manifestations de l'activité humaine. Le résultat est que la victoire reste, non pas tant à la vérité scientifique qu'à un vague esprit déterministe et fataliste qui donne lieu à une véritable maladie de la volonté. On attend tout d'agents impersonnels : le progrès scientifique, l'État, la Loi, la Société, mais l'on n'attend rien de l'effort personnel, qui cependant est le seul certain et toujours le plus fructueux.

Remarquons-le, en effet : ce ne sont pas les résultats des sciences particulières qu'il faut mettre en harmonie avec la croyance à l'idéal moral et religienx ; c'est l'esprit scientifique lui-même qui se manifeste par l'exigence de la preuve et qui devient incoercible dès qu'il s'est éveillé [1]. C'est l'esprit scientifique qu'il faut mettre en harmonie, je ne dis pas avec l'idéal moral, mais avec le mode de le présenter aux consciences. Il ne faut pas, il ne faut plus que la connaissance scientifique devienne jamais un prétexte à répudier le devoir et le postulat religieux du devoir. C'est ce qui arrive

1. Em. Boutroux, *Science et religion dans la philosophie contemporaine*, Conclusion, § I (Paris, Em. Flammarion).

cependant si l'idéal est présenté sous une forme qui répugne entièrement à l'esprit scientifique. La science n'est plus alors qu'une raison de non-croyance en attendant qu'elle devienne une leçon de fatalisme.

C'est ici qu'intervient la véritable méthode synthétique, car elle permet de former harmoniquement et l'esprit scientifique et la conscience morale. Elle intéresse la curiosité aux problèmes moraux autant qu'aux problèmes scientifiques [1]. Mais les problèmes moraux passionnent beaucoup plus que les problèmes scientifiques, et il n'y a pas lieu de craindre qu'une conscience morale active puisse jamais céder au fatalisme pseudo-scientifique ; avec ou sans le concours de la critique philosophique, elle saura poser à la science mécanique ses limites infranchissables. D'ailleurs la science n'est pas en elle-même un narcotique pour l'activité volontaire ; elle est conquérante, orientée vers l'action. Ses postulats fondamentaux sont des croyances requises de l'action plutôt que des principes d'explication. Selon une remarque de Kant, les sciences exercent la pensée bien plus qu'elles ne la satisfont, mais elles l'exercent en vue de la réalisation d'une fin supérieure à la contemplation inactive des phénomènes. Cette fin, c'est la réalisation du caractère de l'humanité raisonnable, c'est la volonté réfléchie et tournée vers l'idéal pratique. C'est même pourquoi il faut commencer l'éducation de la volonté en formant autant que possible l'esprit scientifique.

§ 100. — Ainsi les méthodes qui président à l'éducation de la pensée président aussi à la direction de la

1. Kant, *Critique de la raison pratique*, *Méthodologie*.

volonté ; elles enseignent à délibérer, et ainsi elles corrigent la plus grave des imperfections de la volonté, l'impulsivité.

On conduit l'enfant des formes inférieures de l'activité idéo-motrice aux formes supérieures en formant en lui l'attention stable et volontaire, en l'exerçant à dissocier les images, à abstraire, et enfin à bien raisonner, car raisonner, c'est déjà harmoniser ses croyances, les systématiser en vue de l'action.

La triple méthode, intuitive, analytique, synthétique, bien appliquée à l'aide d'exercices gradués, forme donc l'agent volontaire autant que l'intelligence, car elle exerce et perfectionne toutes les opérations qui permettent de bien délibérer.

Former la volonté, c'est d'abord rendre le sujet capable d'interposer entre l'excitation et la réaction motrice la plus grande somme possible de réflexion, de pensée et d'expérience, de connaissance en un mot. Le savoir, a-t-on dit depuis Bacon, accroît le pouvoir de l'homme sur les choses, mais il n'y réussirait pas s'il n'accroissait pas en même temps le pouvoir de l'homme lui-même, c'est-à-dire l'aptitude à délibérer, à résister aux impulsions. Les savants sont d'ordinaire les moins impulsifs des hommes.

Cependant l'éducation de la volonté ne consiste pas tout entière à former des hommes capables de mettre partout et toujours le calcul à la place de l'impulsion ; il ne faut pas qu'elle étouffe l'aptitude de l'imagination à créer des fins idéales d'action. Toutefois, il faut prévenir la confusion facile de l'idéal pratique et de la chimère ; il faut aussi que l'idéal pratique puisse trouver dans l'expérience organisée, dans le savoir, un ensemble de moyens susceptibles de lui être subordonnés. Or les méthodes qui forment la pensée symbolique et l'aptitude à la synthèse concourent merveilleusement à ce but ; elles préviennent ainsi cette aboulie à laquelle conduit inévitablement le conflit entre les croyances idéales et la connaissance.

Cette éducation intellectuelle de l'aptitude à la délibération réfléchie n'est pas sans doute toute l'éducation de la volonté ; une bonne hygiène qui prévient l'affaiblissement du corps, une gymnastique bien comprise et de nature à exercer l'appareil musculaire, par-dessus tout une discipline négative qui laisse à la volonté de l'enfant sa sphère d'action, en voilà les compléments nécessaires. Toutefois l'énergie du vouloir n'intéresse que l'exécution du plan de conduite : délibérer, c'est former le plan lui-même.

CHAPITRE XV

L'ÉDUCATION DE L'HABITUDE SOCIALE.

§ 101. — Jusqu'ici nous avons étudié l'action de l'éducateur sur la formation spontanée de l'enfant et de l'adolescent en faisant entièrement abstraction des lois de l'habitude. Nous avons considéré d'abord l'enfant comme un sujet capable de subir l'influence de méthodes qui perfectionnent en lui l'attention ainsi que l'aptitude à la pensée abstraite et au raisonnement. Nous avons étudié ensuite l'agent volontaire, et nous avons vu comment l'éducation intellectuelle peut, sans changer vraiment de nature, se transformer en culture morale au profit de la volonté réfléchie. Nous devons maintenant serrer la réalité de plus près et considérer l'enfant dans sa subordination actuelle et future à l'ordre social. Nous voyons donc se poser un nouveau problème pédagogique que l'on peut énoncer ainsi : *En quelle mesure l'éducateur peut-il mettre à profit le pouvoir de l'habitude sans nuire à la personnalité de l'enfant et sans faire de lui un automate ?*

En exposant précédemment [1] la théorie d'Ardigò qui fait reposer toute l'éducabilité sur l'habitude, nous avons tenté de justifier deux conclusions : l'une est que l'habitude ne peut pas être le principal ressort de l'édu-

1. Voir II partie, ch. III.

cation ; l'autre est qu'il est impossible de ne pas la comprendre au nombre des moyens dont dispose l'éducateur. Nous savons que ces deux conclusions ne se contredisent pas. Autre chose est de prétendre inculquer à l'enfant par voie de contrainte un système d'habitudes rigides dont l'homme fait ne pourra plus jamais se délivrer, autre chose exercer méthodiquement ses aptitudes les plus élevées et laisser les habitudes résulter de cet exercice. Dans le second cas, l'habitude est un résultat, mais le but n'était pas de la former. Les exercices répétés laissent inévitablement des habitudes derrière eux ; la répétition confère à l'élève une habileté automatique, mais le but recherché était l'habileté, non l'automatisme. L'éducateur a pu, en effet, associer les exercices à l'initiative individuelle de l'élève surtout dans le domaine intellectuel. Au contraire, la théorie qui confond l'éducabilité avec l'habitude dispose l'éducateur à faire trop cas de l'automatisme chez l'élève et à redouter comme des obstacles la spontanéité de l'intelligence infantile et plus encore l'initiative de la volonté. On peut dire, en somme, que l'initiation de l'enfant à un travail régulier, organisé de façon à stimuler ses facultés sans les jamais comprimer a pour effet de faire à l'habitude une large part dans l'éducation sans en exagérer le rôle et sans nuire à la formation du caractère personnel.

§ 102. — La question serait donc bien aisée à résoudre si nous pouvions faire abstraction des rapports entre le caractère personnel et la subordination à l'ordre social. Mais ce serait là une trop grave lacune. Il est impossible que l'éducation morale ne prépare pas l'enfant à comprendre et à accepter les rapports sociaux de subordination, en ce qu'ils ont de permanent et d'essentiel. L'élever pour la liberté complète, l'égalité absolue, la justice parfaite, serait, on peut le dire, une véritable cruauté. Ce ne serait pas seulement lui ménager les pires déceptions, mais encore le rendre incapable de mettre son activité en harmonie avec la société au milieu de laquelle il doit vivre. On ne peut concevoir une éducation morale qui ne donne pas à l'homme l'habitude d'obéir aux exigences générales de l'ordre social.

L'obéissance serait donc l'effet propre à attendre de l'habitude. Le secret de l'obéissance doit, en effet, être cherché dans les lois de l'habitude. Ce phénomène moral semble énigmatique au premier regard. Comment comprendre qu'un agent volontaire puisse se décider et agir d'après les motifs d'un autre? De deux choses l'une, en effet : ou il est sans volonté propre, et l'on comprend bien en ce cas qu'il ne résiste pas au commandement d'un supérieur, mais non pas qu'il les exécute ; ou il a une volonté qui lui permet de coopérer aux intentions d'un autre, mais alors il agit réellement d'après ses motifs propres. Ici la seule différence entre l'action indépendante et la coopération, c'est que dans le second cas l'agent croit à un accord, à une harmonie entre les fins du supérieur et ses fins propres. Il y a donc alors assentiment, confiance, mais non obéissance au sens précis.

On objectera peut-être que l'obéissance a une origine plus naturelle qui est la crainte. En fait, l'éducation empirique compte surtout sur la crainte des châtiments pour produire l'obéissance. Il ne faut pas hésiter à dire que c'est là une erreur psychologique et la source de beaucoup de mécomptes dans la formation du caractère [1]. La crainte est plus propre à paralyser la volonté qu'à stimuler l'action. Il suffit d'observer des cas de peur très forte pour en être bien convaincu. Des physiologistes ont étudié sur des animaux le phénomène de la cataplexie [2]. L'expérience consiste par exemple à prendre une poule, à lui mettre la tête sous l'aile après avoir poussé un cri dans son oreille. L'animal présente alors tous les symptômes extérieurs de la mort. Or c'est là un cas extrême dont les effets de la crainte approchent toujours plus ou moins. Quand la crainte paraît stimuler l'activité, c'est toujours qu'une espérance y est associée. Bref, la crainte des châtiments est un excellent moyen d'inhibition, et l'éducation ne peut totalement s'en passer, mais elle ne peut à elle seule former l'obéissance active qui rend un homme apte à concourir aux fins d'un autre. Si l'on associe la représentation d'une souffrance ou d'une privation à un acte que l'on veut empêcher, l'image du châtiment futur éveille une crainte qui paralyse la tendance à agir. Mais comment la perspective du châtiment provoquerait-elle à l'action ? En éveillant le désir d'échapper à la souffrance ? C'est là un ressort bien faible, comparé aux motifs qui peuvent déterminer d'agir ou porter à agir dans un sens opposé. Aussi les punitions n'ont-elles jamais corrigé un enfant de la paresse.

Cependant l'obéissance active est un fait. L'homme fait travaille d'ordinaire sous les ordres d'un chef, l'enfant sous les ordres d'un maître. Le plus souvent aucun assentiment réfléchi n'est à l'origine de cette

1. Binet (4), *passim*.
2. Mosso, *la Peur*.

subordination. Sans doute plus le chef a la confiance des subordonnés ou le maître celle des élèves, et plus il en obtient de travail. Dans la pratique cependant, les motifs du supérieur n'ont pas besoin d'être explicitement compris ou même conçus pour déterminer l'activité des subordonnés. Il y aurait là une énigme inintelligible si les lois de l'habitude ne nous en donnaient la clef. Le subordonné n'obéit pas aux chefs, à proprement parler : il obéit à ses habitudes. Mais les habitudes qui le dirigent ont un caractère social. Elles ont été formées ou du moins orientées en un certain sens par des chefs. Les habitudes de l'enfant ont été formées par l'éducateur.

§ 103. — Il n'est pas d'instituteur, de directeur, de professeur qui ne sache que la discipline d'une classe ou d'une école est exclusivement une affaire d'habitude, et que réciproquement l'affaiblissement d'une seule habitude peut suffire à introduire l'anarchie dans l'école. Toute la différence entre le professeur réputé bon disciplinaire et celui qui ne sait pas se faire obéir vient de ce que le premier sait établir ou conserver des habitudes régulières dont l'autre ignore le prix. L'indiscipline n'est jamais le fait des élèves, toujours celui des maîtres : le même groupe d'enfants se montre, en effet, rebelle à l'autorité d'un maître et très docile à celle d'un autre. Ce n'est le plus souvent ni une question de talent ni une question de caractère ou d'amabilité, mais de tact, et le tact consiste à tirer des lois de l'habitude tous les fruits qu'elles peuvent porter.

Il est, en effet, dans la nature de l'enfant de prendre des habitudes et de s'y soumettre sans difficulté et même avec plaisir. L'enfant sent d'instinct que l'habitude est l'auxiliaire de son activité, qu'elle est pour lui une économie d'effort et un gage de succès. On ne le voit pas se révolter contre celui qui constitue des habitudes fixes pour régler leurs communes relations. Le commandement ainsi réglé n'a aucun caractère arbitraire ; il finit par éteindre les désirs contraires ; c'est dès lors, au sens propre du mot, une *norme*. En revanche, l'enfant a la haine de l'autorité capricieuse qui veut être obéie pour cette seule raison qu'elle est l'*autorité*. Le commandement se présente alors comme quelque chose qui bouleverse sa vie, qui lui impose des efforts d'autant plus douloureux qu'ils sont plus inattendus, tandis que l'habitude se manifeste à lui par le besoin impérieux d'activité ou de repos.

Les lois de l'habitude sont ainsi incompatibles avec tout commandement arbitraire, mais elles assurent une base inébranlable à l'autorité réelle, c'est-à-dire à la *règle sociale*. En effet, les habitudes qui constituent une discipline ne mettent pas les motifs des subordonnés en opposition avec les motifs du supérieur, et nous avons vu que la possibilité de cette opposition était pour le psychologue la véritable difficulté de l'obéissance. Le chef commande avec d'autant plus de sûreté que lui-même se montre plus soumis à la règle qu'il fait appliquer. Le chef et les subordonnés sont reliés les uns aux autres par un véritable automatisme fonctionnel, c'est-à-dire par des habitudes solidaires. Les motifs du chef ne peuvent lui être propres ou personnels. Tout au plus peut-on dire qu'il a plus que les autres la conscience claire des fins collectives dont l'habitude générale est le moyen. Mais quand bien même les subordonnés auraient conscience de ces fins comme lui, l'autorité n'en serait pas affaiblie pour cela, car elle réside dans l'ensemble et dans la réaction de l'ensemble sur les parties. *Bref, l'obéissance normale et transmissible par voie d'éducation, c'est la soumission de la conduite individuelle et collective à l'autorité des lois de l'habitude.*

§ 104. — Le problème est donc moins de faire naître l'obéissance que de l'harmoniser avec l'éducation de la volonté réfléchie. La formation du caractère personnel et l'initiation de l'enfant à la subordination sociale ne doivent pas se faire obstacle. C'est une transaction qu'il faut trouver. Là est le grand problème de l'éducation sociale : nous ne pouvons que le poser ici.

Le fait social que nous devons considérer, c'est la division du travail qui, comme chacun le sait, ne s'établirait pas dans les rapports sociaux sans la solidarité des habitudes. Dans les sociétés supérieures, une fois le régime des castes aboli, la division du travail rend possible une certaine harmonie entre les qualités de l'homme social et celles du caractère personnel. Elle exige à la fois des agents responsables et des hommes capables de se soumettre à des rapports de subordination. La grande majorité des hommes doit accepter des fonctions subordonnées, et la démocratie ne peut faire plus que de soumettre l'exercice des fonctions générales au contrôle régulier de l'opinion publique. Toutes les expériences faites en vue de détruire les rapports de subordination fonctionnelle ne réussissent qu'à en mieux montrer le caractère indestructible. Il y a d'abord, en effet, une subordination évidente de l'activité de chacun envers celle de l'ensemble et une subordination tout aussi réelle des fonctions locales aux fonctions générales. On peut dire que l'esprit social consiste à comprendre cette double subordination et à l'accepter. L'homme qu'anime l'esprit social ne se sent pas diminué par la subordination à un chef, à un supérieur, puisque l'autorité de ce chef représente, non une volonté personnelle ou une puissance égoïste, mais bien la supériorité de l'ensemble sur les parties, du général sur le détail.

Un autre aspect de la division du travail est l'égale responsabilité de chacun des agents devant le devoir social. Plus les parties de l'atelier social dépendent les unes des autres, plus chaque agent doit avoir un caractère personnel et être éclairé par une conscience. Il ne suffit pas, en effet, qu'il se sente le redoutable pouvoir d'arrêter ou de désorganiser les rouages par son refus de concours ; il faut encore qu'il ait conscience de son devoir envers l'ensemble et le conçoive comme une obligation dérivée de la justice sociale. On comprend facilement toutefois que la conciliation de la double condition d'organe subordonné et d'agent responsable appelle une préparation et que l'éducation morale doive être dirigée en vue de la rendre possible.

Il ne peut suffire soit d'initier l'enfant à une obéissance passive qui endormirait sa volonté et sa conscience, soit de prétendre en faire un agent libre, indépendant de tout rapport social défini. Dans les deux cas on le rendrait également impropre à prendre sa place dans l'atelier social. L'enfant doit être initié à la fois à la subordination et à la volonté personnelle. La synthèse de ces deux initiations différentes ne peut être que l'habitude d'obéir à des devoirs sociaux dont l'on peut donner la conscience claire à l'adolescent aussitôt que le niveau de ses facultés intellectuelles le permet.

§ 105. — Ainsi se trouve limité le rôle de l'obéissance, et par suite le concours de l'habitude à l'éducation. La conscience réfléchie du devoir doit être formée en même temps que se contracte l'habitude de plier la volonté propre aux exigences d'une volonté générale, d'une société définie dont on fait partie et qui est le germe ou l'abrégé d'une société plus compliquée et plus étendue. Dès lors toute contradiction, tout antagonisme disparaît entre *l'habitude sociale* et la *volonté raisonnable*. La volonté générale est l'intermédiaire entre l'une et l'autre.

Il n'est pas de société, si petite qu'elle soit, sans une volonté générale, car il n'y a pas d'association sans un minimum de gouvernement, et tout gouvernement suppose une volonté commune plus ou moins consciente d'elle-même. En général, ce gouvernement se forme par l'assentiment de plusieurs volontés subordonnées à une volonté dirigeante, et si cet assentiment fait défaut, le gouvernement perd tout caractère social, et par suite toute efficacité et toute durée.

D'un autre côté, il n'y a pas de volonté générale sans un minimum de rationalité. On peut même dire que plus l'association est étendue, plus l'assentiment des subordonnés à une volonté dirigeante doit prendre la forme d'une communauté de principes, reposer sur l'adhésion explicite de la conscience à des maximes rationnelles. L'affection suffit à cimenter l'autorité dans la famille, mais dans l'association et l'État, il faut plus : *il faut une loi consciente*.

Ainsi, en habituant l'enfant à incliner sa volonté propre devant une volonté générale déjà formée, et dont la discipline scolaire lui offre l'image, on ne nuit en rien à son éducation d'agent volontaire et responsable. Si l'on négligeait la conscience du devoir, il serait absurde de vouloir former à la fois l'habitude sociale et la volonté réfléchie. Une partie de l'œuvre détruirait l'autre, comme il arrive si souvent dans l'éducation contemporaine. Les habitudes ont toujours un caractère automatique, même quand elles sont subordonnées aux fins les plus sociales et les plus générales. Elles font donc échec à l'essor de la volonté purement individuelle. Réciproquement, tout ce que l'on fait pour développer la volonté à un point de vue purement individualiste ne peut manquer de faire obstacle à la formation des habitudes sociales.

Il n'en est plus de même si la formation de l'obéissance et l'éducation de la volonté sont considérées l'une et l'autre comme des moyens auxiliaires de la véritable éducation morale qui consiste à faire naître la conscience du devoir social.

En ce cas l'on se préoccupe plutôt de la qualité de la volonté que de son énergie. Toutes choses égales, une volonté capable d'une initiative énergique est sans doute préférable à une volonté trop docile à la tradition et au milieu. Toutefois, quand on forme l'homme social, on ne peut tout sacrifier à l'entraînement de l'énergie. Certaine école voudrait transporter chez nous l'éducation anglo-saxonne et surtout américaine. Mais, sans parler des difficultés d'une telle métamorphose (car les mœurs américaines et les mœurs françaises se sont formées dans des milieux et des conditions historiques bien différentes), l'énergie américaine est un modèle moral d'une valeur douteuse. Les vraies qualités volontaires que tout être humain peut chercher à acquérir, la fermeté contre les maux et contre les passions, la ténacité et la persévérance dans les desseins, sont tout à fait distinctes de l'initiative qui cherche toujours des voies nouvelles en vue d'accroître la richesse ou de l'énergie sauvage qui va à son but en brisant tous les obstacles.

De même on peut considérer l'habitude d'obéir à une règle commune comme une condition de l'accord entre la fonction sociale et la conscience subjective du devoir. Il ne faut pas que l'accomplissement des devoirs sociaux essentiels reste toute la vie également pénible ; autrement le mérite individuel attaché à l'effort pénible risque d'être acheté au prix du désordre social. Dans la vie de chaque personne, il y a des circonstances qui mettent la conscience en présence de devoirs rigoureux et méritoires, mais la vie sociale est d'autant plus élevée qu'elle ressent moins les conséquences de ces crises de la conscience individuelle. C'est pourquoi l'habitude doit y tenir une grande place, même là où la civilisation a pris un caractère rationnel et réfléchi.

§ 106. — Ces principes généraux risquent de paraître vagues et bien éloignés de la pratique. L'obéissance, semble-t-il, est la soumission pure et simple à la volonté d'un autre ; elle est ou n'est pas. Elle ne laisse aucune place à l'exercice de la décision personnelle. Entre les qualités de l'homme social, soumis à l'ordre, acceptant la subordination et les qualités de la volonté personnelle, il faut choisir, mais le choix fait, il faut renoncer aux avantages des qualités contraires.

Telle est l'objection : elle n'est pas insoluble, mais elle nous prouve la nécessité d'avoir une méthode qui ne laisse rien au hasard. Se faire obéir est une tentation à laquelle l'adulte succombe dans ses rapports avec l'enfant, comme d'ailleurs le chef dans ses rapports avec l'inférieur. N'oublions jamais qu'il existe chez l'homme un penchant dominateur qui est une des formes de l'égoïsme. Ce penchant croît sans cesse avec l'âge et l'exercice et peut arriver au point de ne plus tolérer même la résistance la plus légitime. Le penchant dominateur est d'autant plus insidieux qu'il s'allie fort bien avec le dévouement. Le chef, l'aristocrate, le patron dans le vrai sens du terme, est l'homme qui est toujours prêt à donner son temps et sa peine à ceux qui acceptent son autorité ; or tout adulte est chef et patron dans ses rapports avec l'enfant.

Il en résulte qu'on est d'ordinaire porté à exiger trop d'obéissance de l'enfant et à s'exagérer les avantages de l'absolue soumission. On rencontre souvent des personnes fort bien intentionnées qui pensent avoir donné à leurs enfants ou à leurs élèves la meilleure éducation possible quand elles leur ont systématiquement interdit toute manifestation volontaire[1]. A les croire, un enfant est mal élevé quand il se montre capable de vouloir, de poursuivre ses fins propres, de résister et de réagir ; et cependant les mêmes personnes jugeront que chez l'homme adulte, la passivité, l'indolence, l'inertie, le défaut de persévérance, sont les dispositions les moins honorables. Elles oublient que la volonté ne se développe pas sans exercice.

L'éducateur ne doit donc voir dans l'obéissance qu'un moyen d'habituer le sujet à observer une règle sociale. La famille et l'école sont de petites sociétés qui ont leurs

1. W. James, p. 148.

constitutions définies : obéir aux règles de cette double constitution doit suffire. Le respect de la discipline domestique et celui de la discipline scolaire réussiront, croyons-nous, à former le futur citoyen, pourvu que l'on ne tolère jamais aucune infraction qui procéderait du caprice.

Allons plus loin ; il serait désirable que l'enfant sût faire de très bonne heure la distinction entre deux formes de l'obéissance, l'obéissance à la règle posée par la raison et l'expérience des adultes et la soumission à la puissance supérieure des adultes. Sans doute il faut bien que l'enfant éprouve à l'occasion la puissance de l'éducateur quand par caprice il résiste à la règle ; toutefois il serait souhaitable qu'il n'eût jamais la conscience de céder par faiblesse, maïs qu'il sentît dans l'autorité qui le redresse l'assistance d'une volonté raisonnable venant compléter la sienne. La discipline la plus sûre et la meilleure est celle qui compte le moins sur les punitions ; c'est surtout celle qui punit sans colère, sans accabler la volonté rebelle et qui laisse toujours un délai s'écouler entre l'avertissement et l'infliction. Les règlements universitaires actuels recommandent de ne punir jamais que sous condition suspensive. Ceux qui savent les observer peuvent créer une discipline très ferme et sans aucun ferment de révolte.

L'enfant ne doit jamais risquer de confondre l'obéissance qu'exige de lui l'éducateur, parent ou maître, avec la soumission que peut lui imposer un camarade plus fort, plus âgé ou plus impérieux. Cette autre forme de l'obéissance procède de la crainte ou du prestige : elle est intéressée, mais n'est pas durable. La véritable obéissance doit déjà engager la conscience et l'exercer en l'amenant à se manifester. Il en résulte qu'il n'est pas impossible de tracer les règles qui peuvent présider à sa formation.

§ 107. — L'idéal serait que l'enfant eût conscience de la règle sociale à laquelle on lui demande de se soumettre dans la famille et à l'école ; c'est qu'il en comprît assez le rôle bienfaisant et tutélaire pour pouvoir toujours l'associer aux exigences pénibles qui l'accompagnent. Un enfant suffisamment intelligent est très loin d'être insensible aux avantages inhérents à la régularité et au bon ordre dans la famille. Dans les maisons d'éducation, la régularité dans le travail, l'exactitude, la bonne tenue de l'ensemble, sont des biens hautement appréciés des adolescents. Il est à remarquer que la faiblesse dans l'exercice de l'autorité n'est nullement un moyen d'obtenir leur affection ou leur estime. Les maîtres sans fermeté sont les objets d'une véritable animosité qui peut aller jusqu'à la persécution. La nature humaine sent spontanément le besoin de l'ordre, elle voit dans l'ordre un soutien, une protection, et elle s'y attache. La contre-partie de l'ordre est la soumission à des règles uniformes, constantes, qui peuvent prendre l'aspect de véritables lois naturelles. La règle comprime beaucoup de désirs et a, par suite, un côté pénible. Mais l'intelligence d'un enfant peut fort bien saisir la relation qui unit les conséquences bienfaisantes de l'ordre au côté pénible de la règle. Comme l'habitude affaiblit progressivement la souffrance qui accompagne la compression des désirs, comme le désir sans cesse comprimé disparaît, la règle est enfin voulue consciemment après avoir été subie.

La règle pratique est de subordonner la discipline à

la culture morale, de considérer la soumission à la règle comme une série d'épreuves nécessaires à la formation du caractère. Le véritable caractère humain est personnel par un côté, social par un autre. La *rationalité* exprime l'unité de ces deux aspects, car la sociabilité humaine, à la différence de la sociabilité animale, ne peut s'affermir et s'étendre sans se rationaliser. La formation du caractère personnel n'est donc pas complète si le sujet ne devient pas capable de comprimer toutes les dispositions égoïstes ou anarchiques qui le rendent impropre à être un agent de la société. C'est dès l'enfance qu'il doit s'habituer à subordonner la poursuite de ses fins propres à celles des fins sociales et humaines. L'obéissance aux règles sociales, c'est-à-dire aux constitutions intérieures des petites sociétés où il est protégé et élevé, telle est pour l'enfant et l'adolescent la condition impérieuse de cette formation du caractère.

On voit quelle place y tient l'habitude. Il faut que la règle sociale, la discipline domestique et scolaire, soit manifestement indépendante de la volonté des parents et des maîtres ; elle doit prendre l'aspect d'une véritable loi naturelle ; or l'habitude peut seule produire cet effet, car, on l'a remarqué de tout temps, elle a cette vertu de transformer une institution volontaire en un système qui se répète aussi régulièrement qu'un ordre de choses naturel.

Le rôle de l'habitude indique celui que doit jouer l'autorité de l'éducateur : elle doit être le modeste auxiliaire de la règle, et par suite l'agent de la formation des habitudes ; elle doit comprimer le caprice, la tendance à transgresser la règle, mais elle doit le faire sans jamais briser la volonté. Contrairement à un préjugé trop répandu chez nous, la discipline peut être à la fois très libérale et très inflexible. Elle peut être libérale, c'est-à-dire n'ôter à la spontanéité de l'enfant que ce qui est nécessaire à la constitution de l'ordre ; elle peut être inflexible, c'est-à-dire ne jamais tolérer la plus petite infraction à la règle posée. La condition qui unit l'un à l'autre ces deux aspects de la discipline, c'est que la règle soit portée à la connaissance des enfants, leur soit clairement expliquée, et qu'aucune de ses applications ne paraisse jamais être le fait de la volonté impatiente de l'éducateur. S'il punit, il faudrait qu'il parût le faire malgré lui, comme le juge qui applique un article du code auquel lui-même est soumis.

§ 108. — Sans doute la discipline coercitive procède autrement ; elle place la vertu suprême de l'enfant dans l'obéissance passive accordée sans hésitation. Dans la volonté personnelle de l'enfant, elle voit un danger permanent à conjurer et elle n'en tolère aucune manifestation. L'éducateur pénétré de ces idées veut que l'obéissance s'adresse, non à la règle sociale dont il est le représentant, mais à sa volonté propre, à la supériorité de ses forces et de ses lumières. L'enfant chez lequel s'annonce un caractère est de sa part l'objet d'une aversion réfléchie ; il le note comme un mauvais caractère, car pour lui, n'avoir pas de caractère et en avoir un bon, c'est tout un, car c'est tout subir sans réagir. Mais cette discipline n'est pas seulement nuisible ; elle est maladroite ; elle manque le but. L'obéissance à la règle se confond alors avec l'obéissance à la personne. Quand l'adolescent sent croître son énergie, il commence à se mesurer avec l'autorité personnelle qu'il a jusqu'alors subie ; quand l'âge de l'indépendance arrive, il devient bien souvent un réfractaire, et il réalise, sinon le type de l'anarchiste, au moins le type, trop répandu chez nous, du frondeur.

Déraciner cette discipline coercitive, cette malformation du caractère, doit être le premier résultat d'une pédagogie expérimentale : elle n'y réussira qu'en faisant de la plasticité des habitudes le moyen de la formation méthodique de l'être social.

CHAPITRE XVI

APPLICATION DES MÉTHODES ÉDUCATIVES AUX VARIATIONS INDIVIDUELLES.

§ 109. — Les méthodes que nous venons de définir peuvent-elles concourir avec le même succès à la formation de tous les esprits et de tous les caractères ? L'art pédagogique expérimental ne doit pas éluder cette question. En effet, la notion de l'individualité psychologique est la principale conclusion de la psychologie expérimentale. La psychologie nouvelle nous apprend à mettre en doute l'existence de l'enfant, moyen que l'éducation traditionnelle avait seul en vue. Elle nous conduit à penser que bien souvent un enfant est classé parmi les mauvais élèves, les paresseux, les indisciplinés pour l'unique raison que l'on a appliqué à la direction de son esprit et de sa volonté des méthodes qui ne pouvaient convenir qu'à des enfants autrement constitués que lui.

Il n'en résulte pas que la didactique et l'hodégétique (pour parler comme les Allemands) ne puissent constituer des méthodes générales sur le fondement de l'expérimentation et de la comparaison. La psychologie individuelle se propose avec raison de définir des types émotionnels, intellectuels, volontaires, mais elle ne peut saisir tout ce que l'individualité vivante a de mouvant et de capricieux. Toute science doit schématiser ses résultats ; elle doit isoler ce que la nature rapproche, distinguer ce que l'évolution tend à confondre. L'enfant moyen n'existe pas, nous l'accordons, mais les enfants réels dont les méthodes éducatives tentent de diriger le développement se meuvent entre des limites extrêmes que le psychologue définit dans son laboratoire.

L'enfant réel n'est le plus souvent ni un *moteur*, ni un *auditif*, ni un *visuel* ; il participe de la nature du visuel, de l'auditif et du moteur, mais avec prédominance de l'un de ces caractères sur les autres. De même l'enseignement a rarement affaire à des esprits nettement classés comme *observateurs* ou *imaginatifs* ou *abstraits* ; il y a seulement une tendance plus ou moins accusée vers l'un de ces types plutôt que vers un autre. Dans ces conditions, la constitution des méthodes générales n'est ni impossible ni absurde.

§ 110. — D'ailleurs quelle attitude l'éducateur doit-il prendre envers ces dispositions originales qui séparent les individus les uns des autres ? Le problème est troublant. D'un côté, la psychologie individuelle convaincra l'éducateur de son impuissance à transmuer un type dans un autre, par exemple à communiquer à l'esprit observateur toutes les qualités de l'esprit imaginatif, et réciproquement. Mais ne doit-il pas redouter de cultiver à l'excès les dispositions individuelles et de favoriser cette *hypertrophie du Moi* dont les sociétés individualistes ont eu si souvent à souffrir ? Il semble que la pédagogie rencontre ici son cap des tempêtes. Tout au moins est-elle en présence d'une antinomie bien malaisée à résoudre.

L'éducateur peut hésiter entre deux solutions qui paraissent également plausibles. Il peut penser que chacun des individus dont la psychologie expérimentale lui révèle l'originalité irréductible est un représentant incomplet de l'humanité, et que l'art éducatif doit développer artificiellement chez lui ce que la nature a laissé trop faible. Il se confiera donc aux méthodes générales ; il contraindra l'enfant à se plier aux exercices intellectuels que sa nature lui rend pénibles, à accomplir les devoirs que son caractère lui rend odieux ; dans sa pensée, l'habitude fera le reste, et l'harmonie sociale bénéficiera de toutes les souffrances imposées aux individus au cours de leur éducation. Mais l'éducateur peut aussi pencher vers l'attitude inverse, estimer en chacun l'énergie personnelle dont la nature elle-même a créé les sources. Il jugera donc qu'il convient de placer l'originalité de chacun dans les conditions les plus favorables à son complet épanouissement, en vue de porter l'énergie personnelle au maximum. On voit que les deux solutions peuvent être justifiées à l'aide d'arguments plausibles.

Les partisans de l'une et de l'autre peuvent invoquer l'intérêt social. La société ne peut vivre sans un minimum de conformisme ; elle doit être unifiée jusqu'à un certain degré et consciente de son unité. Ses membres doivent surtout être capables de coopérer entre eux, non seulement en divisant et subdivisant leurs tâches, mais encore en combinant les efforts particuliers en un effort total. Telles sont les raisons que l'on peut invoquer contre un respect excessif de l'originalité. A cela l'individualiste répondra que l'unité sociale n'est pas l'uniformité, et que la coopération, ainsi que la division du travail, sera d'autant mieux assurée que les individus auront déjà des aptitudes différentes et complémentaires. Il montrera facilement que l'intérêt d'une civilisation avancée est que l'originalité individuelle soit plutôt favorisée que compromise. Dans la disposition contraire, il dénoncera un effet de la passion de l'égalité, de l'envie, du ressentiment des faibles et des incapables.

§ III. — Ecartons les problèmes de la politique sociale qui nous ôterait la vision claire de la vérité pédagogique. L'éducateur a pour mission de contribuer au développement normal d'un individu destiné à prendre un jour sa place dans l'atelier social et à concourir pour sa part à la civilisation. Deux conséquences en résultent aussitôt. L'éducateur ne doit pas chercher à transmuer un type mental dans un autre, et par suite ne doit pas vouloir étouffer l'originalité là où elle existe ; mais il peut se proposer d'aider l'individu à corriger les défauts de sa nature. Considérons par exemple la distinction des *observateurs*, des *imaginatifs* et des *abstraits*. Ce sont là des esprits à peu près également estimables, et quoique l'on doive souhaiter à une société active et laborieuse plus d'observateurs que d'imaginatifs et d'abstraits, il faut reconnaître que les imaginatifs et les abstraits sont aussi nécessaires à l'essor des arts et de la philosophie que les observateurs à la science. Allons plus loin : même dans le domaine de la science et de l'industrie, les inventeurs surgiront plutôt des rangs des imaginatifs et des abstraits que de ceux des purs observateurs [1]. Toutefois, que penserait-on

1. V. Th. Ribot (2), IIe partie, préliminaires et conclusion, II, p. 267.

d'un éducateur qui, après avoir appliqué les tests les plus certains au classement d'un groupe d'enfants, se proposerait de nourrir les esprits abstraits exclusivement de généralités mathématiques et philosophiques, les imaginatifs de fictions poétiques ou artistiques, tandis qu'il mettrait les observateurs en présence de phénomènes concrets ? Non seulement cette éducation détruirait jusqu'à la possibilité de la coopération sociale, mais elle aurait pour effet l'impuissance de chacun des types intellectuels dans son propre domaine. L'observateur doit savoir combiner les images qu'il a retenues de la vision directe des choses, et pouvoir dégager par abstraction les rapports des faits, sinon son entendement ne sera qu'un chaos infécond de souvenirs sans liens. L'individu enclin à l'abstraction doit être retenu longtemps dans le champ de la réalité concrète, naturelle et historique, sinon on aura ou le scolastique qui égrène le chapelet des catégories ou le mathématicien vulgaire qui ne sait plus raisonner dès qu'il ne manie plus les signes algébriques. Quant à l'imaginatif pur, il est candidat à la folie aussi bien qu'à l'invention féconde et ingénieuse si l'éducation intellectuelle ne le contraint pas à nourrir son imagination de données réelles et vivantes et à contrôler ses créations.

L'étude de la diversité des caractères donnerait lieu à une conclusion semblable. Cette diversité favorise la coopération sociale et elle est un moyen naturel d'harmonie. Aucune coopération sociale n'est possible sans un minimum de hiérarchie ; elle serait impossible si toutes les volontés étaient également énergiques ou si tous les caractères étaient également apathiques. Au contraire, l'existence de caractères actifs, aptes à l'initiative et au commandement, de caractères sensitifs, toujours passifs et heureux de leur passivité et de caractères apathiques, capables de résister à l'impulsion excessive des actifs sans prendre jamais eux-mêmes la direction des mouvements sociaux, est favorable à l'établissement d'une hiérarchie naturelle qui ne comprime à l'excès aucune individualité. L'éducateur ne combattra donc pas un type de caractère au profit d'un autre. Mais la psychologie individuelle lui a appris qu'aucun caractère ne produit ses effets bienfaisants s'il n'est pas associé à une intelligence active, et que l'effet de l'évolution mentale est de favoriser l'essor des tendances supérieures, la naissance des émotions complexes dont la fonction est évidemment d'adapter l'homme à la vie en société [1]. La psychiatrie lui démontre aussi que l'hypertrophie du moi est incompatible avec toute adaptation sociale [2]. Toute méthode qui tempère les excès propres à chaque type de caractère et leur oppose l'initiation aux habitudes sociales se présente donc à lui comme un correctif nécessaire de la nature.

§ 112. — Après réflexion, l'on peut voir que l'applicabilité des méthodes générales de l'enseignement et de la discipline ne saurait être mise en doute. Quoique une école, une classe, soit composée toujours d'un nombre indéterminé d'observateurs, d'imaginatifs et d'abstraits, elle peut suivre des exercices communs à tous les élèves et inspirés par quelqu'une des méthodes intuitive, analytique ou synthétique. Il n'est pas un seul esprit qui ne puisse tirer profit d'un exercice de ce

1. Th. Ribot (5), IIe partie.
2. Krafft-Ebing, liv. III, ch. II, traduction française, p. 383.

genre, car si cet exercice ne favorise pas l'essor des dispositions naturelles du sujet, tout au moins pourra-t-il remédier aux faiblesses de son intelligence. La seule condition est que l'exercice et la méthode qui l'inspirent soient en rapport avec l'âge des élèves et avec le niveau de leur développement. C'est à la précocité artificielle, au défaut de correspondance entre la nature des exercices et les besoins propres de chaque groupe d'esprits qu'il faut, le plus souvent, imputer l'échec apparent de bonnes méthodes scolaires.

La valeur universelle de la méthode intuitive doit surtout être affirmée bien haut. Si elle est le correctif indispensable des défauts inhérents à la constitution mentale des imaginatifs et des abstraits, elle est avant tout le ressort de l'activité des observateurs. Ce n'est pas sans raison que la lente introduction de cette méthode sous l'influence de Comenius, de Locke, de La Chalotais, d'Oberlin et de Pestalozzi a été considérée comme la plus heureuse et la plus profonde des réformes de l'enseignement. Le type de l'esprit observateur est probablement le plus normal et le plus répandu ; socialement, l'esprit observateur est le plus utile, surtout à une civilisation pacifique et productive. L'Imaginatif et l'Abstrait sont peut-être des esprits plus brillants, mais bien souvent, si l'on n'y prend garde, ce sont aussi des esprits faux, portés à se repaître d'illusions, à dédaigner les vérités partielles et empiriques ; l'Observateur est toujours un esprit modeste et juste. Or aussi longtemps qu'ont prévalu l'enseignement scolastique et l'humanisme, les esprits observateurs ont été à la fois sacrifiés et dépréciés. L'enseignement scolastique nourrissait l'esprit d'abstractions grammaticales, logiques, géométriques, théologiques ; il exerçait l'activité des Abstraits, mais il exagérait aussi leurs défauts naturels. Il sacrifiait tout à la logique formelle et à la théologie sans grand profit, soit pour l'élargissement de la pensée philosophique, soit pour la culture du véritable sentiment religieux [1]. L'humanisme n'a pas modifié essentiellement les méthodes de la scolastique ; il a mieux adapté les exercices scolaires aux exigences de l'âge et du développement des enfants, mais ces réformes n'ont guère profité qu'à la classe des Imaginatifs. L'école issue de la Renaissance a formé moins de fanatiques et de systématiques que l'école du moyen âge, mais il en est sorti une pléiade interminable d'esprits chimériques, faux et suggestibles. Les peuples qui ont mis à profit les conseils de la pédagogie moderne et ont appelé la méthode intuitive à féconder l'enseignement tout entier, les peuples qui n'ont pas dédaigné les connaissances concrètes et qui ont apprécié à leur juste valeur les qualités des esprits observateurs, en ont été récompensés par l'essor de leur activité économique et ont été surtout préservés de l'influence des songe-creux et des utopistes.[2]. La démocratie n'a pas été chez eux comme chez d'autres le despotisme des foules suggestibles hallucinées par des meneurs. L'Université française, fille de la scolastique et héritière de l'humanisme, ne mérite pas sans doute l'aigre censure que lui adresse, au nom de la pédagogie expérimentale, M. Gustave le Bon [3]. Néanmoins elle a eu le grand tort de dédaigner trop longtemps la méthode

1. Thurot, conclusion.
2. H. Lemonnier, conclusions, p. 106-108.
3. G. Le Bon, Ire et IIe partie.

intuitive, de ne lui jamais faire qu'une place étroite, quand elle ne l'a pas consignée purement et simplement à la porte de ses lycées, la jugeant bonne tout au plus pour l'école maternelle.

§ 113. — Ainsi la psychologie individuelle ne nous oblige pas à bouleverser la théorie des méthodes de l'enseignement et de la discipline, en vue de les appliquer aux cas personnels. Il n'en résulte pas que les règles générales de la didactique et de l'hodégétique expérimentales puissent suffire à un corps de véritables éducateurs. Un enseignement commun et une discipline générale sont possibles et utiles à tous ; néanmoins à chaque type d'esprits et de volontés doivent correspondre des exercices spéciaux, en vue d'un redressement qui, tout en respectant l'originalité profonde de chaque nature, la mette d'accord avec les exigences de l'harmonie sociale.

Nous ne croyons pas la pédagogie expérimentale encore en état de bien définir ces exercices spéciaux. La psychologie individuelle ne vient que de naître. Entre spécialistes on dispute encore sur la valeur des tests qu'elle applique. MM. Binet et Henri ont contesté le sens et la portée des tests en usage dans des laboratoires d'Allemagne et des États-Unis [1], mais ils étaient les premiers à convenir que les leurs sont encore un peu grossiers. Néanmoins un temps viendra où la répartition des enfants en *classes*, conservée dans la mesure où elle répond réellement au développement psychologique moyen, ne sera plus la seule. En concurrence avec elle, on aura des subdivisions fondées sur la distinction

1. Binet et V. Henri, *Année psychologique*, II, 1895, pp. 411-485.

des types d'esprits. Sans doute aussi, on aura abandonné alors le système des *programmes-omnibus*, ce triste legs de l'enseignement d'autorité. Les enfants participeront encore à des exercices uniformes, car ils se ressemblent plus entre eux que les adultes en raison de leur moindre évolution ; mais les adolescents et les jeunes gens seront soumis à des exercices mieux appropriés aux besoins de leur constitution mentale propre. On se proposera alors non de fabriquer grossièrement l'élève de *lettres* ou l'élève de *sciences* selon des routines invétérées, mais d'adapter l'Observateur, l'Imaginatif et l'Abstrait aux exigences de la Culture, en mettant chacun d'eux en garde contre les excès et les défauts inhérents à sa nature.

§ 114. — On peut craindre que ces temps ne soient encore loin de nous. Néanmoins ne pourrait-on dès maintenant tirer parti des indications de la psychologie individuelle en vue d'une meilleure direction des volontés ? Si l'on se contente de distinguer avec William James la volonté *explosive* et la volonté *entravée*, correspondant à peu près, la première au caractère actif de Ribot, et la seconde à son caractère apathique, il est aisé de voir qu'une direction absolument uniforme de ces deux types de volontés ne peut donner lieu à une éducation vraiment satisfaisante. La volonté explosive et la volonté entravée doivent sans doute être exercées l'une et l'autre au contrôle personnel, à la responsabilité, ainsi qu'à l'action persévérante et énergique. L'une et l'autre profiteront des exercices qui forment l'attention volontaire et l'habitude sociale ; mais si la discipline est absolument uniforme, elles n'en profiteront pas également. Les mêmes règles qui contraindront la volonté explosive à la discipline personnelle briseront à l'excès les ressorts de la volonté entravée et apathique. Le même traitement qui stimulera le vouloir énergique et persévérant chez les apathiques risquera de transformer en agents de désordre les individus qui appartiennent au type opposé. L'uniformité niveleuse sera plus dangereuse ici qu'ailleurs.

Sans prétendre résoudre un si grave problème, que les données présentes de la science permettent tout au plus de bien poser, nous conclurions que si l'on doit diriger des volontés explosives, il faut s'appliquer patiemment à former l'aptitude au contrôle et à accroître l'inhibition, en présentant sans cesse à l'élève la possession de soi-même, non seulement comme un idéal élevé, mais encore comme la qualité socialement la plus utile. On condamnera sans indulgence les gestes désordonnés et jusqu'à l'expression fougueuse des sentiments altruistes. A-t-on affaire au contraire à des volontés entravées, à ces apathiques qui, sentant peu vivement, ont peu de chose à comprimer chez eux? On stimulera par tous les moyens la *volonté de puissance*, la lutte contre les difficultés naturelles, l'effort physique. On exigera que toute entreprise soit poursuivie jusqu'au bout, serait-ce une simple distraction agréable, car l'indolence dans la recherche des plaisirs licites est à elle seule l'indice d'une volonté débile et impuissante. Certes, nous ne prétendons pas que l'unique traitement à appliquer à la volonté explosive, si commune chez les peuples latins, soit la compression des sentiments et de leur expression. La persévérance et l'initiative intelligente doivent être encouragées chez l'explosif comme chez l'apathique, car ce sont rarement des qualités innées. Il s'en faut aussi qu'à la volonté entravée corresponde toujours le véritable empire sur soi-même. Une éducation commune des volontés est aussi légitime qu'une instruction commune des intelligences; cependant la formation complète de la volonté d'un certain type exige un entraînement propre que les progrès ultérieurs de la psychologie individuelle permettront sans doute de définir.

En résumé, l'application de la psychologie individuelle à l'enseignement et à la discipline sera désormais le levain le plus actif du progrès de la pédagogie, et l'éducation individualiste ainsi obtenue sera l'agent le plus efficace de la vraie solidarité sociale, celle qui résulte, non de l'annulation de la responsabilité personnelle, mais de son élargissement.

CHAPITRE XVII

CONCLUSION GÉNÉRALE.

§ 115. — Avons-nous réussi à justifier le titre de ce petit livre et à présenter au lecteur une esquisse d'une pédagogie expérimentale? Évidemment notre œuvre diffère beaucoup de celles qui ont été publiées à l'étranger sous ce titre. Arrivé au terme, nous devons montrer pourquoi nous croyons ne pas avoir été infidèle à notre programme.

D'après Meumann, dont le livre est peut-être le spécimen le meilleur et le plus complet de ce qu'on entend le plus souvent par la pédagogie expérimentale, cette science diffère de la pédagogie philosophique des écoles criticiste, herbartienne et évolutionniste : 1° en ce qu'elle subordonne la partie normative de la pédagogie à sa partie scientifique [1] ; 2° en ce qu'elle cherche à résoudre tous les problèmes pédagogiques par l'observation de l'enfant lui-même [2]. La pédagogie expérimentale est donc avant tout une pédologie ; elle prend pour objet non le nouveau-né, comme ont fait d'ordinaire les physiologistes et les psychologues depuis Darwin, Taine et Preyer, mais l'écolier (*das Schulkind*) ; c'est de l'observation de l'écolier qu'elle

1. Meumann, t. I, leçon I, p. 5.
2. *Id.*, t. I, leçon I, p. 3 ; leçon II, p. 30.

cherche à tirer toutes les règles de la méthode éducative [1].

Nous avons en commun avec Meumann l'idée qu'il faut subordonner la branche normative de la pédagogie à l'étude scientifique du développement humain, mais nous avons eu des raisons décisives de ne pas accepter son second critère de la pédagogie expérimentale. Le plan même de ce livre atteste que si nous avons cru devoir séparer la théorie de l'art éducatif de celle de la science pédagogique, il nous a paru inadmissible de demander toute la théorie de l'éducation aux expériences pédologiques.

Notre raison principale de penser ainsi nous aurait été fournie par Meumann lui-même si nous n'y avions été conduit par l'induction sociologique. Avec la belle sincérité qui le caractérise, Meumann reconnaît que l'observation pédologique ne peut rien nous apprendre des fins de l'éducation. « Après avoir passé en revue le progrès de la pédagogie expérimentale, *nous devons nous convaincre*, écrit-il, *qu'il est entièrement impossible de traiter expérimentalement toutes les questions de la pédagogie*, vu que tous les problèmes de la science de l'éducation ne se laissent pas enfermer dans le domaine des recherches de faits. Par exemple, la définition des fins générales de l'éducation et celle des fins générales et spéciales de l'enseignement dépendent pour une grande part de facteurs que nous devons considérer comme donnés. L'État et la Société déterminent les fins spéciales de l'enseignement, et pour une part aussi les fins générales de l'éducation, et ils les déterminent

1. Meumann, t. I, leçon II.

d'après les degrés de la culture et l'idéal de la civilisation d'un temps donné. Les fins de l'enseignement ne sont donc aucunement déterminées par des considérations psychologiques, mais par des considérations purement pratiques, en particulier par le caractère et la fonction propres de chaque école. Les écoles populaires et les écoles supérieures doivent nécessairement avoir des fins différentes, car elles servent aux besoins de classes sociales (*Stände*) différentes. Ainsi l'étude des fins de l'éducation et de l'enseignement est en grande partie soustraite à la recherche pédagogique[1]. »

Il nous semble que le pédologiste fait ici à l'empirisme une part excessive et que le souci de s'enfermer dans le laboratoire expérimental le conduit à sacrifier le principal à l'accessoire. Qu'est-ce que l'éducation si ce n'est un rapport entre ces deux termes : 1° la série des transformations éprouvées par l'enfant dans un milieu défini ; 2° la formation sociale de l'homme ? Le second terme ne peut avoir moins d'importance que le premier.

Si le pédagogiste emprunte à l'empirisme politique la notion de la fin de l'éducation, quel est son rôle ? Il consiste à répondre si la fin peut être ou non réalisée et, en cas d'affirmative, à quelle condition elle peut l'être sans que l'enfant en voie de croissance soit soumis à une épreuve trop rude. Le pédagogiste nous paraît donc placé entre deux risques : l'un est de se faire juge des fins sociales, sans disposer pour cela d'aucune méthode ; l'autre est d'attribuer à ses travaux un caractère purement théorique et une valeur en quelque sorte expectative.

1. Meumann, t. I, leçon II, p. 39.

Nous avons donc cru devoir élargir le cadre de la pédagogie expérimentale en faisant appel à la méthode comparative. A la suite de Comte, de Spencer, d'Ardigò et de Baldwin, nous avons comparé le développement individuel au développement social de l'espèce, et nous avons conçu l'éducation comme une récapitulation abrégée de la culture. Dès lors la fin même de l'éducation nous a été donnée comme la conclusion d'une loi très générale que vérifient les sciences sociales et psychologiques.

Le mouvement même des études psychologiques nous portait à concevoir ainsi la partie scientifique de la pédagogie. Dans la seconde moitié du XIXe siècle, sous l'influence croissante de la dynamique sociale de Comte et de la psychologie ethnographique fondée par l'école issue de Herbart, la psychologie a été peu à peu partagée en deux sciences bien distinctes, la théorie des processus élémentaires communs à l'homme et aux animaux supérieurs, ainsi qu'aux hommes de tous les âges et de toutes les races, et la théorie des processus propres aux adultes normalement développés, c'est-à-dire socialisés. La première de ces sciences, sans mériter vraiment le nom de psychologie physiologique (car la méthode introspective lui est encore indispensable), reste voisine de la biologie et ne peut être cultivée que par des hommes initiés suffisamment aux méthodes biologiques ; l'autre branche est réellement une science sociale, la science sociale fondamentale à notre avis ; elle exige à un degré suffisant la compétence philologique et historique. La première est seule expérimentale au sens propre, la seconde est comparative.

Or l'étude de l'enfant et de l'adolescent ne saurait

constituer une troisième science ; elle relève tour à tour soit de la théorie des processus élémentaires, soit de la psychologie sociale. En cela même consistent l'intérêt et la difficulté de cette étude. Selon l'âge de l'enfant, tantôt les processus élémentaires sont seuls observables, tantôt on les voit déjà modifiés par les processus supérieurs, tels que le langage, l'attention volontaire, la curiosité, les émotions religieuses, esthétiques. Cependant le développement de l'enfant peut être défini sans témérité « une socialisation spontanée », comme l'a compris admirablement Baldwin. Une fois dépassée la deuxième année, c'est à la psychologie sociale que l'étude de l'enfant appartient ; le développement mental et émotionnel qu'il présente normalement ne devient clair que si on le rapproche du processus total de la culture où il apparaît avec un grossissement qui rend l'étude beaucoup plus aisée.

§ 116. — C'est en ce sens un peu élargi que nous avons entendu la pédagogie expérimentale. Quelles conclusions nous a-t-elle données ? Nous pouvons les ramener à cinq principales :

1° La pédagogie est tributaire de l'hygiène infantile, quoiqu'elle ne se laisse pas absorber par elle. L'art pédagogique expérimental n'applique ses méthodes qu'à l'enfant normal ; la pathologie doit donc lui faire connaître les caractères qui en distinguent l'enfant anormal, arriéré ou excité. La pédagogie tire aussi des enseignements de l'hygiène la condamnation absolue de la précocité intellectuelle, et oppose ici une barrière infranchissable à la vanité ou à la cupidité des familles. Le développement que l'éducation cherche à diriger méthodiquement est accompagné, elle le sait, de crises, dont la plus profonde et la plus décisive est celle de l'évolution pubère chez les deux sexes. Elle attache donc la plus grande importance au régime ; elle prescrit l'abstinence totale des spiritueux [1], la prépondérance du régime végétal sur l'alimentation animale ; elle interdit aux enfants les veilles, sous quelque prétexte que ce soit ; elle préconise l'équilibre des exercices musculaires et des exercices intellectuels, le travail manuel surtout agricole, les longues marches, la vie au grand air [2]. Quoiqu'elle n'ait pas la hantise du surmenage, elle sait que la fatigue cérébrale est un fait d'observation qui accompagne inévitablement l'effort prolongé de l'attention, un fait mesuré par le dynamomètre et l'esthésiomètre ; elle ne compte pas sur les mois d'été pour l'acquisition des connaissances ; elle place le matin, au début même de la journée, les exercices qui exigent une attention soutenue [3] ; elle réserve les heures de l'après-midi à des travaux de moindre importance ; elle ne se laisse pas arrêter par des considérations empiriques inspirées par le souci des examens et des concours ; elle a foi dans les méthodes qui, tout en exerçant l'attention, font une bonne économie de l'effort mental, et elle se défie de l'automatisme cérébral mis au service de l'accumulation des connaissances.

2° La psychologie expérimentale inspire à l'éducateur le respect profond de l'individualité, de l'originalité mentale, affective, morale de l'élève. Elle lui enseigne que les individualités sont incommutables,

1. Forel (1), ch. IX, § 1.
2. Forel, *Ibid.*, pp. 236... Cf. Marro, chap. XIII.
3. Schuytten, IIe partie, ch. V.

qu'aucune méthode ne permet d'espérer la transmutation d'un type d'intelligence ou de caractère dans un autre. De son côté la sociologie lui apprend que les forces sociales naissent de la combinaison d'activités préexistantes, que la coopération sociale requiert des unités hétérogènes et qu'elle met à profit la diversité des esprits et des caractères. Ces observations justifient une conception individualiste de l'éducation, si l'on entend par individualisme la disposition à se fier à l'énergie personnelle plutôt qu'à l'autorité, à l'initiative plutôt qu'à l'imitation, si la société individualiste est celle qui repose sur le principe de la responsabilité individuelle et qui en multiplie les applications. Il n'en résulte pas que la pédagogie expérimentale discrédite l'éducation sociale et dédaigne d'initier son élève, en une juste mesure, à l'intelligence et à la pratique de la solidarité civique et professionnelle. La science expérimentale voit dans l'éducation une *fonction sociale ;* c'est cette notion de la fonction sociale qu'elle substitue à la notion plus vague des *fins de l'éducation*. Mais la fonction la plus générale et la plus élevée de la société est de former des personnes, sinon la Société compliquerait inutilement la nature, sans rien y ajouter. L'éducation, ramenée à une fonction sociale, n'est pas pour cela un moyen d'adapter passivement l'individu à un milieu social quelconque en lui inculquant quelques habitudes automatiques ou en fortifiant chez lui la disposition à obéir à des suggestions : c'est la récapitulation abrégée de la civilisation. Or la civilisation, abstraction faite de ses modes et de ses caprices, des tares éphémères qu'elle présente en chaque type et chez chaque peuple, est l'exercice, l'emploi et le développement des tendances et des aptitudes mentales et affectives qui distinguent la personnalité de l'animalité.

3° L'enseignement et l'éducation de la volonté ne sont pas soumis à des conditions opposées ou même à des conditions différentes. Les méthodes de la didactique et celles de l'hodégétique, pour parler le langage un peu pédantesque de l'école herbartienne[1], reposent toutes deux sur le même fait d'observation, sur la prépondérance de l'effort mental dans le développement psychologique de l'individu. L'attention réfléchie est pour nous la plus haute application de la volonté ; or tout l'enseignement méthodique, se ramenant à la formation et à l'exercice de l'attention réfléchie, concourt de la manière la plus heureuse et la plus directe à la formation d'un agent volontaire destiné à délibérer et à contrôler l'impulsion de ses tendances. L'effort mental est inhérent à l'activité consciente ; il prévaut même dans la perception et la mémoire, à plus forte raison dans le passage de l'image à l'idée, du raisonnement perceptif au raisonnement abstrait. Ainsi *nul n'apprend sans volonté*, et, quelque difficulté que la volonté encore aveugle de l'enfant puisse préparer au maître, il doit préférer l'enfant volontaire à l'enfant rendu docile par la crainte, l'excès de suggestibilité ou l'apathie. *Toutes les fois que l'on exerce méthodiquement la volonté, l'on facilite indirectement les opérations intellectuelles qui sont toujours des états de la croyance, et toutes les fois que l'on exerce l'enfant à penser, à dégager des idées claires, à percevoir et à enchaîner des rapports, à élargir le cercle de ses idées, on contribue à former en lui l'aptitude à*

1. Rein, tome I.

bien délibérer et à contrôler sa conduite d'après des principes clairs et des convictions réfléchies [1].

4° Les grandes méthodes que préconise la didactique expérimentale ne sont pas autre chose que les opérations essentielles de l'esprit coordonnées aux exercices qui, en les préservant des causes d'erreurs, leur confèrent toute leur efficacité et toute leur puissance. Les trois méthodes, intuitive, analytique, synthétique, correspondent aux grands stades du développement mental. On est amené sans doute à les employer simultanément ; toutefois chacune d'elles prédomine normalement à un âge défini. La synthèse doit avoir été précédée par l'analyse et l'analyse par l'intuition. Ces méthodes ne sont pas propres seulement à diriger l'enseignement des maîtres, mais encore à inspirer les exercices imposés à l'élève et qui doivent être ordonnés de façon telle qu'à chaque âge ils contribuent moins à accumuler les connaissances qu'à favoriser le développement mental et volontaire.

5° La pédagogie expérimentale recommande surtout aux éducateurs la méthode intuitive, non seulement parce que la tradition scolaire l'a dédaignée ou négligée, mais encore parce qu'elle est la manifestation la plus directe et la plus réfléchie de l'esprit expérimental. Seule, elle permet de rattacher l'acquis scolaire de l'élève à sa vie personnelle et d'éveiller, par suite, un intérêt durable aux objets de l'étude [2] ; seule, elle peut exciter l'attention sans la fatiguer ; c'est une méthode extrêmement plastique qui, par un côté, confine à la

1. Hamelin (Octave), p. 28 et suivantes.
2. Herbart, *Allgemeine pædagogick*, II ter Buch., II ter Kap.

perception directe et par l'autre à l'analyse ; on ne citerait pas une forme du savoir et de l'art à laquelle elle ne s'applique heureusement. La grande erreur de l'enseignement traditionnel en France a été de la confiner trop longtemps à l'école maternelle et de n'y voir que la méthode des leçons de choses. C'est une des raisons pour lesquelles l'enseignement scientifique a encore si peu éclairé l'esprit public ; c'est aussi, de tous les *dèsiderata*, le plus facile à satisfaire.

Ainsi entendue, la pédagogie expérimentale réhabilite l'effort, surtout l'effort conscient et volontaire. Elle tend à former l'homme civilisé à l'aide des procédés les plus expéditifs que puisse tolérer un développement cérébral et organique qu'il est absurde et criminel d'accélérer. Si elle récapitule le processus de la civilisation au bénéfice de l'individu, l'abréviation consiste surtout à lui épargner les erreurs et les tâtonnements qui ont accompagné le développement de l'espèce. L'art éducatif ne se flatte pas d'épargner à l'enfant toute fatigue cérébrale et tout effort mental, car la civilisation a consisté à substituer l'effort mental et le travail cérébral aux efforts musculaires et aux adaptations organiques qui accompagnaient la lutte pour la vie chez les animaux et chez les plus lointains ancêtres de l'humanité civilisée. L'art éducatif se propose seulement d'exercer l'enfant à l'effort mental, de telle façon que la fatigue cérébrale soit de moins en moins à craindre. l'organe se fortifiant avec l'activité de la fonction.

§ 117. — Pouvons-nous nous dissimuler que la pédagogie expérimentale ainsi définie rencontre partout les plus graves obstacles, en France plus qu'ailleurs ? Les mœurs domestiques disposent les parents à exiger de leurs enfants une obéissance absolue, et par suite à déprécier la volonté à l'âge où il serait le plus facile de la régler et de la fortifier. Sans doute cette obéissance n'est plus qu'un souvenir, une survivance ; néanmoins l'idéal de la volonté brisée subsiste et suffit à faire échec à une éducation qui prescrit de fortifier la volonté en vue de pouvoir réclamer d'elle l'effort.

De la famille, l'enfant passe dans l'école primaire ou secondaire ; il y trouve une tradition radicalement étrangère aux enseignements de la psychologie individuelle ; là est encore accepté le postulat de l'enfant moyen, homogène à un groupe, idéal infiniment médiocre mais auquel l'enfant individuel doit se conformer ; là règne (surtout dans l'enseignement secondaire) une tradition issue du Moyen âge et de la Renaissance et qui considère les abstractions comme plus nobles que les connaissances concrètes, en sorte que la méthode intuitive y est traitée comme une étrangère de basse extraction qu'il faut confiner à l'école maternelle.

La pédagogie expérimentale pourrait justifier ses prétentions et démontrer sa valeur si quelques établissements fondés par l'initiative privée, mais subventionnés, à l'occasion, par les villes ou par l'État, en répandaient les méthodes. Mais est-il possible d'avoir cette espérance ? Nos institutions éducatives sont l'œuvre et l'instrument de la centralisation ; leur fin réelle était à l'origine d'asservir la jeunesse à l'État. On y considère encore toute création de l'initiative privée comme un danger social, une ennemie à combattre. Pour comble de malheur, la partie de la société française qui cherche à soustraire ses enfants à l'influence des institutions officielles est animée d'un esprit étroitement traditionaliste, nationaliste, qui la porte à suspecter tous les enseignements et tous les exemples de la pédagogie expérimentale comme des importations étrangères.

Pour dissiper cette coalition formidable, nous ne disposons que de deux alliés, l'esprit général de la science et la conscience vague des besoins d'une démocratie libérale. L'alliance intime de ces deux puissances suffirait à nous garantir que quelque jour tous les *desiderata* de la pédagogie expérimentale recevront satisfaction. Mais cette alliance est encore précaire et il est aisé de voir pourquoi.

Entre les prescriptions de la pédagogie expérimentale et les exigences temporaires de l'éducation sociale, il existe un désaccord apparent. Au nom du fait social brut et superficiellement observé, il semble qu'on puisse convaincre la pédagogie d'impuissance absolue. Cette science tend à des vérités générales ; elle ne considère que la nature humaine et les lois abstraites du développement social ; or on lui oppose la nécessité d'adapter l'éducation à la différenciation des sexes et des classes sociales, double différenciation qui s'atténue, mais qui est encore loin d'être devenue négligeable. Dans le domaine limité de l'enseignement, la pédagogie expérimentale, telle que nous l'avons définie, n'a d'autre souci que celui de formuler les méthodes qui doivent présider à l'exercice de l'intelligence ; elle néglige les discussions relatives aux programmes d'études ; elle cherche comment il faut enseigner, non ce qu'il faut enseigner. Or le temps présent se montre surtout préoccupé des transformations des programmes scolaires. La grande question qui domine toutes les autres est de savoir en quelle mesure les connaissances générales, qui constituent la culture scientifique, esthétique et philosophique, peuvent être alliées ou même subordonnées aux connaissances techniques exigées par une activité agricole, industrielle et commerciale toujours plus spécifiée et plus asservie à la loi de la division du travail. En beaucoup d'esprits le matérialisme économique usurpe encore la place due légitimement à la sociologie. Aussi longtemps qu'il en sera ainsi, les revendications de la pédagogie expérimentale, même les mieux appuyées sur la science, risquent d'être confondues avec des utopies que condamne l'esprit positif.

§ 118. — Cependant, disons-le bien haut en terminant, nous ne croyons pas que les études de la pédagogie générale, dont nous avons cherché à présenter une esquisse, soient exposées à ne jamais rencontrer que le scepticisme. Entre les indications de la science expérimentale de l'éducation et les exigences de l'éducation sociale contemporaine, le conflit est passager, car il est plus apparent que réel. Les techniques qui fécondent l'agriculture, l'industrie, le commerce, sont essentielles à la civilisation, mais elles ne sont pas toute la civilisation ; elles sont les fruits de sciences qui doivent toute leur certitude à la valeur des méthodes qui les ont créées et qu'elles ont appliquées. Bref, la *culture prime la technique*, et sans une culture générale et méthodique, l'extrême diversité et la variabilité des techniques auraient bientôt rompu tout lien social, toute communauté d'idées entre les esprits. Ainsi la première contribution à une éducation sociale digne de ce nom, c'est une didactique qui formule les méthodes propres à la formation d'un esprit général. L'objection tirée de la différence des sexes et de l'inégalité des classes ne soutient pas non plus l'examen. Les femmes ont et auront toujours des fonctions définies et des devoirs sociaux propres ; néanmoins l'assujettissement absolu des femmes n'est plus qu'un souvenir et un mauvais souvenir. C'est l'ordre social, c'est l'harmonie domestique, qui exigent que désormais la femme reçoive sa large part de la culture intellectuelle et qu'elle soit préparée au bon usage du droit, à l'exercice de la responsabilité [1]. Dans l'enseignement des sexes, la communauté des méthodes, sinon l'identité absolue des matières enseignées, est donc plausible. Il en est de même de l'éducation des classes sociales. Vraisemblablement, il y aura toujours des classes, car la profession joue dans la vie sociale un rôle considérable, peut-être croissant, et les groupes professionnels façonnent davantage l'esprit et le caractère de l'individu à mesure que s'effacent les groupes héréditaires. L'existence des classes a donc une valeur éducative et l'art pédagogique ne doit pas se proposer de les supprimer. Mais l'existence d'une classe laborieuse inculte, soumise à une élite affinée dont l'émotion esthétique et la vérité scientifique deviennent les privilèges, n'est plus qu'un mauvais souvenir comparable à l'assujettissement des femmes. Désormais, chacun quelle que soit sa fonction sociale, est appelé à obéir à la vérité et à jouir de la beauté. Quelle n'est donc pas la valeur sociale des méthodes qui ont pour but d'éveiller chez l'enfant le double besoin de la vérité et de la beauté !

La pédagogie expérimentale et générale, dont nous

1. Gaston Richard, (2) IIe partie, ch. VIII ; IIIe partie, *in extenso* ; conclusion.

avons tenté de présenter les vérités fondamentales, n'est qu'une première branche de la science de l'éducation. Pour notre compte, nous n'y voyons rien qu'une introduction à une théorie plus complète de l'éducation sociale [1] ; mais cette introduction est indispensable, car elle répond aux exigences de la formation de la personnalité. Or il faut former la personnalité du civilisé avant de songer à l'adapter aux devoirs spéciaux du sexe et de la classe ainsi qu'à la technique de la profession.

1. Nous nous proposons d'exposer les règles de l'éducation sociale dans un volume de la bibliothèque de *Sociologie appliquée* de l'Encyclopédie scientifique.

FIN

INDEX BIBLIOGRAPHIQUE

ABADIE (D[r]), professeur à la Faculté de médecine de Bordeaux. Recensement des enfants anormaux des écoles publiques de garçons de la ville de Bordeaux. (*Annales de l'Alliance d'hygiène sociale*, n° 6, janvier 1907.)

ARDIGÒ (Roberto). *La Scienza dell' educazione.* 1 vol. in-8°, 2e édition, Brucke, Padoue-Vérone, 1903.

BAER. Der Selbstmord im kindlichen Lebensalter (*Eine socialhygienische Studie*). Leipzig, Thieme, 1901.

BAIN (Alexandre). *Science de l'éducation.* 1 vol. de la Bibliothèque scientifique internationale (Alcan).

BALDWIN. 1. *Mental development in Child and Race. Methodes and process* (Mac-Millan, New-York, 1895), traduction française (Alcan, 1897).

— 2. *Interprétation sociale et morale des principes du développement mental*, traduction Duprat (Giard et Brière, 1899).

BERGSON (Henri). 1. *Essai sur les données immédiates de la conscience* (Alcan, 1890).

— 2. *Mémoire et Matière* (Bibliothèque de philosophie contemporaine, Alcan, 1896).

BÉRILLON. *L'hypnotisme et l'orthopédie mentale.*

BIERVLIET (Van). L'éducation de la mémoire à l'école (*Revue philosophique*, 1904, n° 6).

BINET (Alfred). 1. *Introduction à la psychologie expérimentale*, chap. VIII (Paris, Alcan, 1894).

— 2. *Psychologie du raisonnement* (Bibliothèque de philosophie contemporaine, Alcan).

— 3. La suggestibilité au point de vue de la psy-

chologie individuelle (*Année psychologique*, IVe année, 1898).
— 4. La peur chez les enfants (*Année psychologique*, IIIe année, 1897).
— 5. *L'observateur et l'imaginatif*, psychologie individuelle (*Année psychologique*, 1900).
— 6. A propos de la mesure de l'intelligence (*Année psychologique*, t. XI, 1905).
— 7. *Psychologie des grands calculateurs et joueurs d'échecs* (Paris, 1894).
— 8. Les simplistes. Enfants des écoles et adultes. Les distraits. Les interprétateurs (*Année psychologique*, 1902).

BINET (Alfred) 9. et V. HENRI 1. Psychologie individuelle (Revue générale, *Année psychologique*, IIIe année, 1897).
— 10. — 2. *La fatigue intellectuelle* (Paris, 1898).
— 11. — 3. Recherches sur la fatigue intellectuelle au moyen du dynamomètre (*Année psychologique*, 1903).
— 12. et VASCHIDE. La psychologie à l'école primaire (*Année psychologique*, 1897).

BLUM. La pédologie. L'idée, le mot et la chose (*Année psychologique*, 1898).

BOUTROUX (Emile). *Science et Religion* (Bibliothèque de philosophie scientifique, Flammarion, Paris, 1908).

BUISSON (Ferdinand). *Dictionnaire de pédagogie*, Ire et IIe partie (Hachette, 1880-1882).

CAMPANELLA. *La Città del Sole*. Édition Solmi (Modène, Rossi, 1904).

COMPAYRÉ (Gabriel). 1. *Histoire critique des doctrines de l'éducation en France depuis le XVIe siècle*, 2e éd. (Hachette, 1882).
— 2. *L'évolution intellectuelle et morale de l'enfant* (Paris, Hachette).

COMTE (Auguste). *Système de politique positive*, t. I et IV (Paris, Carolus Gœury et Dalmont, 1854).

CONTOU (Ernest). *Ecoles nouvelles et Laudeserziehungsheime* (Vuibert et Nony).

COUTURAT. *L'infini mathématique* (Alcan, 1893).

DARWIN (Charles). *Biographical Sketch of an infant* (*Mind*, vol. II, 1877, p. 285-294).

DEMOLINS (Edmond). *L'éducation nouvelle. L'école des Roches* (1 vol. in-8°, Librairie de Paris, Firmin Didot et Cie).

DIESTERWEG. *Œuvres choisies*, traduites de l'allemand par P. Goy (Paris, Hachette, 1894).

DISPENSA (Illuminato). *La scienza dell' insegnamento fondata sulla sociologia*, brochure in-8° (Bologne, Zamorani et Albertazzi, 1902).

DOUGLAS-MORRISON (William). *Juvenile offenders* (Fisher Unwin, Londres, 1896).

DREYFUS-BRISAC. *L'éducation nouvelle, étude de pédagogie comparée*, 3 vol. (Masson, 1882-1897).

DUMAS (Georges). *La tristesse et la joie*, chap. IV (Alcan).

DUPRAT (G.-L.). **1**. *Le Mensonge, étude de psycho-sociologie pathologique et normale* (Bibliothèque de philosophie contemporaine, Alcan, 1903).

— **2**. *Les Causes sociales de la folie*, chap. VIII (même bibliothèque).

— **3**. *La Solidarité sociale*. Ses causes, son évolution, ses conséquences (Bibliothèque de sociologie de l'**E. S.** Octave Doin, Paris, 1907).

— **4**. *L'Instabilité mentale* (Paris, Alcan, 1898).

DURKHEIM (Emile). Pédagogie et sociologie, § II (*Revue de métaphysique et de morale*, 11e année, 1903).

EGGER (Victor). *Observations et réflexions sur le développement de l'intelligence et du langage chez les enfants* (1881).

EVELLIN. L'enseignement de la morale à l'école et au lycée (*Revue internationale de l'Enseignement*).

FÉRÉ (Dr). **1**. *Sensation et mouvement* (Alcan).

— **2**. L'excitabilité dans la fatigue (*Année psychologique*, 1900).

FERRIANI (Lino). *Minorenni delinquenti. Saggio di psicologia criminale*, 1 vol. in-8° (Milan, Kantorowicz, 1895).

FLEURY (Dr Maurice de). *Le corps et l'âme de l'enfant*, 1 vol. in-8°, 7e éd. (Armand Colin).

Forel (Auguste). 1. *L'Ame et Système nerveux*. Hygiène et pathologie, 1 vol. in-8° (Steinheil, Paris, 1906).
— 2. Un aperçu de psychologie comparée (*Année psychologique*, IIe année, 1895).
Franklin. *La vie privée d'autrefois*, écoles et collèges (Plon et Nourrit, 1892).
Gache (Ferdinand). *Mères et fils* (Toulouse et Paris, Henri Didier, 1909).
Grimaldi (Dr Vincenzo). *Le leggi dell' evoluzione sociale è l'istruzione* (Puccini et Massa, Senigallia, 1902).
Gromolard. 1. Les jeunes criminels en correction (*Archives d'anthropologie criminelle*, t. XIX, nos 125 et 126).
— 2. Jeunes détenus passibles de la relégation (*Ibid.*, t. XV, n° 90).
Groos (Karl). *Die Spiele der Menschen* (Iéna, 1899).
Hall (Stanley). *Adolescence* (New-York, 1904).
Hamelin (Octave). *L'éducation par l'instruction* (Bordeaux, imprimerie Cadoret, 1902).
Hanns-Gross. *Criminalpsychologie* (Leuschner et Lubersky, Graz, 1898).
Herbart. *Pœdagogische Schriften*, 2 vol. (Beyer, Langenselza, 4e éd.).
Hérisson. *Pestalozzi, élève de Rousseau* (Delagrave, 1886).
James (William. 1. *Principles of psychology*, 2 vol. (Londres, 1890).
— 2. *L'expérience religieuse* (traduction Abauzit, 2e éd., Paris, Alcan, 1908,.
— 3. *Causeries pédagogiques* (traduction Pidoux, Lausanne, Payot et Cie, 1907).
Janet (Pierre). 1. *L'automatisme psychologique* (Bibliothèque de philosophie contemporaine, Alcan, 1889).
— 2. *Les obsessions et la psychasthénie* (en collaboration avec F. Raymond, 2 vol. (Alcan, 1903).
Jullien. *Exposé de la méthode d'éducation de Pestalozzi*, 2e éd. (Hachette, Paris, 1842).
Kant. 1. *Ueber die Pœdagogik* (édition Hartenstein, t. VIII), traduction Barni rééditée par M. Thamin (Alcan, 1881).
— 2. Deux articles de la *Gazette de Kœnigsberg* sur Basedow et les écoles expérimentales (éd. Hartenstein, t. VI).

KRAFFT-EBING. *Traité clinique de psychiatrie* (traduction française, Maloine).

LAFFITTE (Pierre). *De la Morale positive* (Paris et le Havre, 1881. Au siège de la Société positiviste, 10, rue Monsieur-le-Prince).

LE BON (Gustave). *Psychologie de l'Education* (Flammarion, Paris).

LECLERC (Max). *L'éducation des classes moyennes et dirigeantes en Angleterre* (Armand Colin, 1894).

LEGRAIN (Dr). *Eléments de médecine mentale* (Arthur Rousseau, 1906).

LEMONNIER (Henri). *Rapport sur l'Enseignement secondaire à l'exposition universelle de 1900* (Groupe I, 2e partie, classes 2 à 4).

LITTRÉ (Emile). *La science au point de vue philosophique*, chap. XII : De la condition essentielle qui sépare la sociologie de la biologie, 4e éd. (Didier, Paris, 1873).

LLOYD-MORGAN. *Habits and instinct*, chap. VI à XV (Edward Arnold, New-York, Londres, 1896).

LOCKE (John). 1. *Pensées sur l'éducation* (traduction Coste de 1696, éd. Thurot, t. Ier).

— 2. *Some thoughts concerning reading and study for a gentleman* (philosophical Works, éd. St-John, t. II).

LOMBROSO (Paola). *Saggi di psicologia del bambino* (Roma, 1894).

MALAPERT (Paulin). 1. *Le caractère* (Bibliothèque internationale de psychologie expérimentale, O. Doin, 1902).

— 2. Enquête sur le sentiment de la colère chez les enfants (*Année psychologique*, 1900).

MARION (Henri). *L'éducation dans l'Université* (Armand Colin).

MARRO (Antoine). *La puberté chez l'homme et chez la femme, étudiée dans ses rapports avec l'anthropologie, la psychiatrie, la pédagogie et la sociologie*, traduit sur la 2e éd. italienne par J.-P. Médici (Schleicher, 1901).

MAZZARELLA (Joseph). *Les types sociaux et le droit* (Bibliothèque de sociologie E. S., Doin, 1908).

MORSELLI (Enrico). *Relazione intorno ai corsi estivi è all istituto di pedagogia sperimentale in Milano* (Galeate, Imola, 1906).

MESSMER. *Kritik der Lehre von Unterrichtsmethode* (Teubner, Leipzig, 1905).

MEUMANN (Ernst). *Vorlesungen zur Einführung in die experimen-*

telle Pædagogik und ihre psychologischen Grundlagen (2 vol. in-8°, Engelmann, Leipzig, 1907).

Mosso. *La peur* (traduction française, Alcan).

Natorp (Paul). *Sozialpædagogik. Theorie der Willenserziehung auf der Grundlage der Gemeinschaft* (livres I et II). Stuttgard, Frohmanns, 1899).

Narval (Louis). *Le positivisme dans l'éducation* (Philosophie positive, 2e série, t. XVII et XVIII).

Necker de Saussure (Mme). *Education progressive*, 2e vol., Paris, Sautelet, 1828.

Parisot (Edmond). *Jean-Frédéric Oberlin... Essai pédagogique* (Henri Paulin et Cie, Paris, 1905).

Payot (Jules). *Education de la volonté*, 20e éd. (Bibliothèque de philosophie contemporaine, Alcan).

Pécaut (Félix). 1. *L'éducation publique et la vie nationale* (Hachette).
— 2. *Etudes au jour le jour sur l'éducation nationale* (1871-1879), 2e éd. (Hachette).

Perez (Bernard). 1. *Les trois premières années de l'enfant* (Bibliothèque de philosophie contemporaine, Alcan).
— 2. *L'enfant de trois à sept ans* (même collection).
— 3. *L'éducation dès le berceau* (Alcan).
— 4. Le développement des idées abstraites chez l'enfant (*Revue philosophique*, t. XL, 1895).
— 5. *Tiedemann et la science de l'enfant* (Alcan).

Pestalozzi. *Comment Gertrude instruit ses enfants*, traduction Darin... (Bibliothèque pédagogique, Delagrave).

Pinloche. *La réforme de l'éducation en Allemagne au XVIIIe siècle. Basedow et le philanthropinisme* (in-8°, Armand Colin, 1890).

Queyrat. 1. *La logique chez l'enfant* (Bibliothèque de philosophie contemporaine, Alcan, 1902).
— 2. *L'imagination et ses variétés chez l'enfant*, 3e éd. (Alcan, 1903).
— 3. *Les jeux des enfants* (Alcan, 1905).

Raumer (Karl von). *Geschichte der Pædagogik*, 2 vol., 5e éd. (Bertelsmann, 1890-1894).

Ravaisson (Félix). *De l'habitude* (1836). Thèse rééditée par la Revue de métaphysique (t. II, 1894).

Régis (Dr E.). *Les anormaux psychiques des écoles*. Rapport au maire de Bordeaux (Bordeaux, Gounouilhou, 1907).

Rein (Wilhelm). *Pædagogik in systematischer Darstellung* (2 vol., Beyer-Langensalza, 1902).

Resta de Robertis. La psicologia collettiva della scuola (*Rivista italiana di sociologia*, an V, fascic. V).

Ribot (Th.). 1. *Psychologie de l'attention*, 5ᵉ éd. (Bibliothèque de philosophie contemporaine, Alcan).

— 2. *Essai sur l'imagination créatrice* (même collection).

— 3. *L'évolution des idées générales* (Alcan).

— 4. *Les maladies de la volonté* (*ibid.*).

— 5. *Psychologie des sentiments* (*ibid.*).

— 6. Les caractères anormaux et morbides (*Année psychologique*, IIᵉ année, 1895).

— 7. *La logique des sentiments* (Bibliothèque de philosophie contemporaine).

Richard (Gaston). 1. *L'idée d'évolution dans la nature et dans l'histoire* (Alcan, 1902).

— 2. *La femme dans l'histoire* (Doin, 1909).

Richet (Charles). *Essai de psychologie générale* (Alcan, 1887).

Robin (Charles). Des rapports de l'éducation et de l'instruction (*Philosophie positive*, 2ᵉ série, t. XVII et XVIII).

Romanes. *Die geistige Entwicklung der Menschen* (Leipzig, 1893).

Rousseau (Jean-Jacques). *Émile* (éd. Didot).

Ruyssen (Th.). *Essai sur l'évolution psychologique du jugement* chap. III à VIII. (Nîmes, Imprimerie coopérative La Laborieuse, 1904).

Schuytten (M. C.). *L'éducation de la femme* (Bibliothèque biologique et sociologique de la femme, O. Doin, 1908).

Seignobos (Charles). *L'histoire dans l'enseignement secondaire* (Armand Colin).

Shinn (M. W.). *Notes on the developpment of a child* (Berkeley, États-Unis, 1893).

Sikorski. Le développement psychique de l'enfant (*Revue philosophique*, 1889).

Sollier (Dʳ). *Psychologie de l'idiot et de l'imbécile* (Bibliothèque de philosophie contemporaine, Alcan).

Spencer (Herbert). 1. *L'éducation intellectuelle, morale et physique* (traduction française, Alcan, 1891).

— 2. *Introduction à la science sociale* (Bibliothèque scientifique universelle, Alcan).

Strowski. *Montaigne* (collection les Grands Philosophes, Alcan, 1906).

SULLY (James). *Études sur l'enfance* (Alcan).
THAMIN (Raymond). 1. *Éducation et positivisme*, 3e éd. (Bibliothèque de philosophie contemporaine. Alcan).
— 2. *De puerorum indole quædam notantur* (thèse latine).
THOMAS (Félix). *La suggestion et son rôle dans l'éducation* (Alcan).
THUROT (Charles). *De l'organisation de l'enseignement dans l'Université de Paris au Moyen-Age* (thèse de doctorat, 1850).
TOULOUSE (Dr). *Comment former un esprit?* 2e éd. (Hachette, 1908).
TRACY. *The psychology of children*, 2e éd. (Boston, 1894).
VANDEREM. *Pour et contre l'enseignement philosophique* (Alcan, 1894).
VASCHIDE. Les recherches expérimentales sur la fatigue intellectuelle (*Revue philosophique*, 1905).

TABLE ALPHABÉTIQUE

DES MATIÈRES

TABLE SYSTÉMATIQUE DES MATIÈRES

ENCYCLOPÉDIE SCIENTIFIQUE

Publiée sous la direction du Dr TOULOUSE

Nous avons entrepris la publication, sous la direction générale de son fondateur, le Dr Toulouse, Directeur à l'École des Hautes-Études, d'une ENCYCLOPÉDIE SCIENTIFIQUE de langue française dont on mesurera l'importance à ce fait qu'elle est divisée en 40 sections ou Bibliothèques et qu'elle comprendra environ 1.000 volumes. Elle se propose de rivaliser avec les plus grandes encyclopédies étrangères et même de les dépasser, tout à la fois par le caractère nettement scientifique et la clarté de ses exposés, par l'ordre logique de ses divisions et par son unité, enfin par ses vastes dimensions et sa forme pratique.

I

PLAN GÉNÉRAL DE L'ENCYCLOPÉDIE

Mode de publication. — L'*Encyclopédie* se composera de monographies scientifiques, classées méthodiquement et formant dans leur enchaînement un exposé de toute la science. Organisée sur un plan systématique, cette Encyclopédie, tout en évitant les inconvénients des Traités, — massifs, d'un prix global élevé, difficiles à consulter, — et les inconvénients des Dictionnaires, — où les articles scindés irrationnellement, simples chapitres alphabétiques, sont toujours nécessairement incomplets, — réunira les avantages des uns et des autres.

Du Traité, l'*Encyclopédie* gardera la supériorité que possède un ensemble complet, bien divisé et fournissant sur chaque science tous les enseignements et tous les renseignements qu'on en réclame. Du Dictionnaire, l'*Encyclopédie* gardera les facilités de recherches par le moyen d'une table générale, l'*Index* de l'*Encyclopédie*, qui paraîtra dès la publication d'un certain nombre de volumes et sera réimprimé périodiquement. L'*Index* renverra le lecteur aux différents volumes et aux pages où se trouvent traités les divers points d'une question.

Les éditions successives de chaque volume permettront de suivre toujours de près les progrès de la science. Et c'est par là que s'affirme la supériorité de ce mode de publication sur tout autre. Alors que, sous sa masse compacte, un traité, un dictionnaire ne peut être réédité et renouvelé que dans sa totalité et qu'à d'assez longs intervalles, inconvénients graves qu'atténuent mal des suppléments et des appendices, l'*Encyclopédie scientifique*, au contraire, pourra toujours rajeunir les parties qui ne seraient plus au courant des derniers travaux importants. Il est évident, par exemple, que si des livres d'algèbre ou d'acoustique physique peuvent garder leur valeur pendant de nombreuses années, les ouvrages exposant les sciences en formation, comme la chimie physique, la psychologie ou les technologies industrielles, doivent nécessairement être remaniés à des intervalles plus courts.

Le lecteur appréciera la souplesse de publication de cette *Encyclopédie*, toujours vivante, qui s'élargira au fur et à mesure des besoins dans le large cadre tracé dès le début, mais qui constituera toujours, dans son ensemble, un traité complet de la Science, dans chacune de ses sections un traité complet d'une science, et dans chacun de ses livres une monographie complète. Il pourra ainsi n'acheter que telle ou telle section de l'*Encyclopédie*, sûr de n'avoir pas des parties dépareillées d'un tout.

L'*Encyclopédie* demandera plusieurs années pour être achevée ; car pour avoir des expositions bien faites, elle a pris ses collaborateurs plutôt parmi les savants que parmi les professionnels de la rédaction scientifique que l'on retrouve généralement dans les œuvres similaires. Or les savants écrivent peu et lentement : et il est préférable de laisser temporairement sans attribution certains ouvrages plutôt que de les confier à des auteurs insuffisants. Mais cette lenteur et ces vides ne présenteront pas d'inconvénients, puisque chaque livre est une œuvre indépendante et que tous les volumes publiés sont à tout moment réunis par l'*Index* de l'*Encyclopédie*. On peut donc encore considérer l'Encyclopédie comme une librairie, où les livres soigneusement choisis, au lieu de représenter le hasard d'une production individuelle, obéiraient à un plan arrêté d'avance, de manière qu'il n'y ait ni lacune dans les parties ingrates, ni double emploi dans les parties très cultivées.

Caractère scientifique des ouvrages. — Actuellement, les livres de science se divisent en deux classes bien distinctes : les livres destinés aux savants spécialisés, le plus souvent incompréhensibles pour tous les autres, faute de rappeler au début des chapitres les connaissances nécessaires, et surtout faute de définir les nombreux termes techniques incessamment forgés, ces derniers rendant un mémoire d'une science particulière inintelligible à un savant qui en a abandonné l'étude durant quelques années ; et ensuite les livres écrits pour le plus grand public, qui sont sans profit pour des savants et même pour des personnes d'une certaine culture intellectuelle.

L'*Encyclopédie scientifique* a l'ambition de s'adresser au public le plus large. Le savant spécialisé est assuré de rencontrer dans les volumes de sa partie une mise au point très exacte de l'état actuel des questions ; car chaque Bibliothèque, par ses techniques et ses monographies, est d'abord faite avec le plus grand soin pour servir d'instrument d'études et de recherches à ceux qui cultivent la science particulière qu'elle présente, et sa devise pourrait être : *Par les savants, pour les savants*. Quelques-uns de ces livres seront même, par leur caractère didactique, destinés à servir aux études de l'enseignement secondaire ou supérieur. Mais, d'autre part, le lecteur non spécialisé est certain de trouver, toutes les fois que cela sera nécessaire, au seuil de la section, — dans un ou plusieurs volumes de généralités, — et au seuil du volume, dans un chapitre particulier, — des données qui formeront une véritable introduction le mettant à même de poursuivre avec profit sa lecture. Un vocabulaire technique, placé, quand il y aura lieu, à la fin du volume, lui permettra de connaître toujours le sens des mots spéciaux.

II

ORGANISATION SCIENTIFIQUE

Par son organisation scientifique, l'*Encyclopédie* paraît devoir offrir aux lecteurs les meilleures garanties de compétence. Elle est divisée en Sections ou Bibliothèques, à la tête desquelles sont placés des savants professionnels spécialisés dans chaque ordre de sciences et en pleine force de production, qui, d'accord avec le Directeur général, établissent les divisions des matières, choisissent les collaborateurs et acceptent les manuscrits. Le même esprit se manifestera partout : éclectisme et respect de toutes les opinions logiques, subordination des théories aux données de l'expérience, soumission à une discipline rationnelle stricte ainsi qu'aux règles d'une exposition méthodique et claire. De la sorte, le lecteur qui aura été intéressé par les ouvrages d'une section dont il sera l'abonné régulier, sera amené à consulter avec confiance les livres des autres sections dont il aura besoin, puisqu'il sera assuré de trouver partout la même pensée et les mêmes garanties. Actuellement, en effet, il est, hors de sa spécialité, sans moyen pratique de juger de la compétence réelle des auteurs.

Pour mieux apprécier les tendances variées du travail scientifique adapté à des fins spéciales, l'*Encyclopédie* a sollicité, pour la direction de chaque Bibliothèque, le concours d'un savant placé dans le centre même des études du ressort. Elle a pu ainsi réunir des représentants des principaux Corps savants, Établissements d'enseignement et de recherches de langue française :

Institut.
Académie de Médecine.
Collège de France.
Muséum d'Histoire naturelle.
École des Hautes-Études.
Sorbonne et École normale.
Facultés des Sciences.
Facultés des Lettres.
Facultés de Médecine.
Instituts Pasteur.
École des Ponts et Chaussées.
École des Mines.
École Polytechnique.
Conservatoire des Arts et Métiers.
École d'Anthropologie.
Institut National agronomique.
École vétérinaire d'Alfort.
École supérieure d'Électricité.
École de Chimie industrielle de Lyon.
École des Beaux-Arts.
École des Sciences politiques.
Observatoire de Paris.
Hôpitaux de Paris.

III

BUT DE L'ENCYCLOPÉDIE

Au XVIIIe siècle, « l'Encyclopédie » a marqué un magnifique mouvement de la pensée vers la critique rationnelle. A cette époque, une telle manifestation devait avoir un caractère philosophique. Aujourd'hui, l'heure est venue de renouveler ce grand effort de critique, mais dans une direction strictement scientifique ; c'est là le but de la nouvelle *Encyclopédie*.

Ainsi la science pourra lutter avec la littérature pour la direction des esprits cultivés, qui, au sortir des écoles, ne demandent guère de conseils qu'aux œuvres d'imagination et à des encyclopédies où la science a une place restreinte, tout à fait hors de proportion avec son importance. Le moment est favorable à cette tentative ; car les nouvelles générations sont plus instruites dans l'ordre scientifique que les précédentes. D'autre part, la science est devenue, par sa complexité et par les corrélations de ses parties, une matière qu'il n'est plus possible d'exposer sans la collaboration de tous les spécialistes, unis là comme le sont les producteurs dans tous les départements de l'activité économique contemporaine.

A un autre point de vue, l'*Encyclopédie*, embrassant toutes les manifestations scientifiques, servira comme tout inventaire à mettre au jour les lacunes, les champs encore en friche ou abandonnés, — ce qui expliquera la lenteur avec laquelle certaines sections se développeront, — et suscitera peut-être les travaux nécessaires. Si ce résultat est atteint, elle sera fière d'y avoir contribué.

Elle apporte en outre une classification des sciences et, par ses divisions, une tentative de mesure, une limitation de chaque domaine. Dans son ensemble, elle cherchera à refléter exactement le prodigieux effort scientifique du commencement de ce siècle et un moment de sa pensée, en sorte que dans l'avenir elle reste le document principal où l'on puisse retrouver et consulter le témoignage de cette époque intellectuelle.

On peut voir aisément que l'*Encyclopédie* ainsi conçue, ainsi réalisée, aura sa place dans toutes les bibliothèques publiques, universitaires et scolaires, dans les laboratoires, entre les mains des savants, des industriels et de tous les hommes instruits qui veulent se tenir au courant des progrès, dans la partie qu'ils cultivent eux-mêmes ou dans tout le domaine scientifique. Elle fera jurisprudence, ce qui lui dicte le devoir d'impartialité qu'elle aura à remplir.

Il n'est plus possible de vivre dans la société moderne en ignorant les diverses formes de cette activité intellectuelle qui révolutionne les conditions de la vie ; et l'interdépendance de la science ne permet plus aux savants de rester cantonnés, spécialisés dans un étroit domaine. Il leur faut — et cela leur est souvent difficile — se mettre au courant des recherches voisines. A tous, l'*Encyclopédie* offre un instrument unique dont la portée scientifique et sociale ne peut échapper à personne.

IV

CLASSIFICATION DES MATIÈRES SCIENTIFIQUES

La division de l'*Encyclopédie* en Bibliothèques a rendu nécessaire l'adoption d'une classification des sciences, où se manifeste nécessairement un certain arbitraire, étant donné que les sciences se distinguent beaucoup moins par les différences de leurs objets que par les divergences des aperçus et des habitudes de notre esprit. Il se produit en pratique des interpénétrations réciproques entre leurs domaines, en sorte que, si l'on donnait à chacun l'étendue à laquelle il peut se croire en droit de prétendre, il envahirait tous les territoires voisins ; une limitation assez stricte est nécessitée par le fait même de la juxtaposition de plusieurs sciences.

Le plan choisi, sans viser à constituer une synthèse philosophique des sciences, qui ne pourrait être que subjective, a tendu pourtant à échapper dans la mesure du possible aux habitudes traditionnelles d'esprit, particulièrement à la routine didactique, et à s'inspirer de principes rationnels.

Il y a deux grandes divisions dans le plan général de l'*Encyclopédie* : d'un côté les sciences pures, et, de l'autre, toutes les technologies qui correspondent à ces sciences dans la sphère des applications. A part et au début, une Bibliothèque d'introduction générale est consacrée à la philosophie des sciences (histoire des idées directrices, logique et méthodologie).

Les sciences pures et appliquées présentent en outre une division générale en sciences du monde inorganique et en sciences biologiques. Dans ces deux grandes catégories, l'ordre est celui de particularité croissante, qui marche parallèlement à une rigueur décroissante. Dans les sciences biologiques pures enfin, un groupe de sciences s'est trouvé mis à part, en tant qu'elles s'occupent moins de dégager des lois générales et abstraites que de fournir des monographies d'êtres concrets, depuis la paléontologie jusqu'à l'anthropologie et l'ethnographie.

Étant donnés les principes rationnels qui ont dirigé cette classification, il n'y a pas lieu de s'étonner de voir apparaître des groupements relativement nouveaux, une biologie générale, — une physiologie et une pathologie végétales, distinctes aussi bien de la botanique que de l'agriculture, — une chimie physique, etc.

En revanche, des groupements hétérogènes se disloquent pour que leurs parties puissent prendre place dans les disciplines auxquelles elles doivent revenir. La géographie, par exemple, retourne à la géologie, et il y a des géographies botanique, zoologique, anthropologique, économique, qui sont étudiées dans la botanique, la zoologie, l'anthropologie, les sciences économiques.

Les sciences médicales, immense juxtaposition de tendances très diverses, unies par une tradition utilitaire, se désagrègent en des sciences ou des techniques précises ; la pathologie, science de lois, se distingue de la thérapeutique ou de l'hygiène qui ne sont que les applications des données générales fournies par les sciences pures, et à ce titre mises à leur place rationnelle.

Enfin, il a paru bon de renoncer à l'anthropocentrisme qui exigeait une physiologie humaine, une anatomie humaine, une embryologie humaine, une psychologie humaine. L'homme est intégré dans la série animale dont il est un aboutissant. Et ainsi, son organisation, ses fonctions, son développement s'éclairent de toute l'évolution antérieure et préparent l'étude des formes plus complexes des groupements organiques qui sont offertes par l'étude des sociétés.

On peut voir que, malgré la prédominance de la préoccupation pratique dans ce classement des Bibliothèques de l'*Encyclopédie scientifique*, le souci de situer rationnellement les sciences dans leurs rapports réciproques n'a pas été négligé. Enfin il est à peine besoin d'ajouter que cet ordre n'implique nullement une hiérarchie, ni dans l'importance ni dans les difficultés des diverses sciences. Certaines, qui sont placées dans la technologie, sont d'une complexité extrême, et leurs recherches peuvent figurer parmi les plus ardues.

Prix de la publication. — Les volumes, illustrés pour la plupart, seront publiés dans le format in-18 jésus et cartonnés. De dimensions commodes, ils auront 400 pages environ, ce qui représente une matière suffisante pour une monographie ayant un objet défini et important, établie du reste selon l'économie du projet que saura éviter l'émiettement des sujets d'exposition. Le prix étant fixé uniformément à 5 francs, c'est un réel progrès dans les conditions de publication des ouvrages scientifiques, qui, dans certaines spécialités, coûtent encore si cher.

TABLE DES BIBLIOTHÈQUES

Directeur : Dr TOULOUSE, directeur de Laboratoire à l'École des Hautes-Études.

Secrétaire général : H. PIÉRON, agrégé de l'Université.

Directeurs des Bibliothèques :

1. *Philosophie des Sciences.* P. Painlevé, de l'Institut, professeur à la Sorbonne.

I. Sciences pures

A. **Sciences mathématiques :**

2. *Mathématiques.* . . J. Drach, professeur à la Faculté des Sciences de l'Université de Toulouse.

3. *Mécanique.* . . . . . J. Drach, professeur à la Faculté des Sciences de l'Université de Toulouse.

B. **Sciences inorganiques :**

4. *Physique.* . . . . . A. Leduc, professeur adjoint de Physique à la Sorbonne.

5. *Chimie physique* . . J. Perrin, professeur de chimie physique à la Sorbonne.

6. *Chimie* . . . . . . A. Pictet, professeur à la Faculté des Sciences de l'Université de Genève.

7. *Astronomie et Physique céleste.* . . . . J. Mascart, astronome adjoint à l'Observatoire de Paris.

8. *Météorologie.* . . . J. Mascart, astronome adjoint à l'Observatoire de Paris.

9. *Minéralogie et Pétrographie.* . . . . A. Lacroix, de l'Institut, professeur au Muséum d'Histoire naturelle.

10. *Géologie.* . . . . . M. Boule, professeur au Muséum d'Histoire naturelle.

11. *Océanographie physique.* . . . . . J. Richard, directeur du Musée Océanographique de Monaco.

C. Sciences biologiques normatives :

12. *Biologie* — *A. Biologie générale.* — M. Caullery, professeur de Zoologie à la Sorbonne.

B. Océanographie biologique. — J. Richard, directeur du Musée Océanographique de Monaco.

13. *Physique biologique.* . . A. Imbert, professeur à la Faculté de Médecine de l'Université de Montpellier.

14. *Chimie biologique.* . . G. Bertrand, professeur de Chimie biologique à la Sorbonne, chef de service à l'Institut Pasteur.

15. *Physiologie et Pathologie végétales* . . L. Mangin, de l'Institut, professeur au Muséum d'Histoire naturelle.

16. *Physiologie.* . . . . J.-P. Langlois, professeur agrégé à la Faculté de Médecine de Paris.

17. *Psychologie.* . . . . E. Toulouse, directeur de Laboratoire à l'Ecole des Hautes-Études, médecin en chef de l'asile de Villejuif.

18. *Sociologie.* . . . . . G. Richard, professeur à la Faculté des Lettres de l'Université de Bordeaux.

---

19. *Microbiologie et Parasitologie.* . . . . . A. Calmette, professeur à la Faculté de Médecine de l'Université, directeur de l'Institut Pasteur de Lille et F. Bezançon, professeur agrégé à la Faculté de Médecine de Paris, médecin des Hôpitaux.

20. *Pathologie.* — *A. Patholog. médicale.* — M. Klippel, médecin des Hôpitaux de Paris.

B. Neurologie. . — E. Toulouse, directeur de Laboratoire à l'École des Hautes-Études, médecin en chef de l'asile de Villejuif.

C. Path. chirurgicale. — L. Picqué, chirurgien des Hôpitaux de Paris.

D. Sciences biologiques descriptives :

21. *Paléontologie* . . . M. Boule, professeur au Muséum d'Histoire naturelle.

22. *Botanique.*	A. *Généralités et phanérogames.*	M. Lecomte, professeur au Muséum d'Histoire naturelle.
	B. *Cryptogames.*	L. Mangin, de l'Institut, professeur au Muséum d'Histoire naturelle.

23. *Zoologie.* . . . . G. Loisel, directeur de Laboratoire à l'École des Hautes-Études.

24. *Anatomie et Embryologie.* . . . . . . G. Loisel, directeur de Laboratoire à l'École des Hautes-Études.

25. *Anthropologie et Ethnographie.* . . . . G. Papillault, directeur adjoint du Laboratoire d'Anthropologie à l'École des Hautes-Études, professeur à l'École d'Anthropologie.

26. *Économie politique.* . D. Bellet, secrétaire perpétuel de la Société d'Économie politique, professeur à l'École des Sciences politiques.

II. Sciences appliquées

A. **Sciences mathématiques** :

27. *Mathématiques appliquées.* . . . . . . M. d'Ocagne, professeur à l'École des Ponts et Chaussées, répétiteur à l'École polytechnique.

28. *Mécanique appliquée et génie.* . . . . M. d'Ocagne, professeur à l'École des Ponts et Chaussées, répétiteur à l'École polytechnique.

B. **Sciences inorganiques** :

29. *Industries physiques* . H. Chaumat, sous-directeur de l'École supérieure d'Électricité de Paris.

30. *Photographie.* . . . A. Seyewetz, sous-directeur de l'École de Chimie industrielle de Lyon.

31. *Industries chimiques.* J. Derôme, professeur agrégé de Physique au Collège Chaptal, inspecteur des Établissements classés.

32. *Géologie et minéralogie appliquées* . . . L. Cayeux, professeur à l'Institut national agronomique, professeur de géologie à l'École des Mines.

33. *Construction.* . . . . J. Pillet, professeur au Conservatoire des Arts et Métiers et à l'École des Beaux-Arts.

C. Sciences biologiques :

34. *Industries biologiques.* G. Bertrand, professeur de Chimie biologique à la Sorbonne, chef de service à l'Institut Pasteur.

35. *Botanique appliquée et agriculture* . . . H. Lecomte, professeur au Muséum d'Histoire naturelle.

36. *Zoologie appliquée.* . J. Pellegrin, assistant au Muséum d'Histoire naturelle.

37. *Thérapeutique générale et pharmacologie.* . G. Pouchet, membre de l'Académie de Médecine, professeur à la Faculté de Médecine de l'Université de Paris.

38. *Hygiène et médecine publiques.* . . . A. Calmette, professeur à la Faculté de Médecine de l'Université, directeur de l'Institut Pasteur de Lille.

39. *Psychologie appliquée.* E. Toulouse, directeur de Laboratoire à l'École des Hautes-Études, médecin en chef de l'asile de Villejuif.

40. *Sociologie appliquée.* Th. Ruyssen, professeur à la Faculté des Lettres de l'Université de Bordeaux.

M. Albert Maire, bibliothécaire à la Sorbonne, est chargé de l'*Index* de l'Encyclopédie scientifique.

Poitiers. — Société française d'Imprimerie

www.ingramcontent.com/pod-product-compliance
Ingram Content Group UK Ltd.
Pitfield, Milton Keynes, MK11 3LW, UK
UKHW020157250726
13967UKWH00003B/1114